프로에게 사진으로 쉽게 배우는 베이비복 만들기

–신생아에서 24개월 전후용–

DIY 3

프로에게 사진으로 쉽게 배우는

베이비복 만들기

조현주 · 정혜민 공저

Σ 시그마프레스

프로에게 사진으로 쉽게 배우는

베이비복 만들기 DIY 3

발행일 | 2007년 9월 1일 초판 1쇄 발행

저자 | 조현주, 정혜민 공저
발행인 | 강학경
발행처 | (주)시그마프레스
편집 | 이상화
교정 · 교열 | 문수진

등록번호 | 제10-2642호
주소 | 서울특별시 마포구 성산동 210-13 한성빌딩 5층
전자우편 | sigma@spress.co.kr
홈페이지 | http://www.sigmapress.co.kr
전화 | (02)323-4845~7(영업부), (02)323-0658~9(편집부)
팩스 | (02)323-4197

인쇄 · 제본 | 백산인쇄

ISBN 978-89-5832-210-8 가격 | 20,000원

머리말

이 책은 신생아에게 적합한 소재를 소개하고 그 소재의 성능과 신생아의 움직임에 방해가 되지 않도록 기능적 디자인의 중요성에 대한 해설과 함께 제도법, 재단법, 봉제과정을 단계별로 컬러사진을 넣어 교실에서 직접 강의를 듣는 것과 같은 감각으로 쉽게 따라할 수 있도록 상세하게 설명하였다.

태어날 아기를 위해 준비하는 배냇저고리 및 커버올, 블루머 등의 신생아복은 매일 갈아입히는 것이므로 부드러운 감촉과 활동성, 기능성 등을 중요시하여 취급하기 쉬운 후크를 달거나, 움직임이 편하고 여밈 부위가 벌어지지 않도록 제작하는 방법, 특히 신생아의 속옷은 연약한 아기의 피부에 직접 닿지 않도록 시접을 바깥으로 처리하거나 손바느질로 하면 재봉틀로 박은 것보다 부드럽게 만들어지므로 손바느질로 하는 방법과 재봉틀을 이용하여 이중으로 처리하는 방법 등 다양하게 설명하고 있다. 이러한 가볍고 신축성과 흡수성이 좋은 것, 정전기가 잘 발생하지 않는 소재의 선택이나, 디자인, 기능성, 봉제 조건 등은 가정가사의 교육이나 의류관련 교육을 받고 있는 학생뿐만 아니라 가정주부들이 아기 옷을 만들 때 학습하지 않으면 안 되는 중요한 기본적 소양이다.

특히 이 책에서 선택한 아이템은 여러 어머니들을 상대로 하여 신생아에서 유아까지의 의복 중 내 아이에게 직접 만들어 입히거나 또는 꼭 필요하다고 생각하는 것, 또는 선물하고 싶은 유아복이 어떤 것인가에 대하여 설문한 다음 가장 많이 선택된 아이템 중 17종류를 선정한 것이다.

최근 몇 년 전부터 가정용 재봉틀의 판매량이 증가하고 있다는 보도는 가정에서도 취미활동으로 직접 자신의 의복을 만들어 입거나 아기들의 옷을 직접 만들어 입히는 사람이 늘고 있다는 것을 알 수 있어 반가운 일이라고 생각된다.

신생아들에게 사용되고 있는 일회용 기저귀나 의복들에 포함되어 있는 형광물질이나 포르말린 등이 유아들의 건강과 피부질환에 커다란 영향을 미치고 있다는 보도를 접하면서 같은 소재에 같은 디자인의 옷이라 할지라도 봉제방법에 따라 아이의 피부에 닿는 촉감이 달라지고, 또한 같은 디자인에 같은 봉제방법으로 만들어진 옷이라 할지라도 선택하는 소재에 따라 아기의 건강이나 피부질환 등과 관련이 있다는 것을 생각하여, 태어날 아기에게 의복으로 인해 발생하는 환경 호르몬 등의 피해가 없도록 가정에서 어머니들이 직접 만든 애정이 듬뿍 담긴 의복을 착용시키면서 자녀를 양육할 수 있다면 자녀들에게 좋은 정서적 영향도 미칠 수 있을 것이라 사료된다. 또한 가정에서의 취미생활 중 하나로 이어질 수 있는 동기부여와 함께 의복 만들기의 교육용으로 활용될 수 있는 자료가 되었으면 하는 바람에서 이 책을 저술하고 보니, 지면 관계상 좀더 많은 아이템을 소개하지 못한 점이 아쉽다.

끝으로 이 책의 출판에 협조해 주신 (주)시그마프레스의 강학경 사장님을 비롯하여 이상덕 차장님과 편집부 여러분께 감사드린다.

시작하기 전의 어드바이스

유아의 참고 사이즈

월령(月齡)	사이즈(호칭)	신장(cm)	몸무게(kg)
신생아	50	50	3~4
0~3개월	60	55~65	3~7
3~6개월	70	65~75	7~10
6~12개월	80	75~85	10~12
12~24개월	90	85~95	12~15

모유기의 아기들은 개인차가 있으므로, 사이즈는 월령으로 선택하기보다는 아기의 신장과 체중을 기준으로 선택하는 것이 좋다.

봉제를 시작하기 전에

이 책에서는 잘 보이게 하기 위하여 봉제사의 색을 겉감 원단의 색과 다른 색을 사용하였으나 실제 봉제를 행할 때에는 겉감 원단 색과 동일 또는 유사한 색을 사용해야 한다. 또한 실제 산업현장에서는 단계별로 다림질을 하거나 시침질을 해 가면서 작업하지는 않지만, 여기서는 초보자도 실패하지 않고 쉽게 따라 할 수 있도록 하기 위하여 단계별로 설명을 하고 있다. 아울러 표시를 할 때 초크를 사용한 경우에는 겉감 원단으로 문지르면 없어지지만, 초크페이퍼를 사용할 경우에는 물로 지워지는 초크페이퍼를 사용하는 것이 바람직하다.

베이비복의 소재와 디자인 및 기능성

베이비복의 소재는 가볍고 신축성과 흡수성이 좋은 것, 정전기가 잘 발생하지 않으며 촉감이 좋고 부드러운 면 100%의 소재를 사용하는 것이 바람직하다. 그리고 디자인은 가랑이 밑 부분에 여밈 처리를 하여 단추를 채웠다 열었다 할 수 있는 것이 좋다. 외출 시에는 단추를 채워 놓았다가 돌아와서는 단추를 풀어 열어 놓는 것이 위생상 좋기 때문이다. 또한 취급하기 쉬운 후크를 달거나, 움직임이 편하고 여밈 부위가 벌어지지 않도록 제작되어야 한다. 성장과 함께 아기의 움직임이 활발해질 때쯤의 디자인은 누워 있거나 안고 다니거나 업고 다닐 때 단추가 배기지 않도록 어깨선과 가랑이 밑 부분에 여밈 처리를 하고, 아장아장 걸어 다닐 때쯤의 디자인은 걷거나 앉았다 일어서거나 할 때 옷이 걸리지 않도록 심플한 디자인을 선택하는 것이 좋다. 예를 들면 프릴을 넣을 경우에는 목둘레선과 같은 위쪽에 넣어 주고, 상의의 길이는 너무 길지 않게 하는 것이 좋으며, 하의는 단 쪽이 너무 넓은 스커트는 걸려 넘어질 수 있으므로 피하는 것이 좋다. 또 여밈에 사용하는 단추의 크기는 너무 크지 않은 것을 선택하고, 지퍼는 피하는 것이 좋다.

차례

Baby

01 배냇저고리 (0~3개월용)

배냇저고리는 손바느질로 하면 재봉틀 박음질로 한 것보다 부드럽게 만들어진다. 시접이 피부에 닿지 않도록 겉으로 나오도록 하거나 이중으로 만드는 등 여러 가지 방법이 있겠으나, 여기서는 시접을 겉으로 나오도록 하는 방법으로 설명하겠다.

소재

- 융이나 이중직의 거즈, 면 저어지 등 촉감이 부드러운 면 100% 또는 견 100%의 천연소재 천을 선택한다.

재료

- 면 저어지(환편물) : 110cm 폭 75cm
- 면 테이프(끈 만들 때) : 80cm

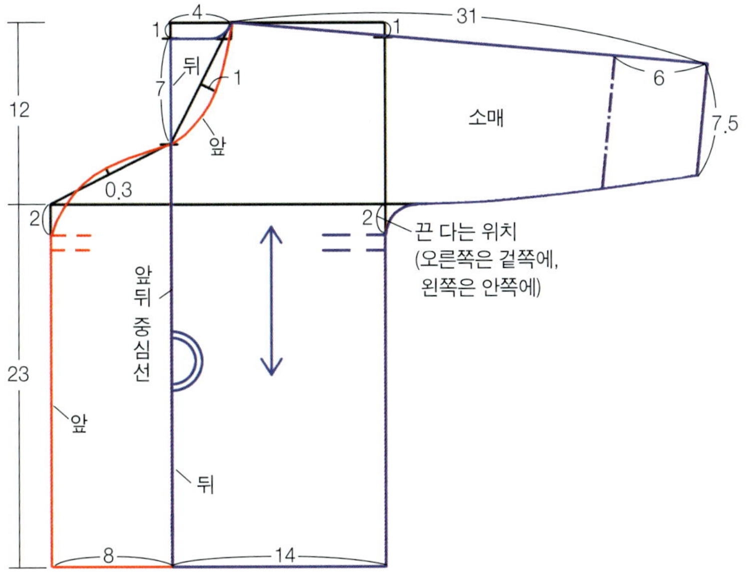
4
31
1
1
7
뒤
1
6
소매
7.5
12
앞
0.3
2
2
끈 다는 위치
(오른쪽은 겉쪽에,
왼쪽은 안쪽에)
앞뒤 중심선
23
앞
뒤
8
14

제도법

재단법

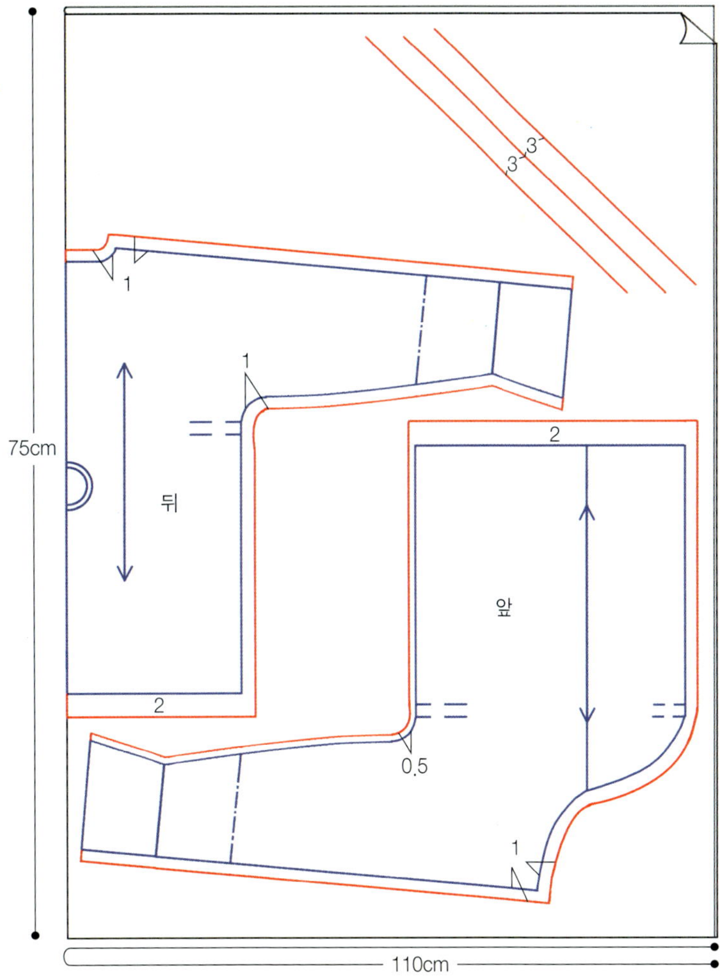
3
3
1
1
75cm
뒤
2
앞
2
0.5
1
110cm

Sewing Technique

01 표시를 한다.

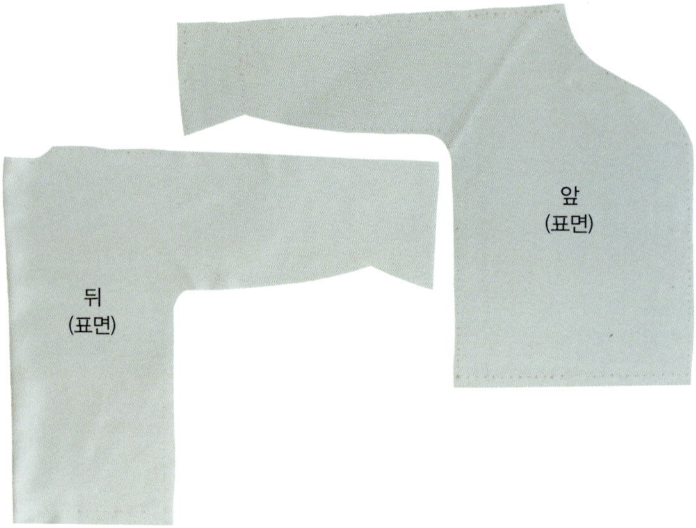

01 표면 쪽에 완성선을 초크로 표시를 한다.

02 소매 밑과 옆선을 한 번에 이어서 손바느질의 쌈솔로 처리하거나 인터록 재봉으로 처리한다.

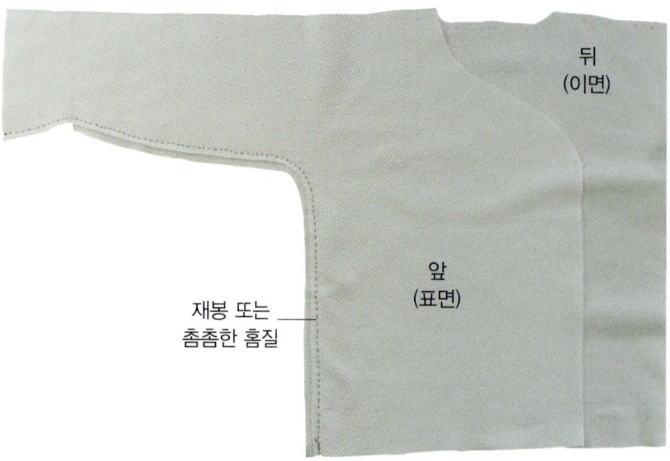

01 앞판과 뒤판을 이면끼리 마주대어 소매 밑과 옆선의 표시끼리 맞추어 완성선에 촘촘한 홈질을 하거나 재봉틀로 박는다.

02 시접폭이 넓은 뒤판의 시접으로 앞판의 시접을 감싼다.

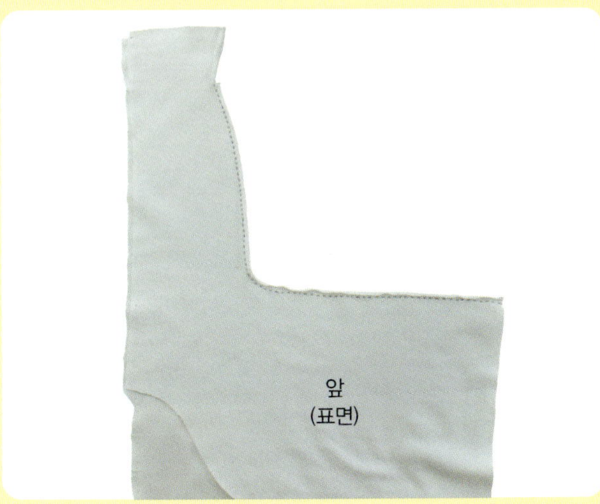

03 감싼 시접을 앞판 쪽으로 넘긴다.

인터록 재봉

02 인터록 재봉으로 처리할 경우에는 앞뒤판 함께 시접을 0.5cm로 정리한다.

인터록 재봉

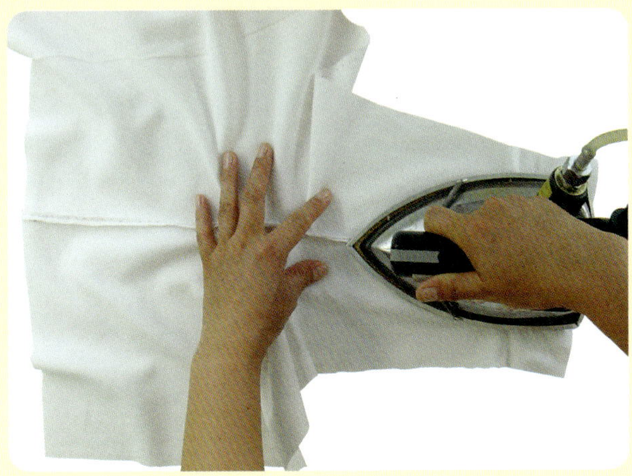

03 인터록 재봉으로 처리할 경우에는 시접을 가른다.

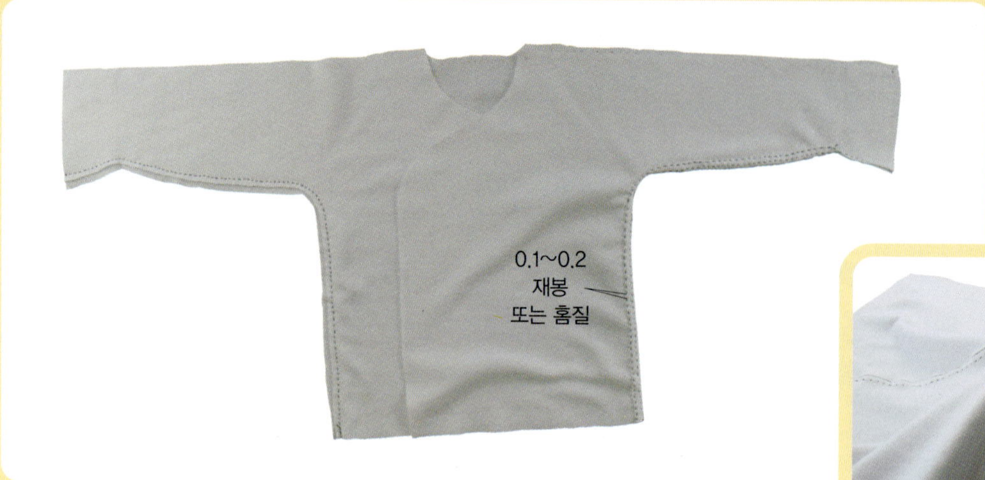

04 앞판 쪽으로 넘긴 감싼 시접폭 끝에서 0.1~0.2cm에 촘촘한 홈질을 하거나 재봉틀로 박는다.

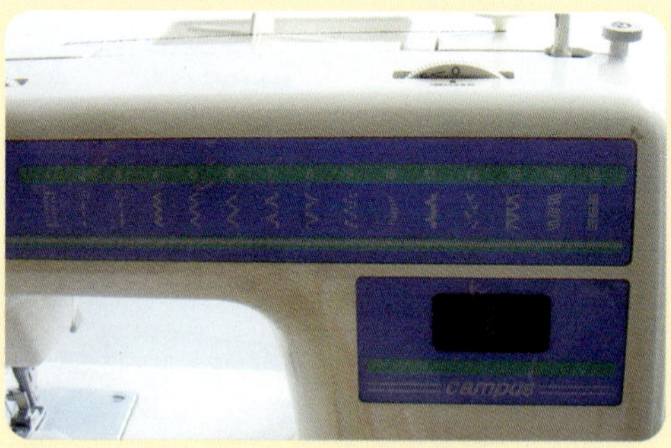

인터록 재봉

04 인터록 재봉으로 할 경우에는 바늘땀을 0에 맞추고 바느질 기호 13번인 인터록에 맞춘다.

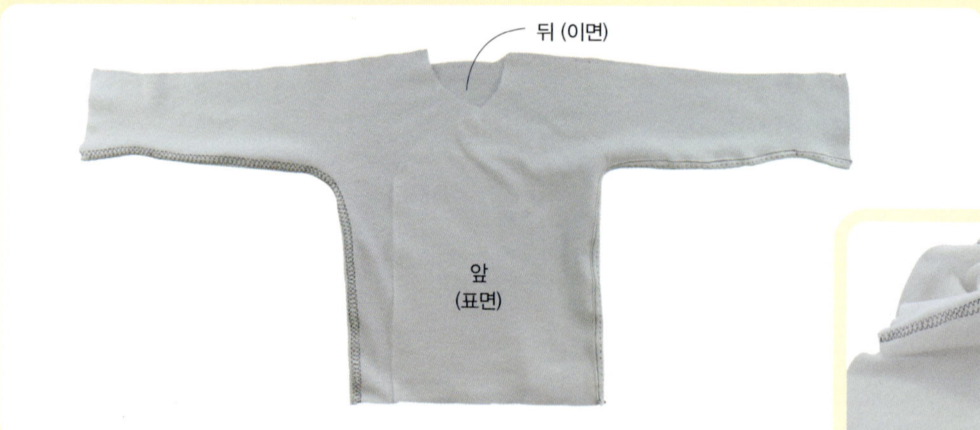

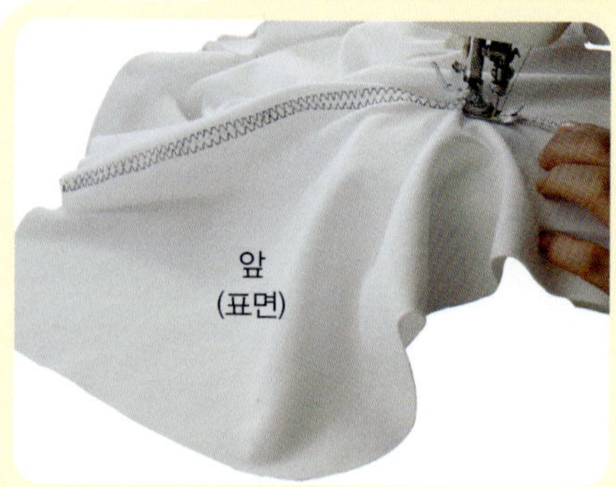

05 인터록 재봉으로 처리할 경우 앞판과 뒤판의 시접 끝에서 몸판까지 통하게 각각 인터록 재봉한다.

03 소맷단과 어깨선을 처리한다.

01 소맷단 쪽의 손싸개 단을 완성선에서 0.5cm 이면 쪽으로 접어 올리고 인터록 재봉을 한다.

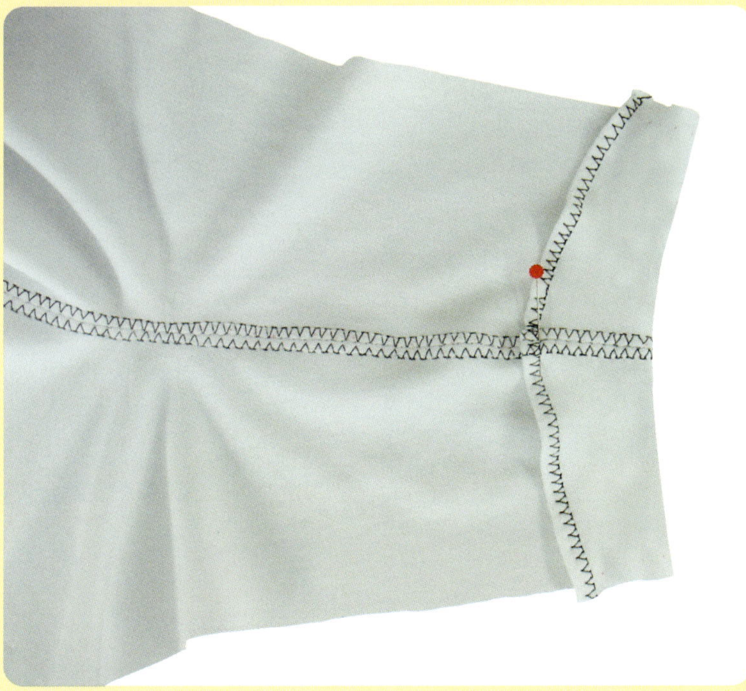

02 소맷단 쪽 손싸개의 완성선을 표면 쪽으로 접어 올려 표시끼리 맞추고 완성선을 박는다.

03 어깨선 쪽의 소매 솔기선을 겉끼리 마주 대어 솔기선끼리 맞추고 솔기선을 박아 고정시킨다.

04 어깨선 쪽의 소매 솔기선 시접을 앞뒤판 함께 0.5cm 폭으로 정리한다.

주 : 어깨선 쪽의 소매 솔기선을 쌈솔로 처리할 경우에는 시접을 정리하지 않은 상태로 소매 밑, 옆선과 같은 방법으로 처리한다(p. 13~14 참조).

05 어깨선 쪽 소매 솔기선 시접을 가른 다음 앞뒤판의 시접에 각각 인터록 재봉을 한다.

04 밑단선을 처리한다.

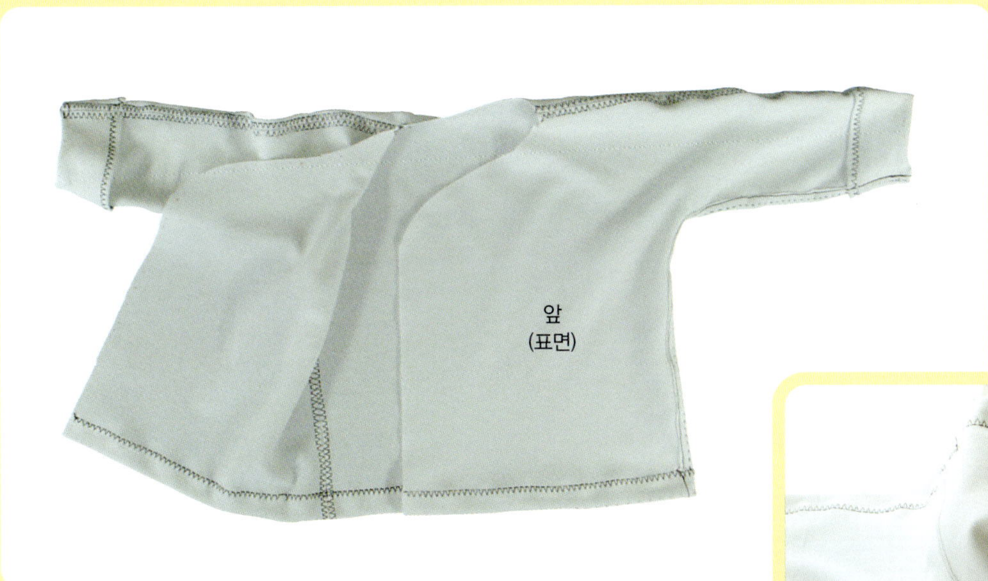

01 밑단의 완성선을 표면 쪽으로 접어 올리고 시접 끝을 인터록 재봉으로 처리한다.

주 : 손바느질로 할 경우에는 밑단선 시접을 두 번 접어 촘촘한 홈질을 한다.

05 목둘레와 앞단을 처리한다.

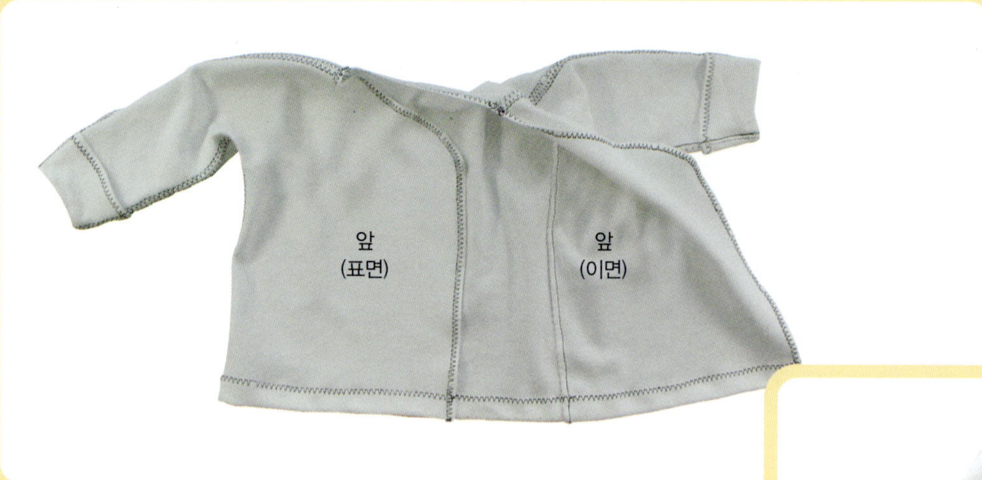

01 인터록 재봉으로 할 경우 앞단과 목둘레의 시접을 0.5cm로 정리한 다음, 앞단과 목둘레의 완성선을 표면 쪽으로 접어 넘기고 시접 끝을 인터록 재봉한다.

주 : 손바느질로 할 경우에는 0.5cm 폭으로 두 번 접어 촘촘한 홈질을 한다.

06 끈을 달아 완성한다.

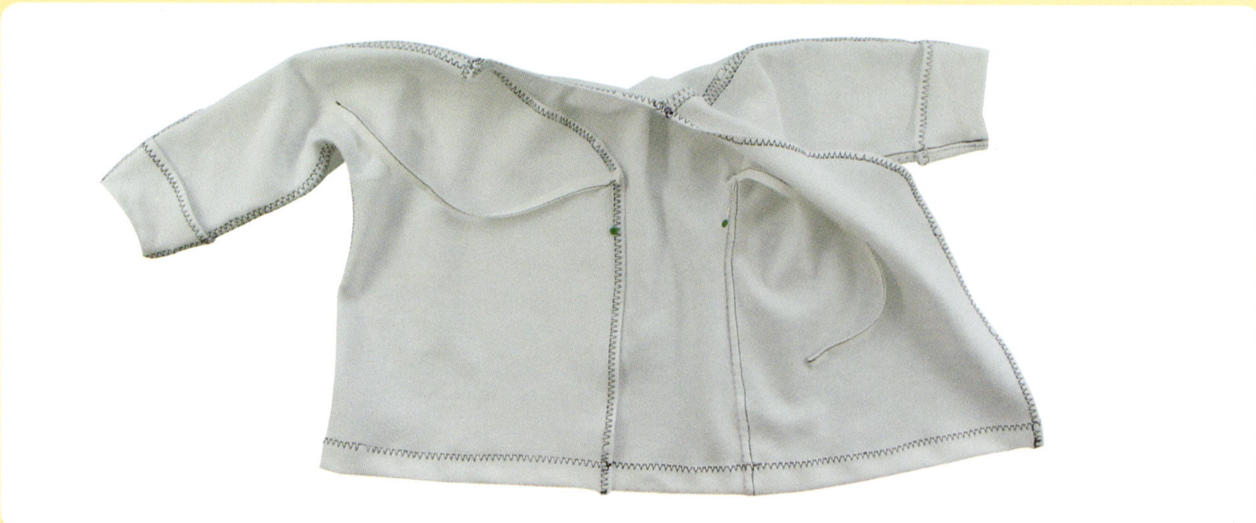

01 앞 오른쪽 앞단과 앞 왼쪽 옆선 안쪽의 끈 다는 위치에 1cm 폭의 면테이프 18~20cm 길이의 끈을 앞단 쪽은 옆선 쪽으로 향하게, 옆선 쪽은 앞판 쪽으로 향하게 핀으로 고정시킨다.

02 01〉에서 핀으로 고정시킨 상태로 앞단 쪽은 앞단의 시접 끝에서, 옆선 쪽은 앞판 쪽 시접 끝에서 박아 고정시킨 다음, 앞단 쪽은 앞 왼쪽을 향하게, 옆선 쪽은 뒤판 쪽으로 다시 한 번 접어 넘기고 되박음질로 고정시킨다.

03 같은 방법으로 앞 왼쪽 앞단과 앞 오른쪽 옆선의 표면에 1cm 폭의 면테이프 18~20cm 길이의 끈을 달아 완성한다.

02 배냇 가운 (0~3개월용)

배냇 가운은 평상시에 베이비 드레스가 되기도 하므로 소매 입구가 약간 넓게 되어 있다.

소재

- 융 또는 촘촘한 면 저어지, 면 타월지 등 부드러운 소재가 적합하다.

재료

- 90cm 폭 90cm
- 바이어스 테이프 : 2.5cm 폭 360cm

제도법

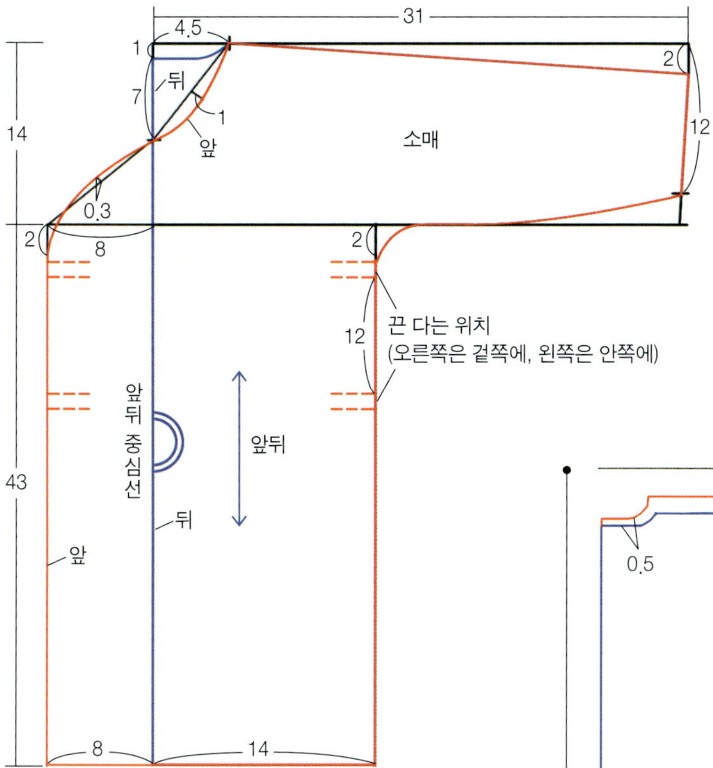

31
4.5
1
뒤
7
1
앞
소매
2
12
14
0.3
2
8
2
끈 다는 위치
(오른쪽은 겉쪽에, 왼쪽은 안쪽에)
12
앞뒤 중심선
앞뒤
43
뒤
앞
8
14

재단법

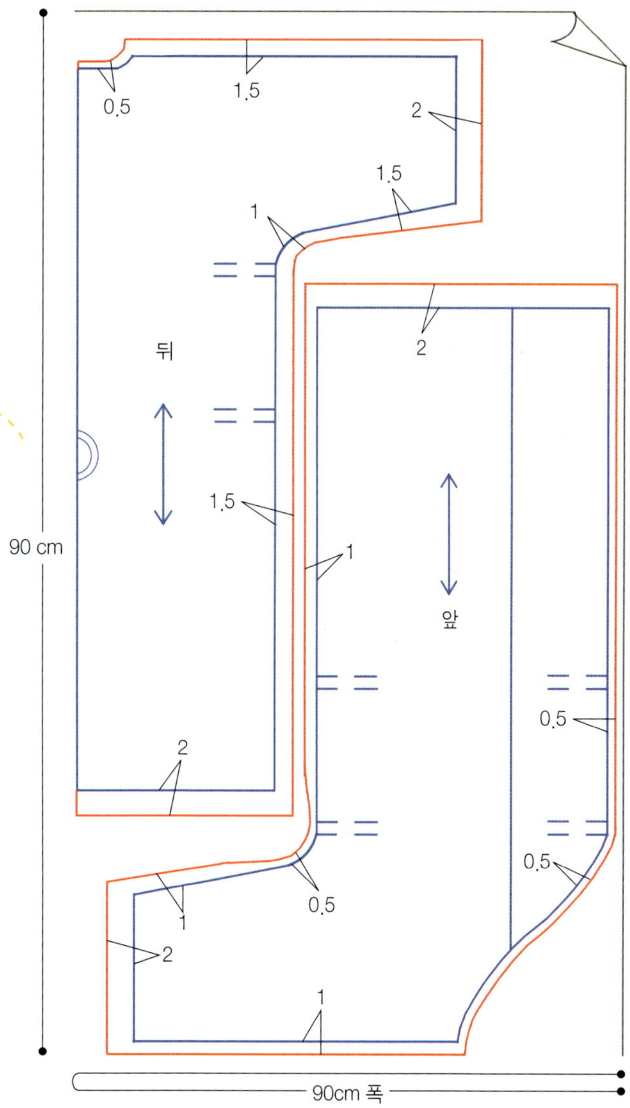

0.5
1.5
2
1.5
1
뒤
2
1.5
1
앞
0.5
2
0.5
0.5
1
2
1
90 cm
90cm 폭

봉제법

Sewing Technique

01 표시를 한다.

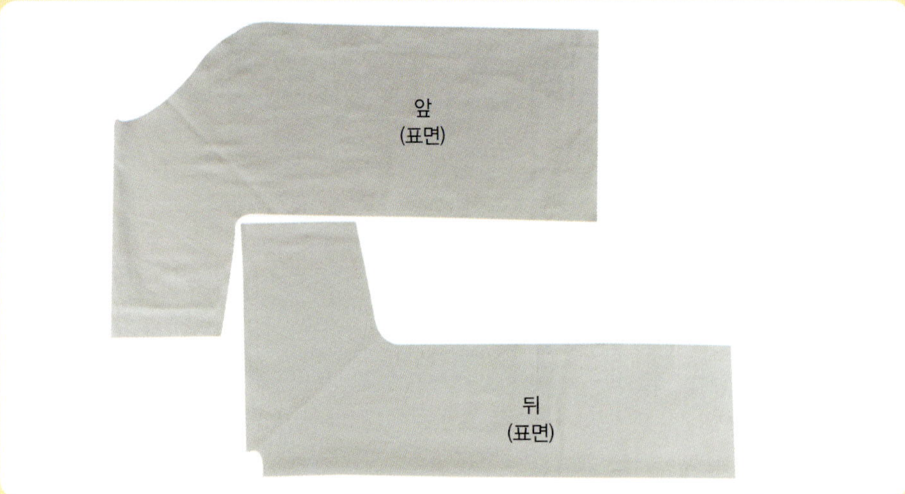

01 앞뒤 몸판의 표면 쪽에 완성선을 초크로 표시를 한다.

02 소매 밑과 옆선을 한 번에 이어서 쌈솔로 처리한다.

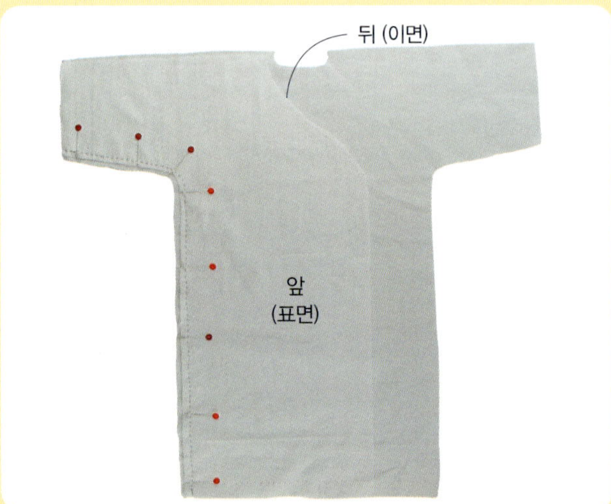

01 앞판과 뒤판을 겉끼리 마주 대어 시접폭에 차이를 두고 표시끼리 맞추어 핀으로 고정시키고, 완성선을 0.3cm 간격으로 촘촘하게 홈질하거나 재봉틀로 박는다.

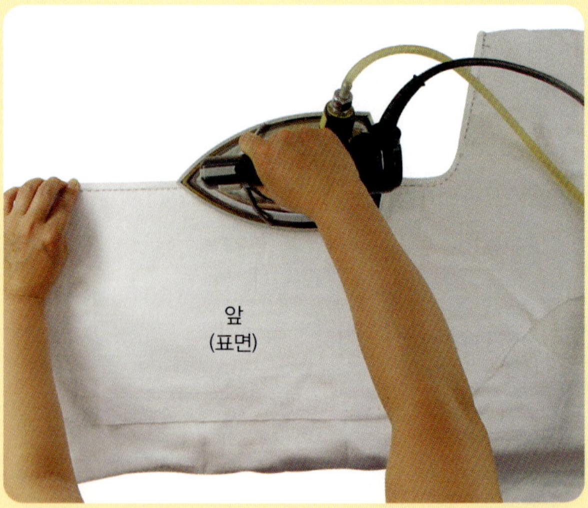

02 시접폭이 넓은 뒤판의 시접으로 앞판의 시접을 감싼다.

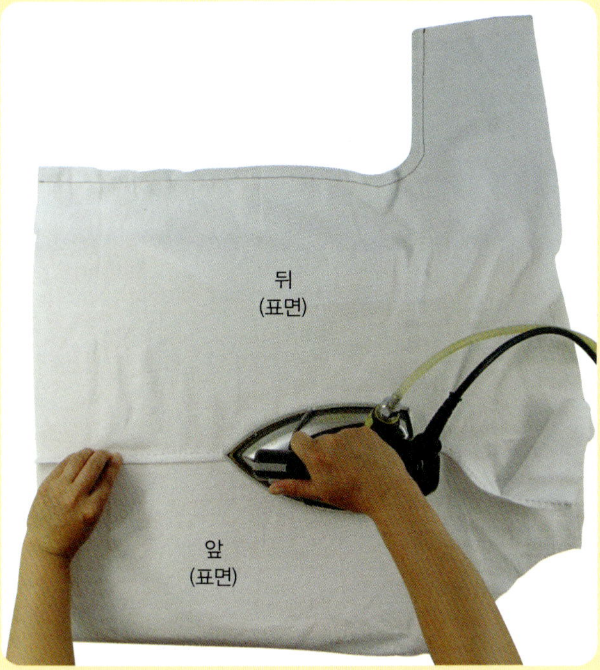

03 감싼 시접을 앞판 쪽으로 넘긴다.

04 시접폭의 끝에서 0.2cm에 촘촘하게 홈질을 하거나 재봉틀로 박는다.

03 어깨선을 쌈솔로 처리한다.

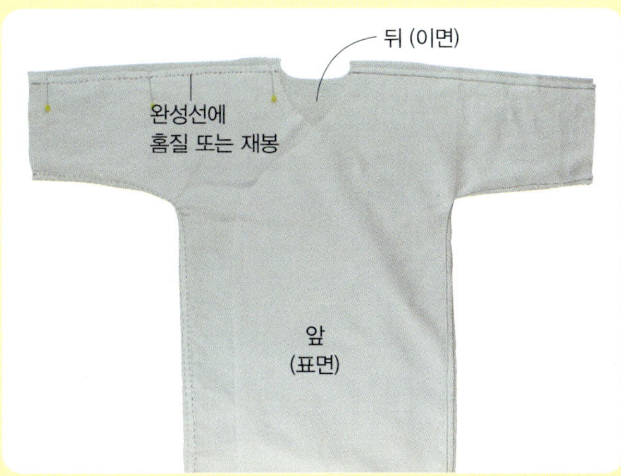

01 어깨선을 겉끼리 마주 대어 시접폭에 차이를 두고 표시끼리 맞추어 핀으로 고정시킨 다음, 완성선을 0.3cm 간격으로 촘촘하게 홈질하거나 재봉틀로 박는다.

02 시접폭이 넓은 뒤판의 시접으로 앞판의 시접을 감싼다.

03 감싼 시접을 앞판 쪽으로 넘긴다.

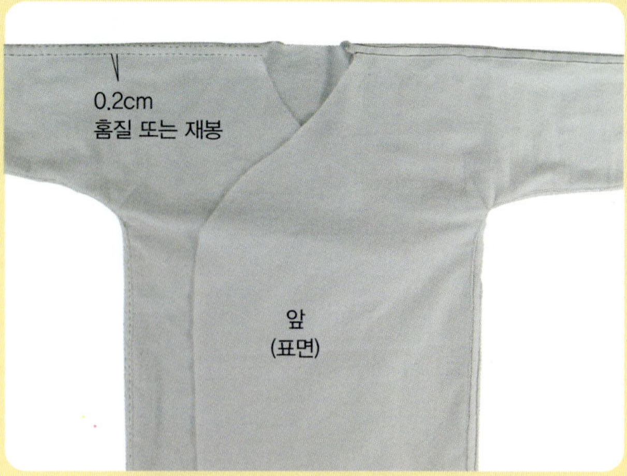

04 시접폭의 끝에서 0.2cm에 촘촘하게 홈질을 하거나 재봉틀로 박는다.

04 소매 입구와 밑단을 처리한다.

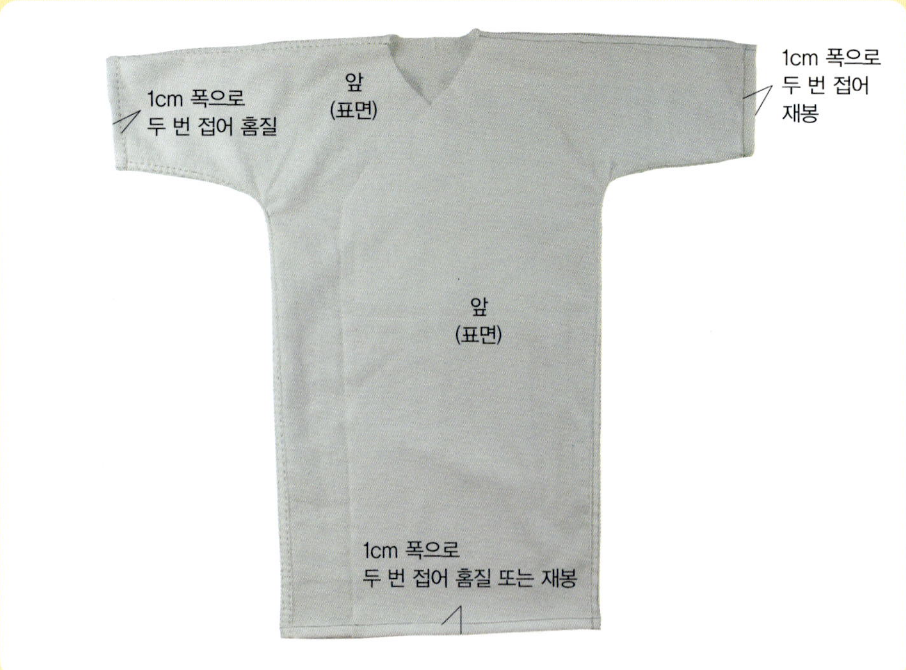

01 소매 입구와 밑단 시접을 표면 쪽으로 1cm 폭으로 두 번 접어 촘촘한 홈질을 하거나 스티치한다.

05 앞단과 목둘레를 바이어스 테이프로 처리한다.

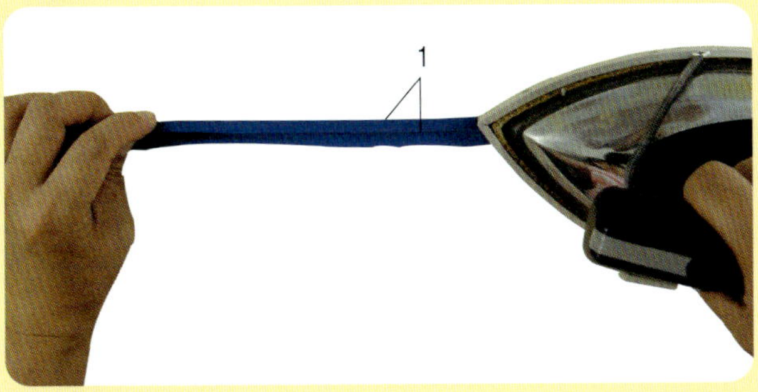

01 2.5cm 폭의 바이어스 테이프를 1cm 접는다.

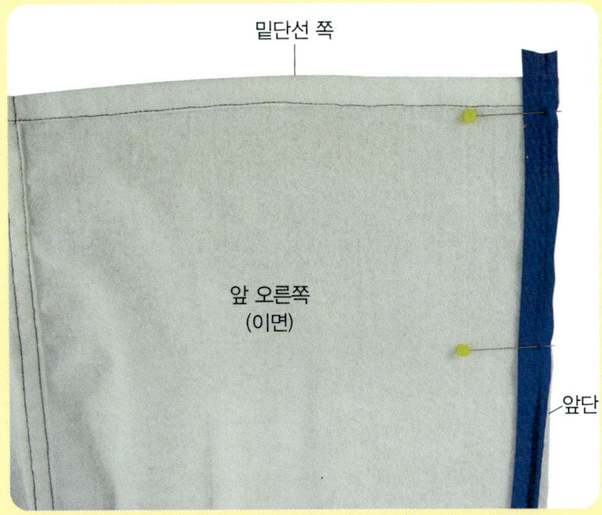

02 앞판의 이면 위에 바이어스 테이프의 접지 않은 쪽의 표면을 마주 대어 밑단의 완성선에서 1cm 내어 얹고 앞단 시접 끝에 맞추어 핀으로 고정시킨다.

03 밑단의 완성선에서 바이어스 테이프 끝쪽을 표면 쪽으로 접어 넘긴다.

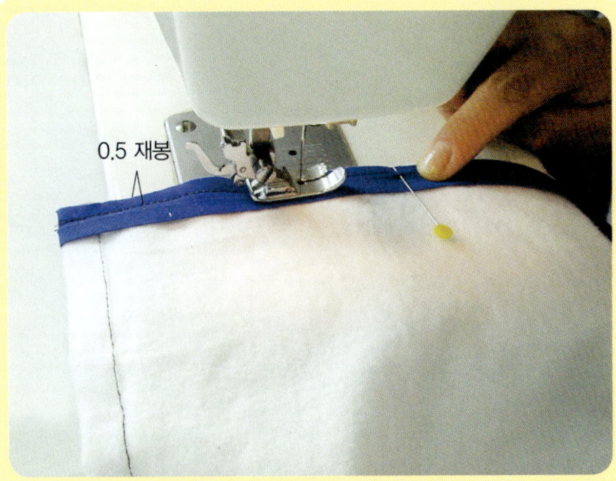

04 밑단선 쪽에서부터 앞단 쪽 완성선을 박기 시작하여 앞뒤 목둘레선을 통과하고 앞 왼쪽 밑단선까지 완성선을 박는다.

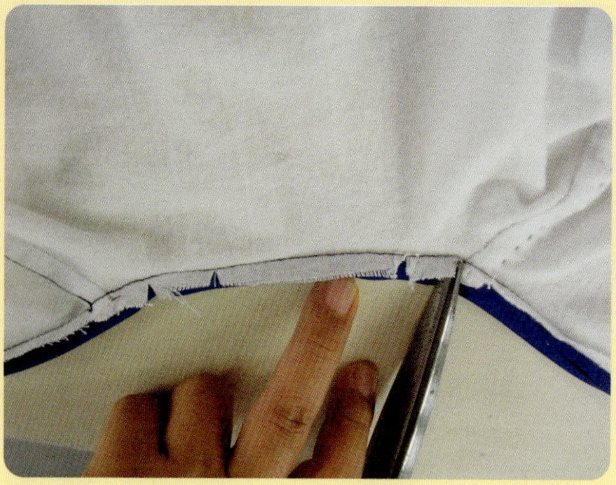

05 뒤 목둘레의 곡선 부분 시접에만 가윗밥을 넣는다.

주 : 바이어스 테이프에는 가윗밥을 넣지 않는다.

06 바이어스 테이프를 표면 쪽으로 뒤집어서 다림질 한다.

07 앞단 쪽의 끈 다는 위치에 맞추어 끈을 핀으로 고정시킨다.

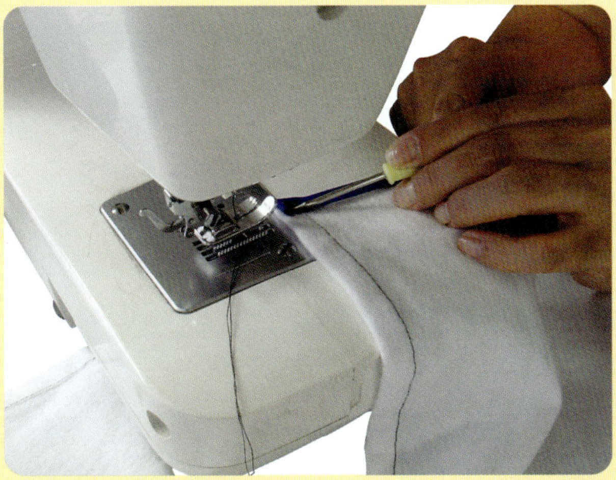

08 왼쪽의 밑단 쪽부터 박기 시작한다.

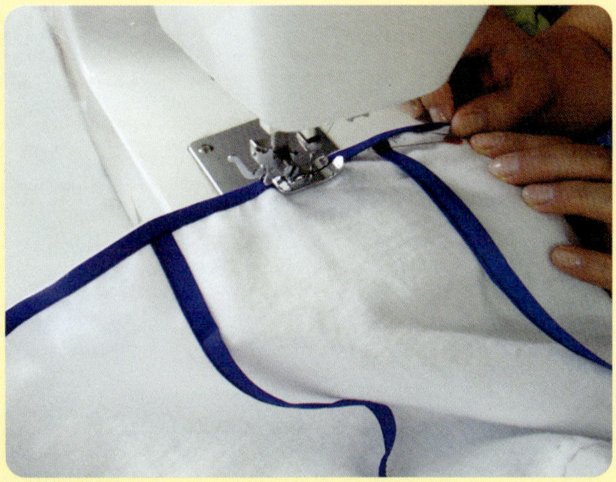

09 끈을 다는 위치에서는 되박음질을 하고 오른쪽 밑단까지 박는다.

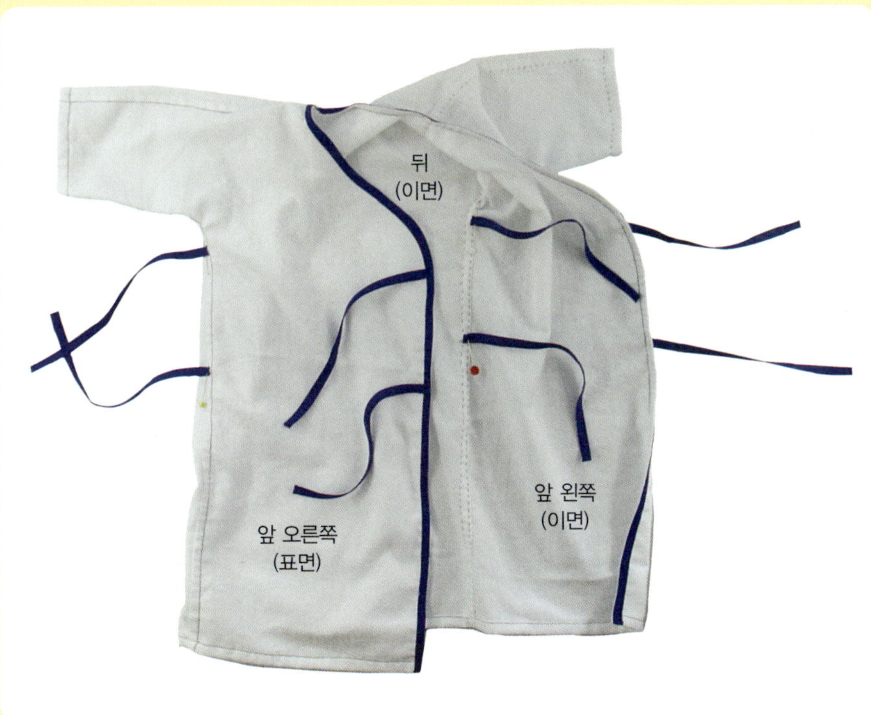

10 옆선의 끈 다는 위치에 맞추어 핀으로 고정시킨다.

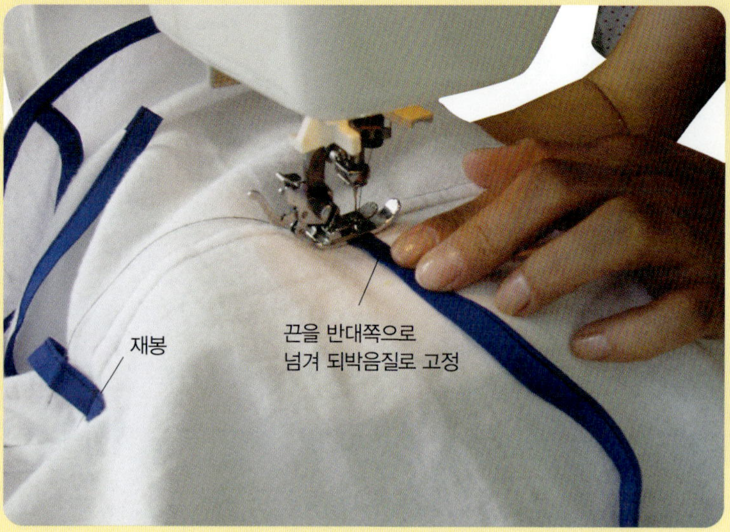

11 되박음질로 옆선 쪽 끈을 고정시킨다.

12 끈을 앞판 쪽으로 넘기고 되박음질로 고정시킨다.

13 앞 오른쪽 앞단의 끈과 왼쪽 옆선의 끈을 묶고, 앞 왼쪽 앞단의 끈과 오른쪽 옆선의 끈을 묶도록 되어 있다.

14 완성.

03 베이비 드레스와 커버올 겸용 드레스 1 (0~6개월 전후용)

상의와 하의가 하나로 이어진 헐거운 유아복은 베이비 드레스도 되고 커버올도 되는 겸용 드레스이다. 아기의 움직임이 활발해지면 커버올을 입힌다.

소재

- 면 100%의 저어지, 면 100%의 리플 등을 선택한다.

재료

- 면 저어지의 경우 : 150cm 폭 75cm
- 면 리플의 경우 : 110cm 폭 120cm
- 접착심지 : 90cm 폭 60cm
- 스냅버튼 : 직경 1.1cm 12쌍
- 고무 테이프 : 1cm 폭 90cm

커버올(cover-all)

상의와 하의가 하나로 이어진 헐거운 작업복 형태

원피스형 드레스

제도법

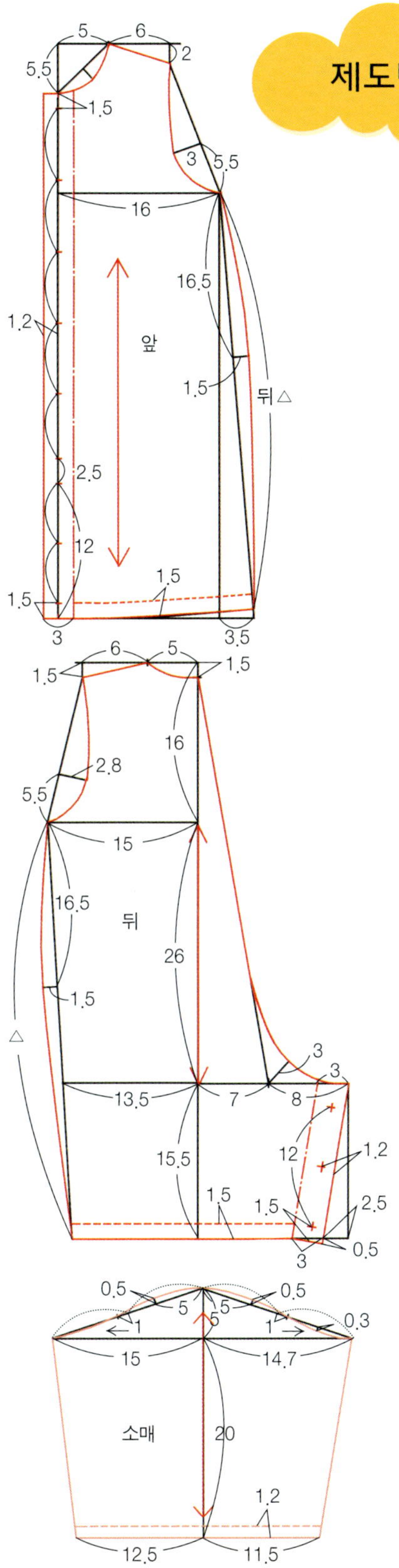

재단법

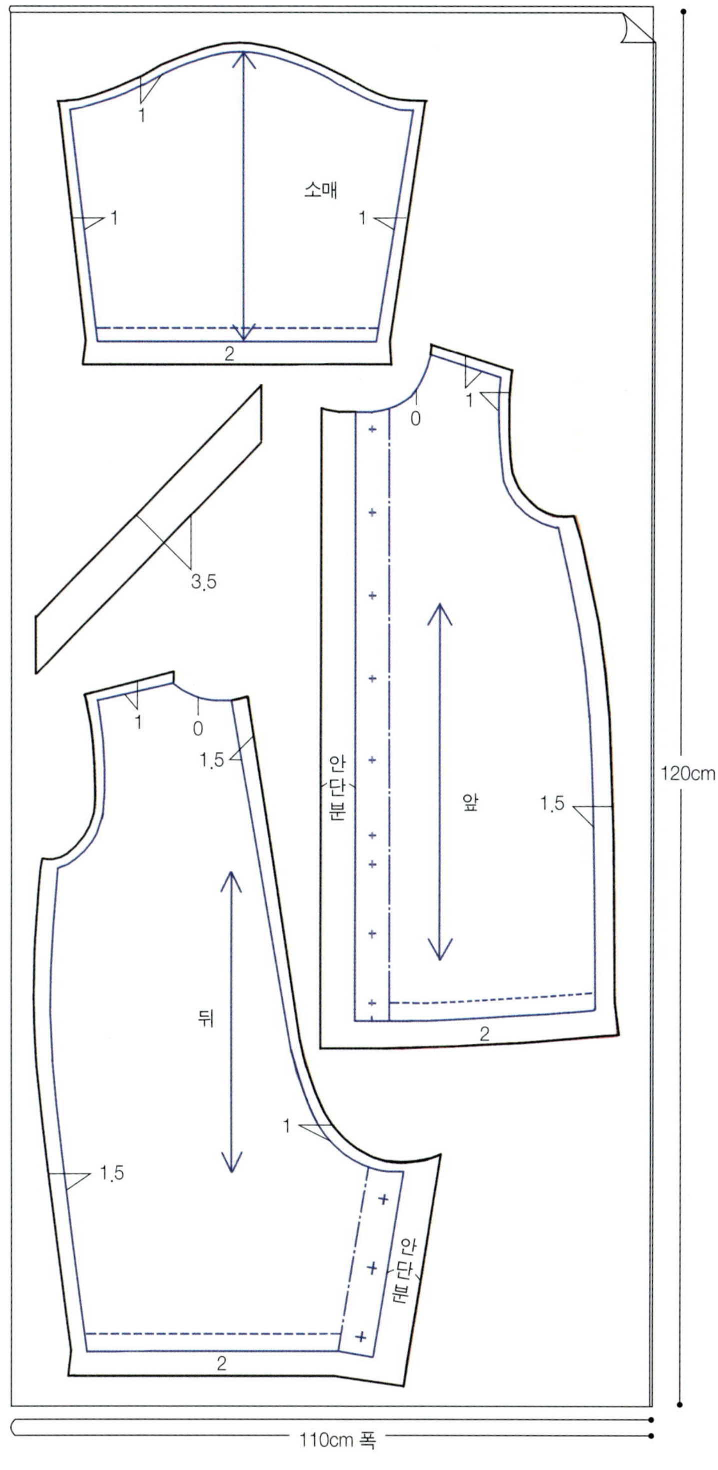

01 접착심지를 붙이고 표시를 한다.

01 앞 안단과 뒤 안쪽 다리선 안단에 접착심지를 붙인다.

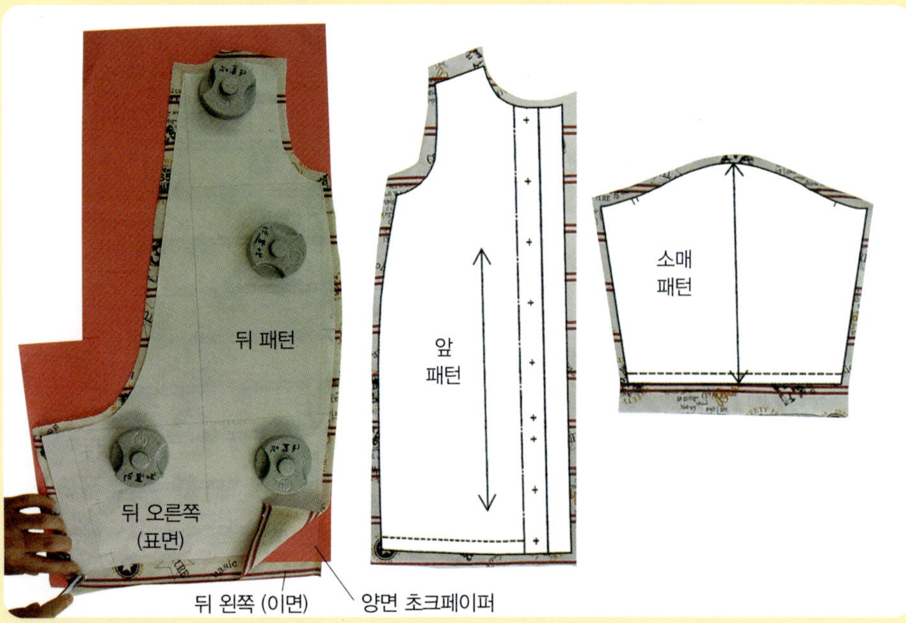

02 좌우 앞판과 뒤판, 소매의 이면 사이에 양면 초크페이퍼를 끼우고, 완성선을 룰렛으로 눌러 표시한다.

02 오버록 재봉을 한다.

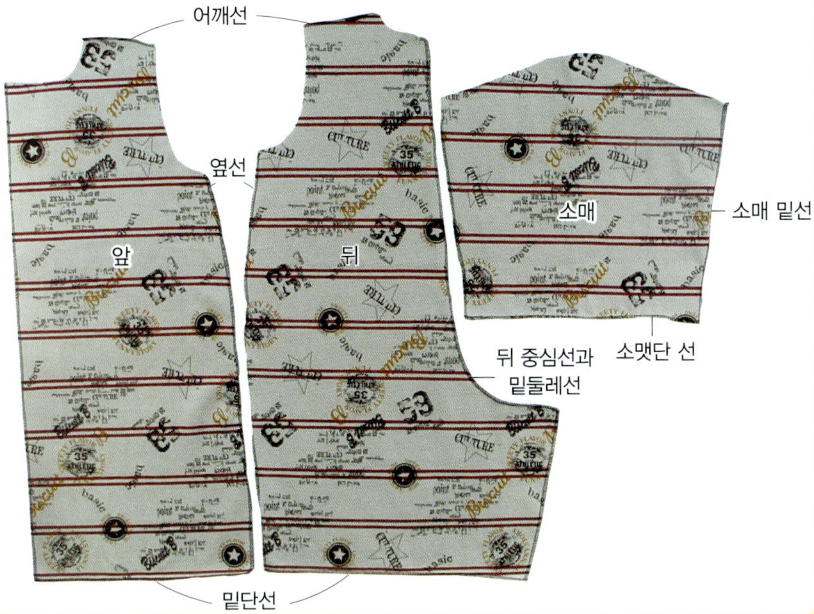

01 앞뒤 어깨선과 옆선, 밑단선, 뒤 중심선, 앞 안단선, 소매 밑선과 소맷단 선에 오버록 재봉을 한다.

03 뒤 중심선과 뒤 밑둘레선을 박는다.

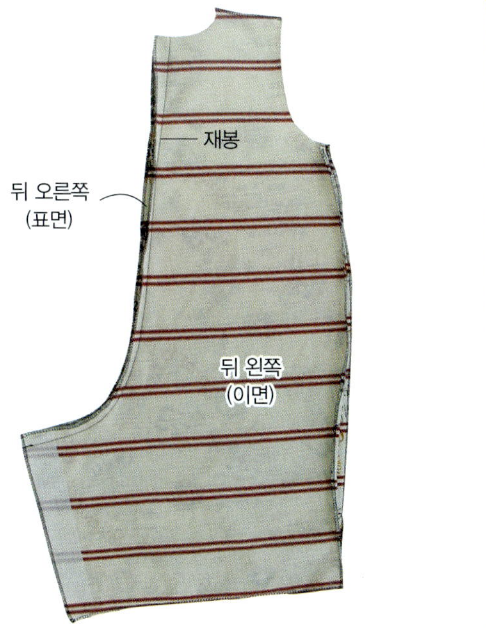

01 좌우 뒤판을 겉끼리 마주 대어 표시끼리 맞추고, 뒤중심선과 뒤 밑둘레선을 박는다.

02 시접을 가른다.

04 뒤 안쪽 다리선을 처리한다.

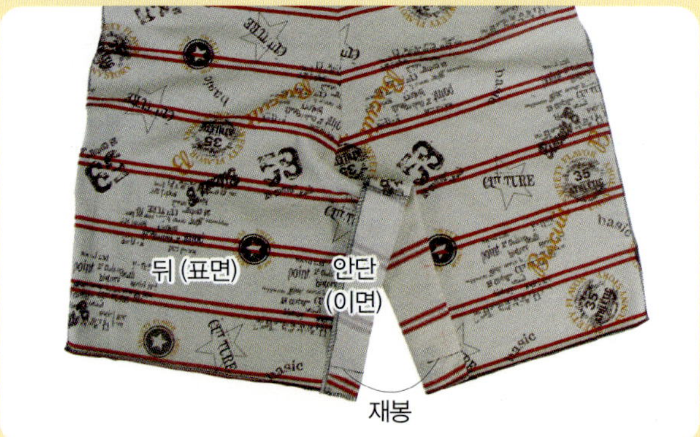

01 안쪽 다리선의 안단을 완성선에서 표면 쪽으로 접은 다음, 밑단의 완성선을 박는다.

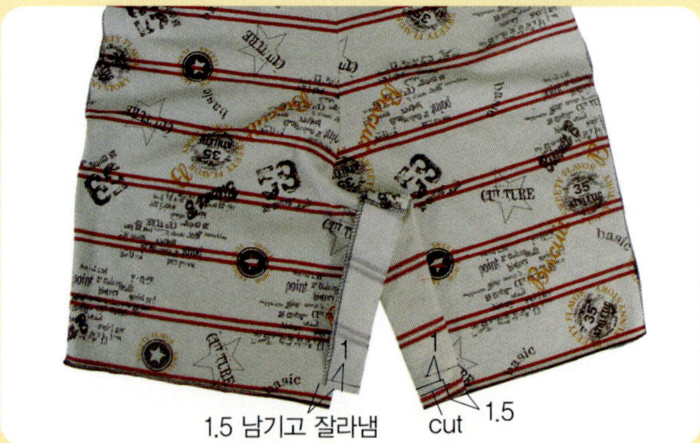

02 좌우 모두 밑단 쪽의 시접을 완성선에서 1cm 남기고, 투박해지지 않도록 안단의 끝에서 1.5cm 남기고 잘라낸다.

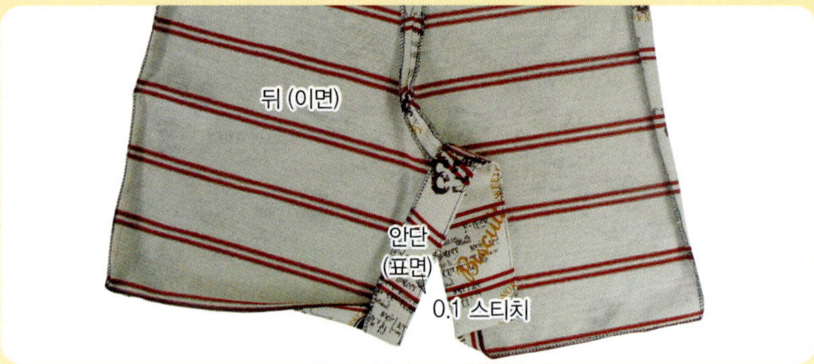

03 안단을 겉으로 뒤집어서 0.1cm에 스티치한다.

05 앞단의 처리를 한다.

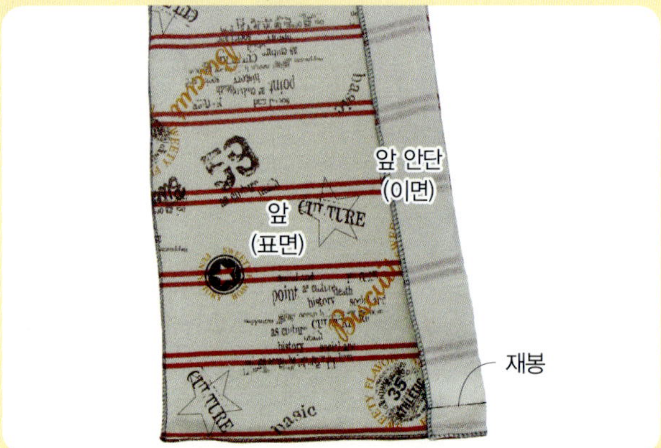

01 앞 안단을 완성선에서 표면 쪽으로 접은 다음, 밑단의 완성선을 박는다.

02 안단의 시접을 정리한다.

03 안단을 겉으로 뒤집어서 0.1cm에 스티치한다.

06 어깨선을 박는다.

01 어깨선을 박고 시접을 가른다.

07 목둘레선을 처리한다.

01 3cm 폭으로 자른 바이어스 천의 표면을 몸판의 목둘레선 좌우 앞단 끝에서 1cm씩 내어 몸판의 표면에 마주 대어 얹고 1cm 폭으로 박는다.

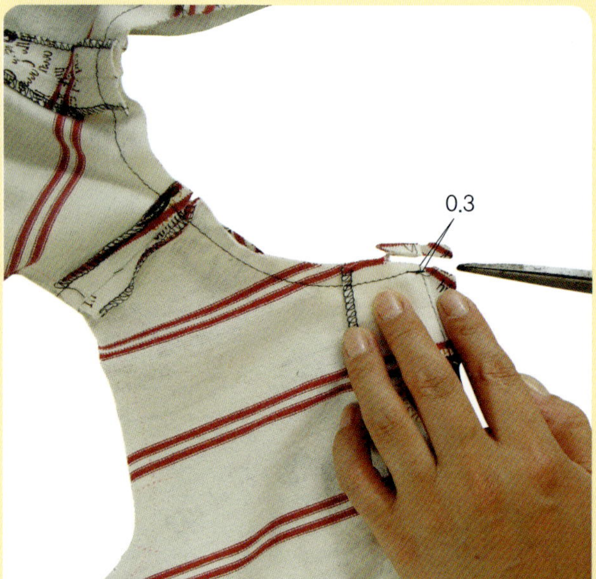

02 투박해지지 않도록 시접을 0.3cm로 정리한다.

주 : 1cm 빼낸 바이어스 천까지 자르지 않도록 주의한다.

03 앞단 쪽의 바이어스 천 시접을 접는다.

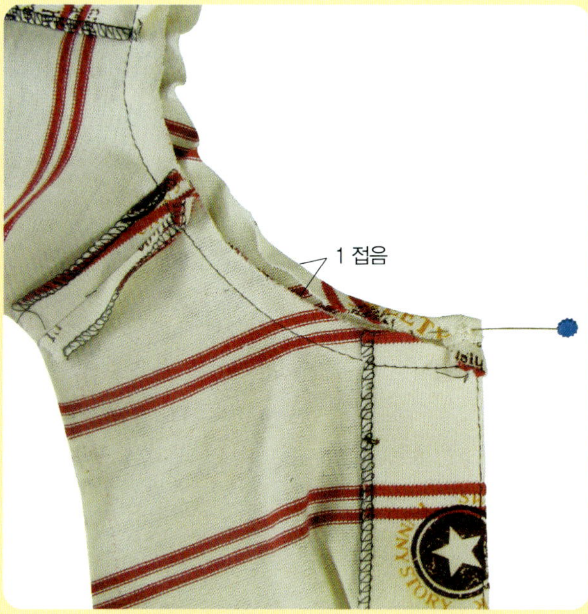

04 바이어스 천을 목둘레선 쪽으로 1cm 접는다.

05 목둘레선의 시접을 이면 쪽으로 감싸 넘기고 핀으로 고정시킨다.

06 감싼 바이어스 천의 단 끝에서 0.1cm에 스티치한다.

08 소매를 단다.

01 몸판과 소매를 겉끼리 마주 대어 표시끼리 맞추고 완성선을 박는다.

02 몸판과 소매의 시접 두 장을 함께 오버록 재봉을 한다.

03 시접을 몸판 쪽으로 넘기고 겉쪽에서 0.1~0.3cm에 스티치한다.

이면 쪽에서
본 상태

09 소매 밑선과 옆선을 한 번에 이어서 박는다.

01 앞판과 뒤판을 겉끼리 마주 대어 표시끼리 맞추고, 소매 밑선과 옆선을 한 번에 이어서 박는다.

주 : 소맷단 쪽에서 고무 테이프를 통과시킬 수 있도록 1cm 남기고 박는다. 이때 시작과 끝에서는 되박음질을 한다.

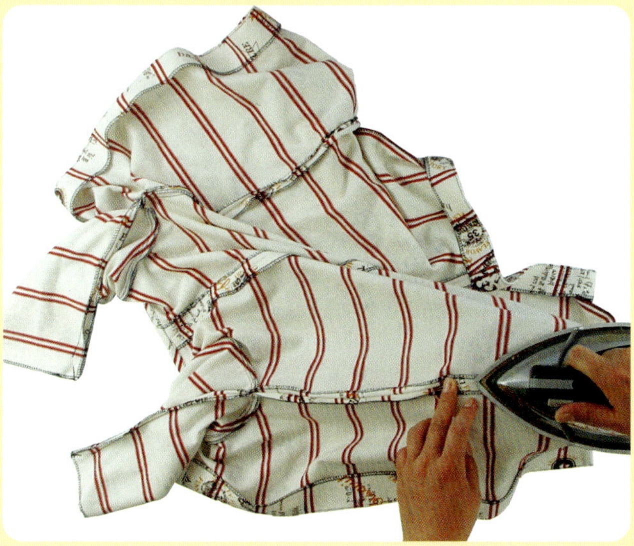

02 시접을 가른다.

10 소맷단을 처리한다.

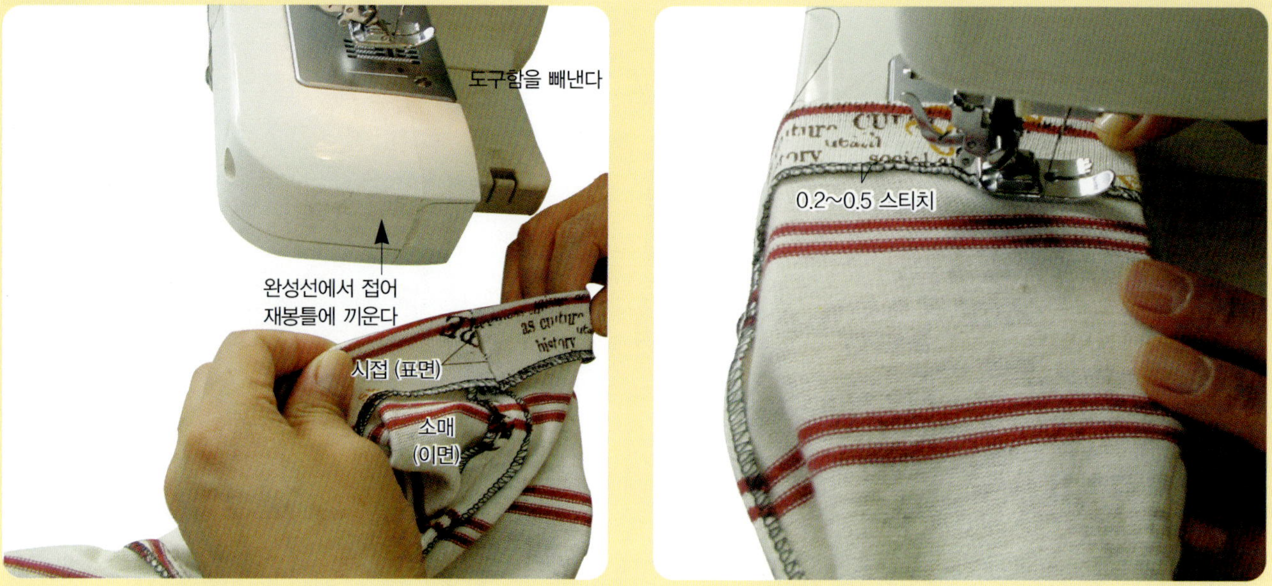

01 소맷단을 완성선에서 접어 올리고 시접단 끝에서 0.2~0.5cm에 스티치한다.

02 1cm 폭의 고무 테이프 12cm를 끼우고, 1cm 겹쳐 감칠질로 고정시킨다.

11 밑단선을 처리한다.

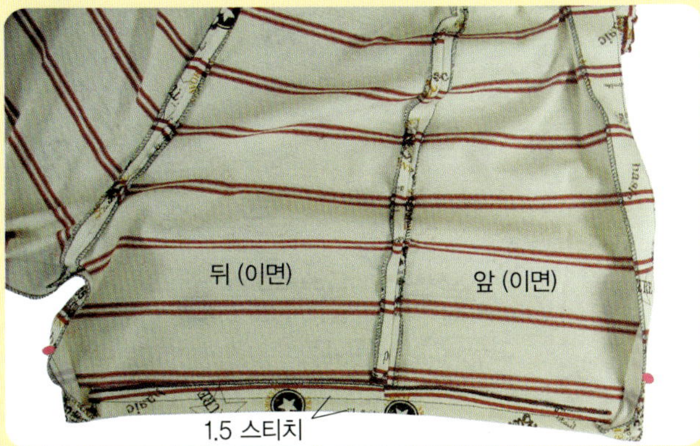

01 밑단의 완성선에서 접어 올리고 1.5cm 폭으로 스티치한다.

02 길이 20cm의 고무 테이프를 끼운다.

03 앞뒤 안단 밑에 고무 테이프를 1cm 밀어 넣고, 안쪽 다리선 쪽의 고무 테이프 양끝을 되박음질로 고정시킨다.

12 스냅버튼을 달아 완성한다.

01 앞 오른쪽의 표면에는 모두 스냅버튼의 오목한 쪽을 달고, 앞 왼쪽 이면에는 스냅버튼의 볼록한 쪽을 단다. 뒤 가랑이 밑 안쪽 다리선에 다는 3개의 스냅버튼은 오른쪽 표면에 스냅버튼의 볼록한 쪽을 달고, 왼쪽 표면에 스냅버튼의 오목한 쪽을 단다.

04 겸용 드레스 1의 응용

(0~6개월 전후용)

겸용 드레스 1에 플랫칼라를 달면 귀여움을 더해준다. 여아의 경우 면 레이스 천으로 만들면 고급스러운 느낌을 더해준다.

소재

- 면 100%의 저어지나 면 100%의 중간 두께 코르덴 또는 면 레이스 천 등이 적합하다.

재료

- 면 저어지의 경우 : 180cm 폭 80cm, 혹은 110cm 폭 130cm
- 접착심지 : 90cm 폭 60cm
- 스냅버튼 : 직경 1.1cm 12쌍
- 고무 테이프 : 1cm 폭 90cm
- 바이어스 테이프 : 1cm 폭 50cm

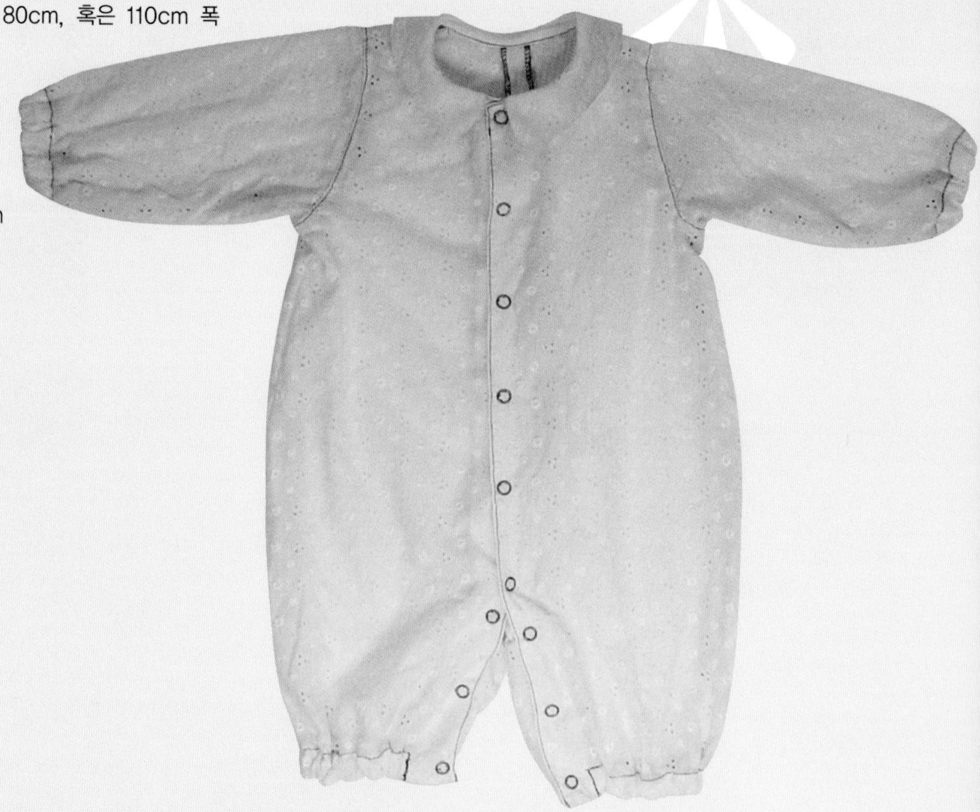

칼라 제도법

앞뒤 몸판은 겸용 드레스 1과 동일하므로 같은 패턴을 사용하고, 칼라만을 제도한다.

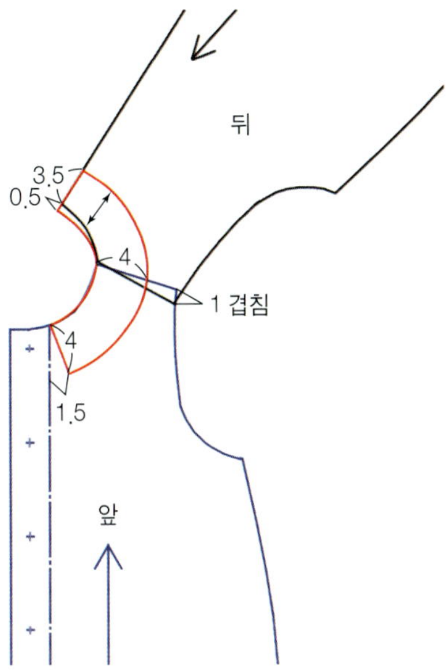

재단법

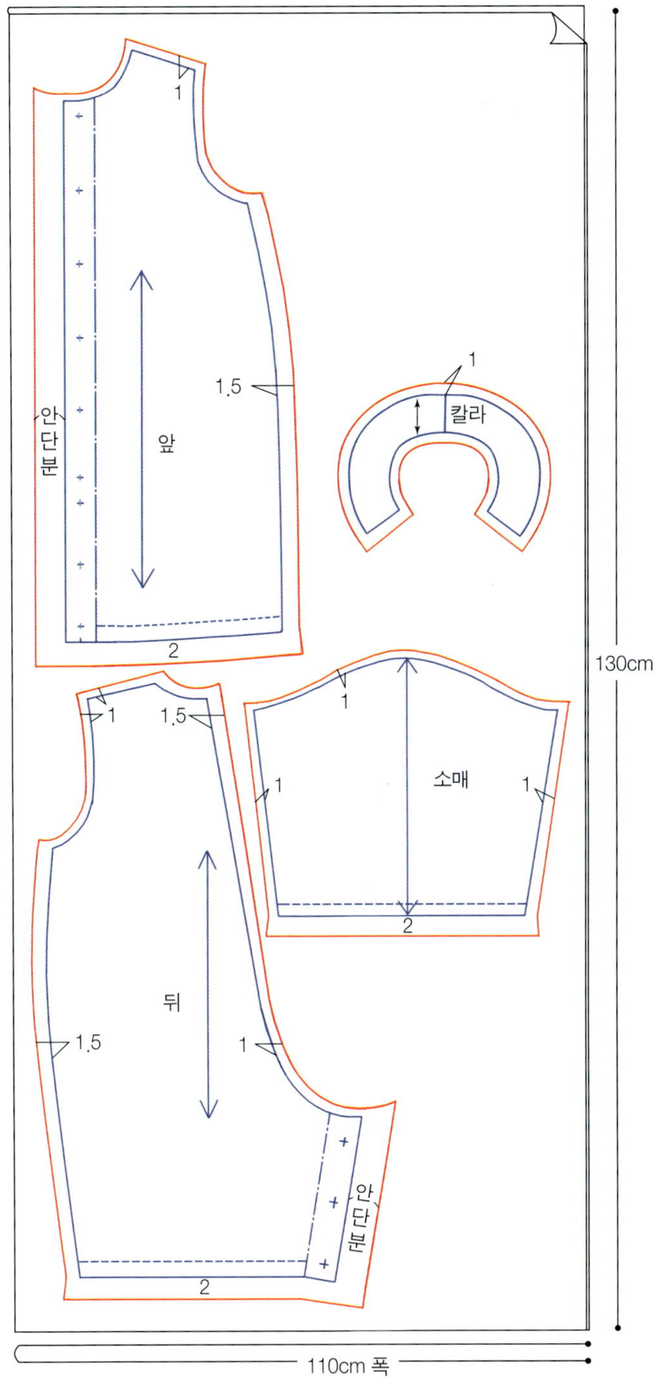

01 접착심지를 붙이고 표시를 한다.

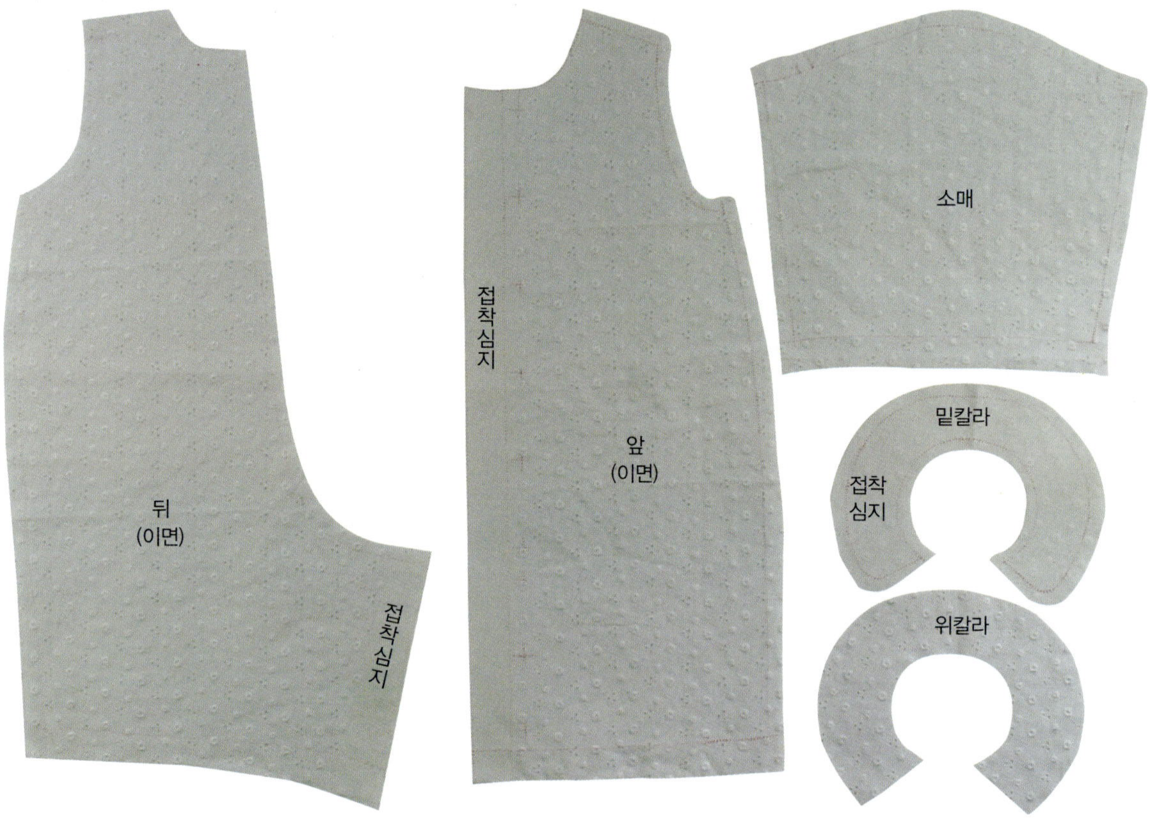

01 앞 안단과 뒤 안쪽 다리선의 안단, 밑칼라에 접착심지를 붙이고 완성선에 표시를 한다.

02 몸판을 봉제한다.

01 겸용 드레스 1과 같은 방법으로 몸판의 2~6까지 봉제한 다음(p. 23~25), p. 28~31의 8~11까지와 같은 방법으로 봉제해 둔다.

03 칼라를 만들어 단다.

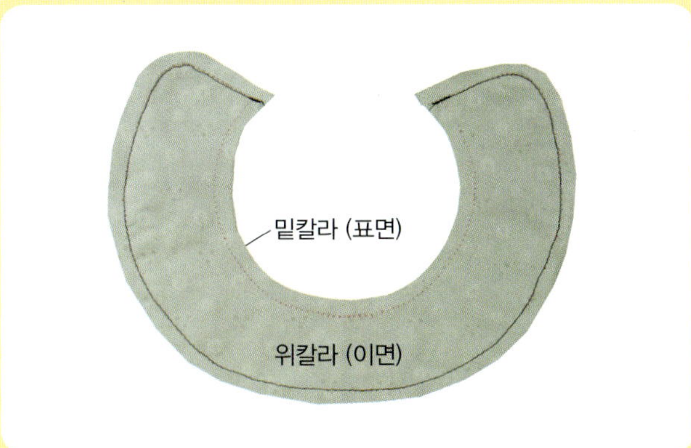

01 위칼라와 밑칼라를 겉끼리 마주 대어 표시끼리 맞추고 완성선을 박는다.

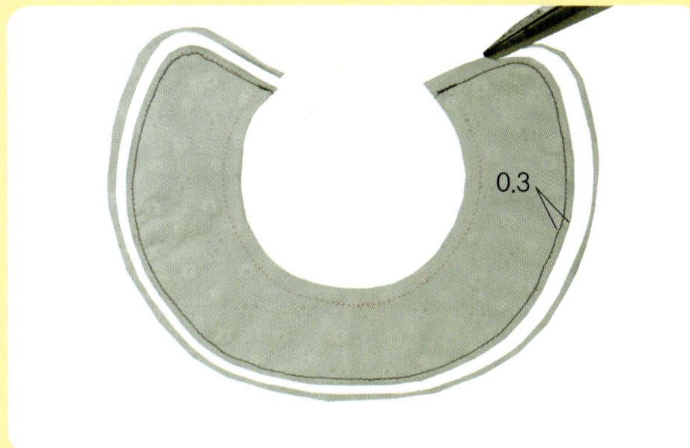

02 시접을 0.3cm로 정리한다.

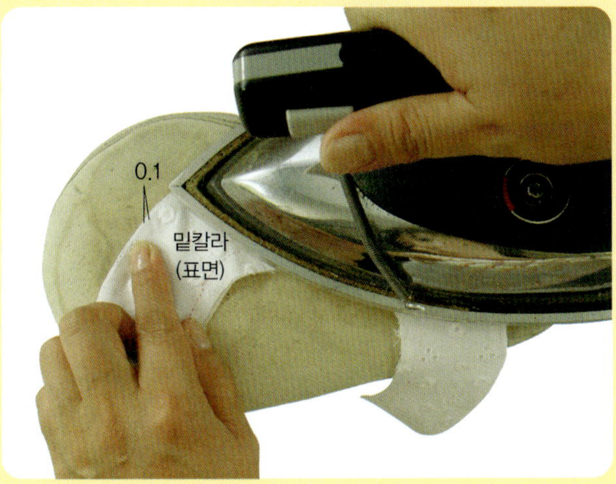

03 칼라를 겉으로 뒤집어 밑칼라를 0.1cm 안쪽으로 차이지게 밀어 다림질한다.

04 몸판의 겉감 위에 밑칼라를 얹어 앞 목점 쪽의 칼라 달림 끝점, 옆목점, 뒤 목점의 표시끼리 맞춘 다음, 앞 안단을 앞단 완성선에서 겉끼리 마주 닿도록 접어 넘기고 완성선을 박는다.

05 바이어스 테이프의 표면을 칼라가 달린 단 위에 얹고 다시 한 번 완성선을 박는다.

06 칼라, 몸판의 시접을 모두 몸판 쪽으로 넘기면서 반대편 쪽 바이어스 테이프로 감싸 테이프 단 끝에서 0.1cm에 스티치한다.

07 완성.

05 턱받이용 앞치마 (0~18개월 전후용)

면 저어지나 면 레이스 천, 얇은 타월지로 만든 턱받이용 앞치마는 손님을 맞이할 때 멋스러움을 연출한다.

소재

- 면 저어지나 면 레이스 천, 얇은 타월지 등이 적합하다.

재료

- 110cm 폭 75cm (얇은 타월지일 경우에는 110cm 폭 52cm+바이어스 테이프 150cm +면 레이스 A, B용 5cm 폭을 140cm 따로 준비한다.)

제도법

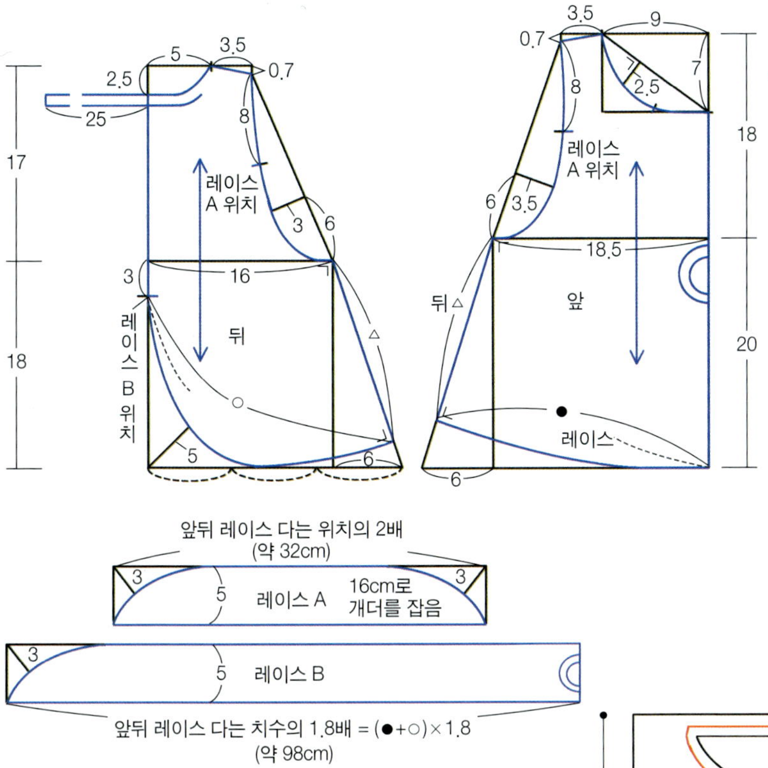
2.5
25
5
3.5
0.7
8
17
18
레이스 A 위치
3
6
16
뒤
레이스 B 위치
△
○
5
6
9
7
2.5
레이스 A 위치
3.5
18.5
뒤△
앞
20
●
레이스
앞뒤 레이스 다는 위치의 2배
(약 32cm)
레이스 A
16cm로 개더를 잡음
레이스 B
앞뒤 레이스 다는 치수의 1.8배 = (●+○)×1.8
(약 98cm)

재단법

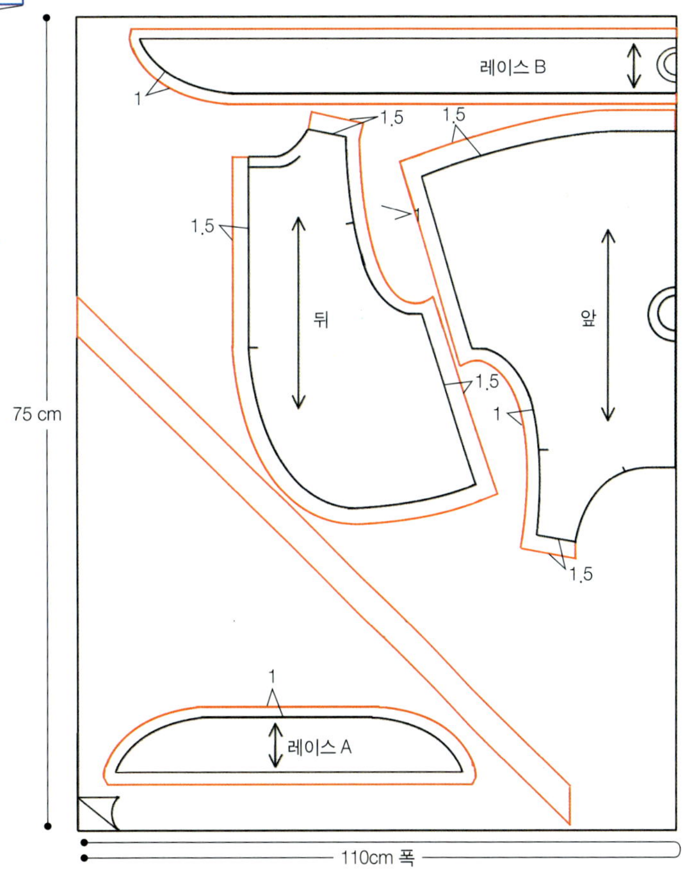
레이스 B
1
1.5
뒤
앞
1.5
1
1.5
75 cm
1
레이스 A
110cm 폭

봉제법

Sewing Technique

01 표시를 하고, 오버록 재봉을 한다.

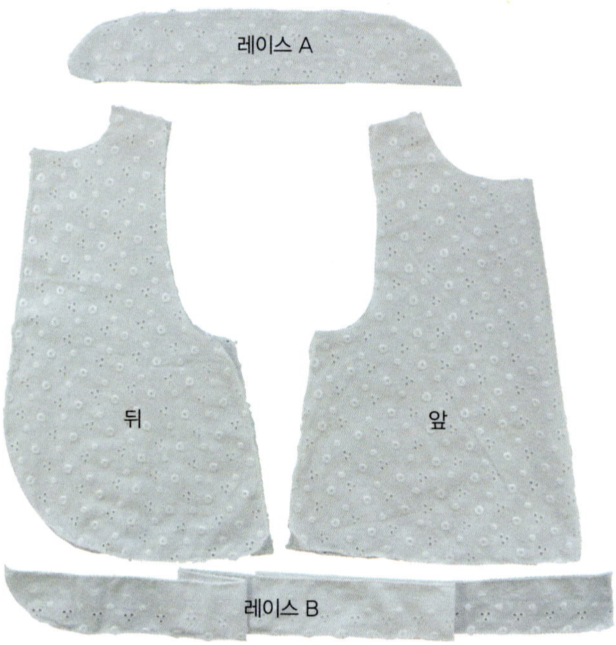

01 표시를 하고 앞뒤 몸판의 어깨선과 뒤 중심선, 옆선, 레이스 A와 B에 오버록 재봉을 한다.

02 어깨선을 박는다.

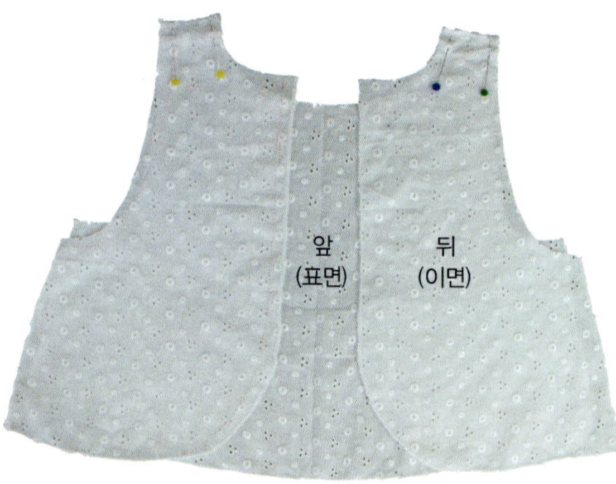

01 앞판과 뒤판을 겉끼리 마주 대어 어깨선 표시끼리 맞추고 핀으로 고정시킨다.

02 어깨선의 완성선을 박는다.

03 어깨선의 시접을 가른다.

03 레이스 A와 B를 만든다.

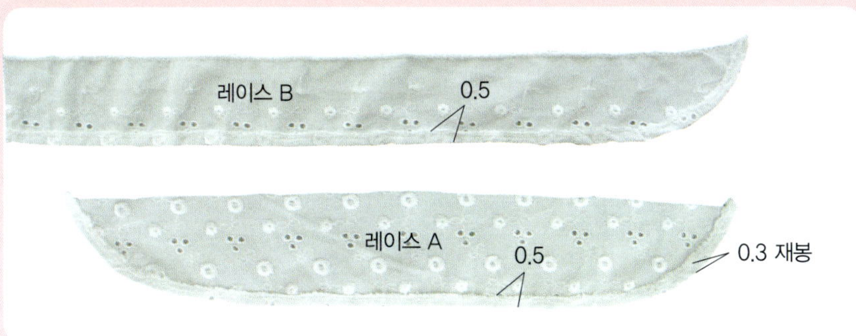

01 레이스 A와 B의 단선(곡선 쪽)을 0.5cm 접어 올리고 0.3cm 폭으로 박는다.

주 : 별도의 레이스를 사용할 경우에는 생략한다.

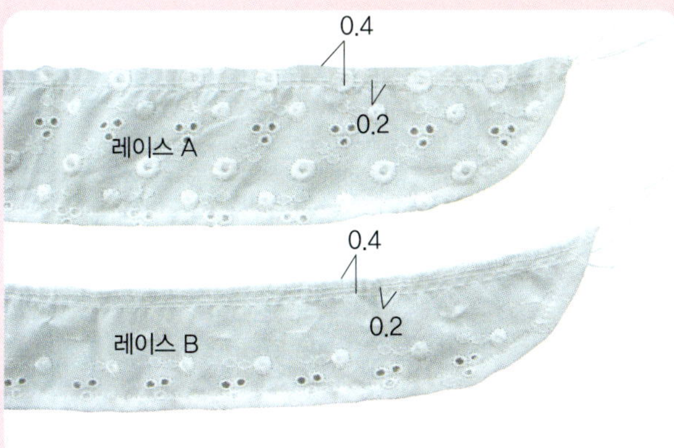

02 레이스 A와 B의 다는 쪽 완성선에서 0.2cm 폭으로 두 줄 시침재봉을 한다.

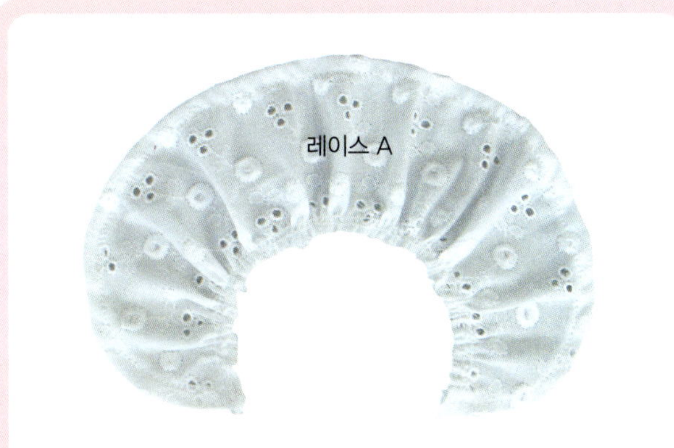

03 레이스 A와 B의 윗실 두 올을 함께 당겨 레이스 다는 위치에 맞게 오그린다.

04 레이스 A를 단 다음 옆선을 박고 진동둘레선을 처리한다.

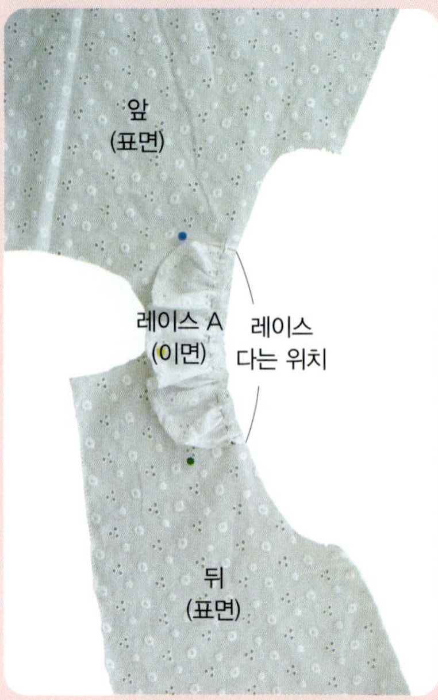

01 앞뒤 몸판과 레이스 A를 겉끼리 마주 대어 레이스 다는 위치에 맞추어 얹고 핀으로 고정시킨 다음, 시침질로 고정시킨다.

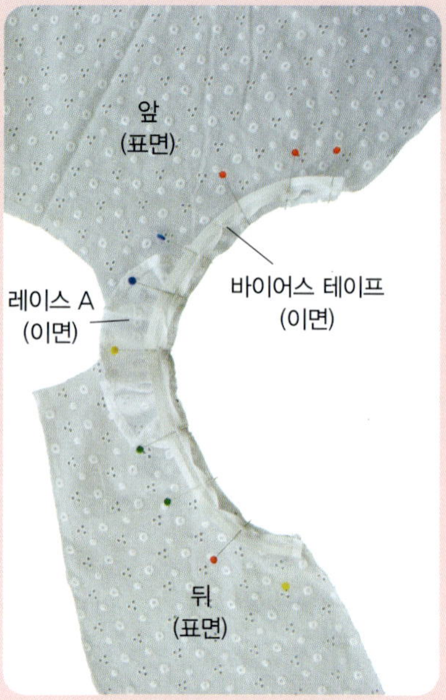

02 01〉에서 시침질로 고정시킨 레이스A 위에 바이어스 테이프를 얹어 옆선 쪽 진동둘레선까지 핀으로 고정시킨다.

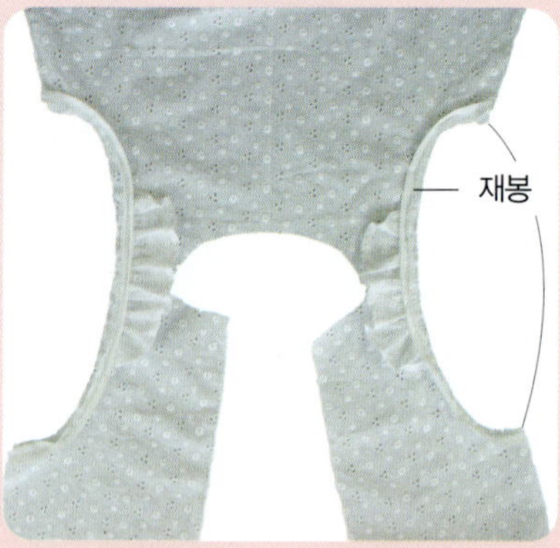

03 완성선을 박는다.

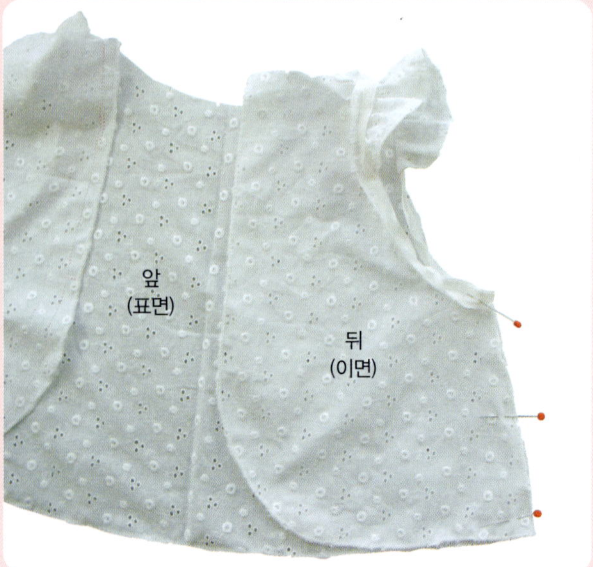

04 앞뒤 몸판의 옆선을 겉끼리 마주 대어 표시끼리 맞추고 핀으로 고정시킨다.

05 옆선의 완성선을 박는다.

06 시접을 가른다.

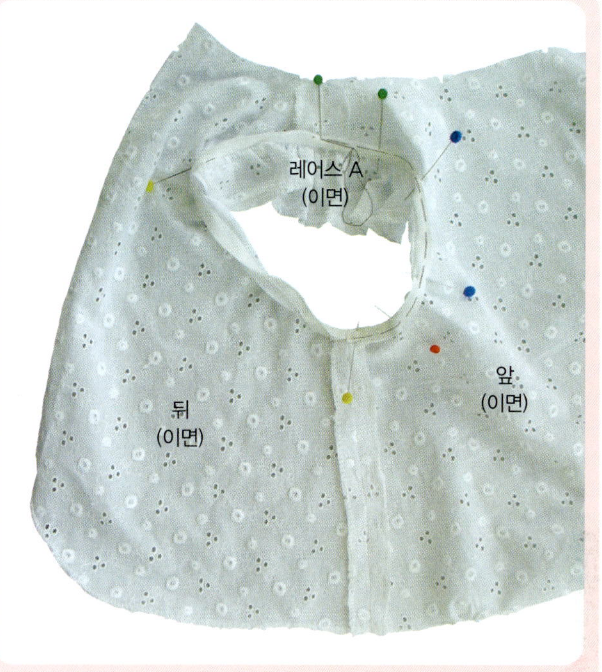

07 반대쪽 바이어스 테이프로 시접을 감싸 몸판 쪽으로 넘기고 시침질로 고정시킨다.

08 바이어스 테이프를 박아 고정시키고, 레이스 A를 단 어깨선 쪽은 0.1cm 폭으로 두 줄 스티치한다.

05 목둘레선을 바이어스 테이프로 처리한다.

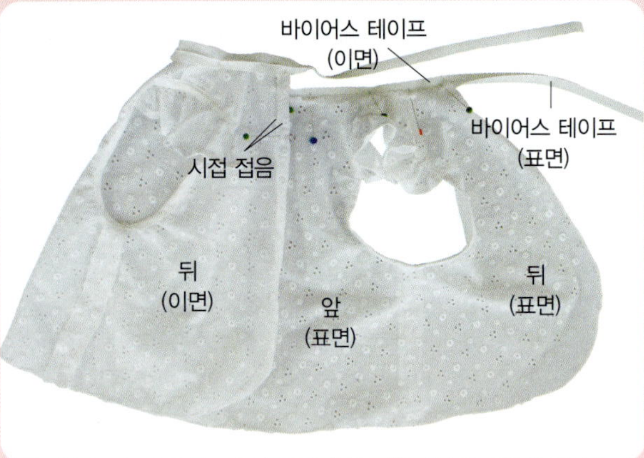

01 뒤 중심 시접을 완성선에서 이면 쪽으로 접은 다음, 1cm 폭으로 만들어진 바이어스 테이프의 접어진 중앙선에 몸판의 표면을 얹어 핀으로 고정시킨다.

02 왼쪽 뒤 중심선에서 오른쪽 뒤 중심선까지 바이어스 테이프를 박아 고정시킨다.

03 반대쪽 바이어스 테이프를 표면 쪽으로 넘기고 핀으로 고정시킨다.

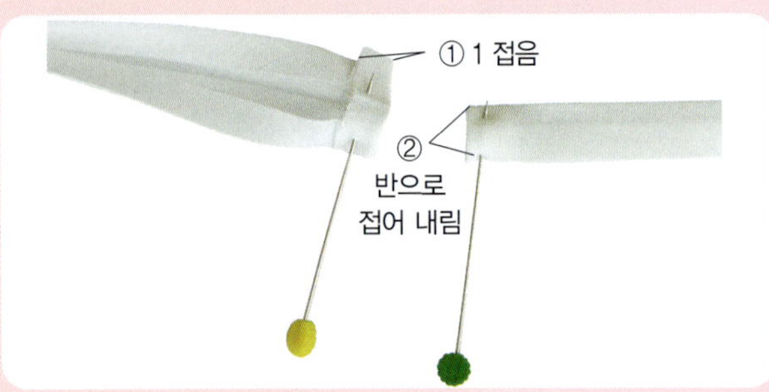

04 바이어스 테이프의 끝을 접는다.

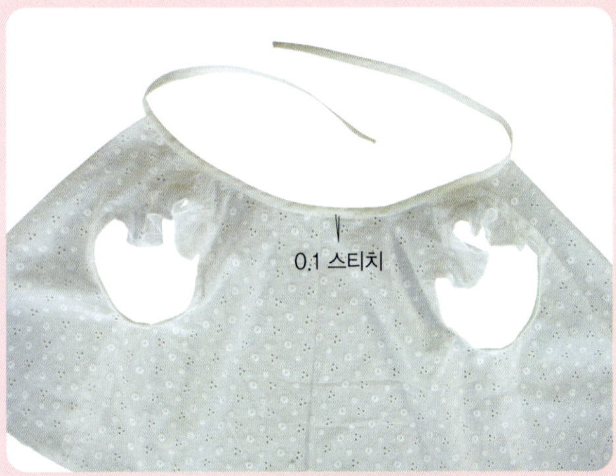

05 겉쪽에서 바이어스 테이프의 단 끝에서 0.1cm 폭으로 테이프 끝에서부터 반대편쪽 끝까지 박아 고정시킨다.

06 레이스 B를 달아 완성한다.

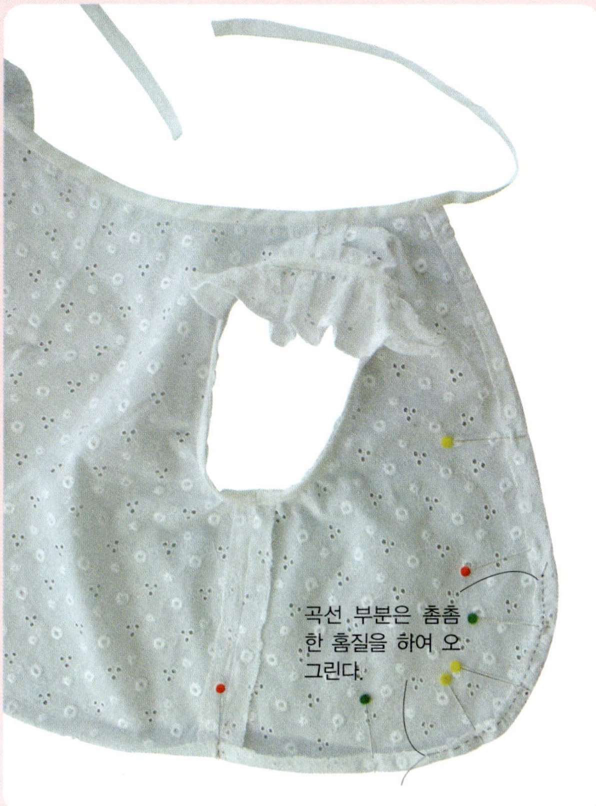

01 뒤 중심선 쪽 시접과 밑단선을 완성선에서 접어 핀으로 고정시킨다.

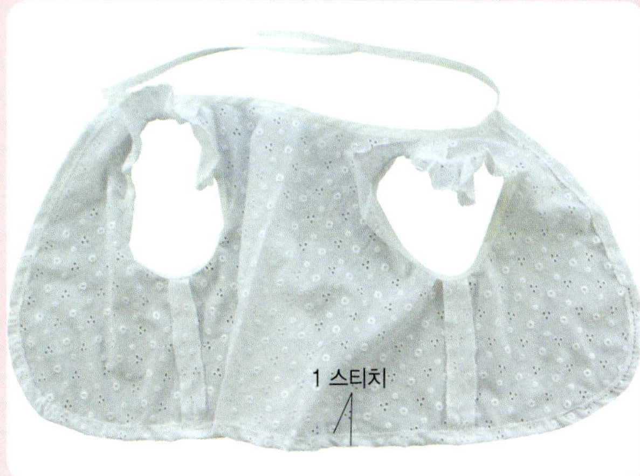

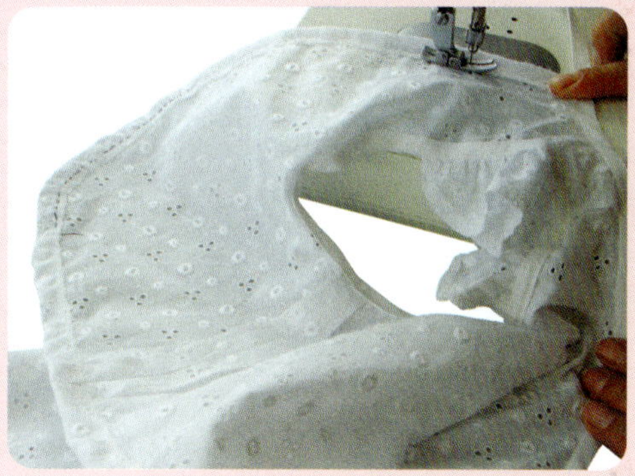

02 1cm 폭으로 스티치한다.

03 몸판의 이면 위에 레이스 B의 표면을 레이스 달림 끝 위치의 표시대로 맞추어 시침질로 고정시킨다.

04 겉쪽에서 레이스 B를 스티치하여 완성한다.

06 블루머 (3~12개월 전후용)

기저귀 위에 착용하는 팬티 형식의 팬츠. (Bloomer : 원래는 예전에 운동복으로 입었던 여성용 바지였다.)

소재

- 면 저어지나 파일 저어지로 만드는 것이 좋다. 신축성이 없는 일반 직물로 만들 때는 단 처리를 롬퍼즈의 경우처럼 바이어스 테이프로 처리하고 고무 테이프를 넣도록 한다.

재료

- 겉감 : 90cm 폭 60cm
- 고무 테이프 : 1cm 폭 42cm
  0.6cm 폭 40cm

제도법

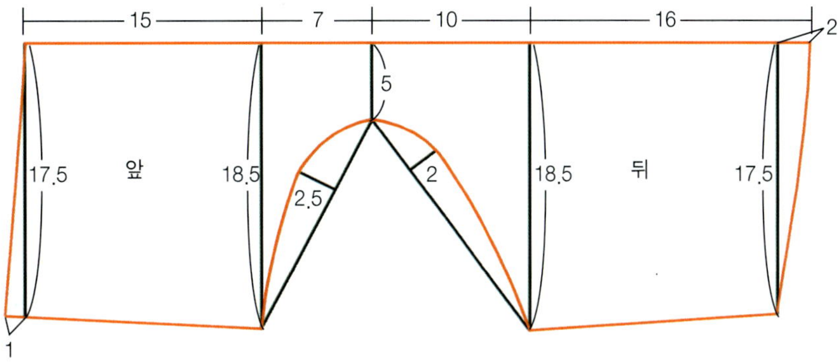

재단법

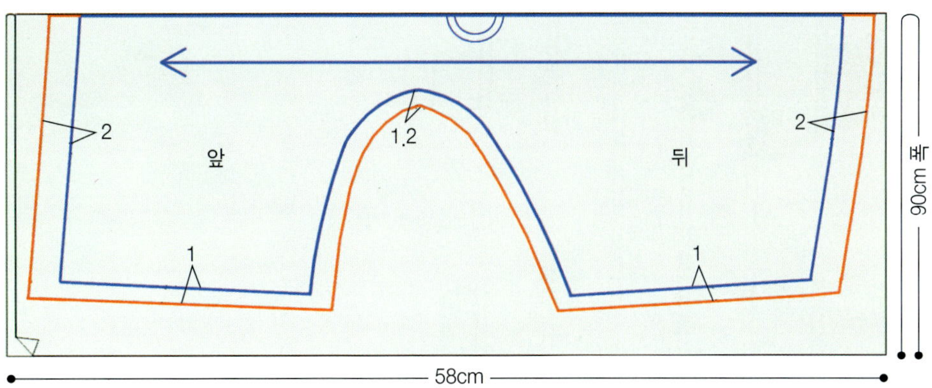

01 표시를 한다.

01 완성선에 초크로 표시를 한다.

02 옆선을 박는다.

01 앞뒤 양 옆선에 오버록 재봉을 한다.

02 앞판과 뒤판을 겉끼리 마주 대어 표시끼리 맞추고 핀으로 고정시킨다.

03 옆선의 완성선을 박는다.

04 시접을 가른다.

03 허리선을 처리한다.

01 허리선의 시접을 이면 쪽으로 0.5cm 접은 다음 다시 한 번 이면 쪽으로 1.5cm 폭으로 접고, 접은 시접의 단 끝에서 0.2cm에 스티치한다.

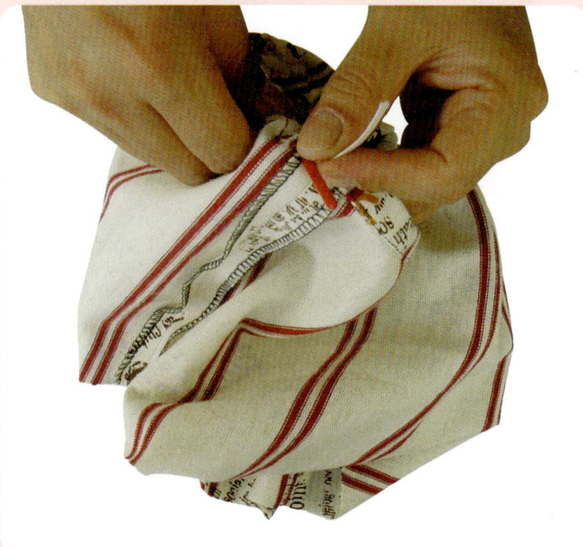

02 1cm 폭의 고무 테이프 40cm를 끼운다.

03 고무 테이프 끝을 2cm 겹쳐 감칠질로 고정시킨다.

04 단 처리를 한다.

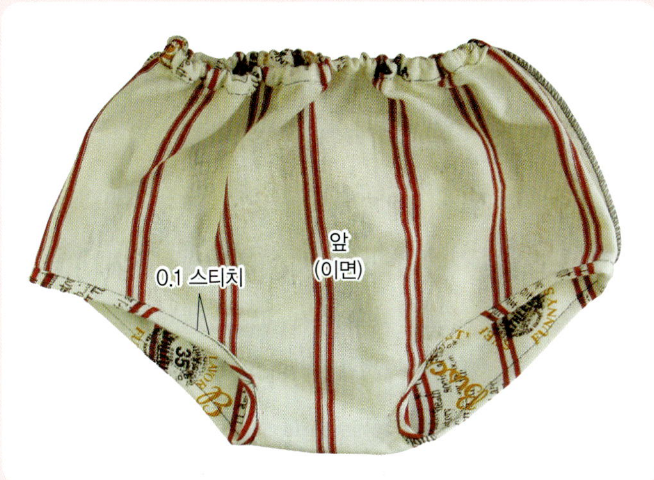

01 허리선과 같은 방법으로 밑단 시접을 이면 쪽으로 0.4cm 접은 다음, 다시 한 번 0.8cm 폭으로 접고, 접은 시접의 단 끝에서 0.1cm에 스티치한다.

02 0.6cm 폭의 고무 테이프 20cm를 끼운 다음, 1cm 겹쳐 감칠질로 고정시킨다.

07 롬퍼즈 1 (3~12개월 전후용)

상의와 불룩한 팬츠가 하나로 연결되어 있는 러닝 셔츠형의 여유 있는 유아복으로, 유아가 기어다니기 시작할 때 움직임에 아주 편리한 옷이다. 여름에는 시원하게 롬퍼즈만을 입히고, 소매가 달린 티셔츠나 블라우스와 매치시켜 늦은 봄이나 초가을에도 입힐 수 있다. 또한 중간 두께 정도의 것으로 만들면 사계절 착용도 가능하다. 배색상 어울리는 바이어스 테이프로 목둘레와 진동둘레를 처리하면 귀여움과 고급스러운 느낌을 더해준다.

소재

- 귀여운 면 프린트지나 면 리플, 시어서커 등이 적합하다.

재료

- 겉감 : 90cm 폭 또는 110cm 폭 60cm
- 스냅버튼 : 직경 0.8cm 7쌍
- 바이어스 테이프 : 1cm 폭 150cm, 또는 같은 원단을 정 바이어스 방향으로 잘라 사용한다.
- 고무 테이프 : 1cm 폭 50cm

제도법

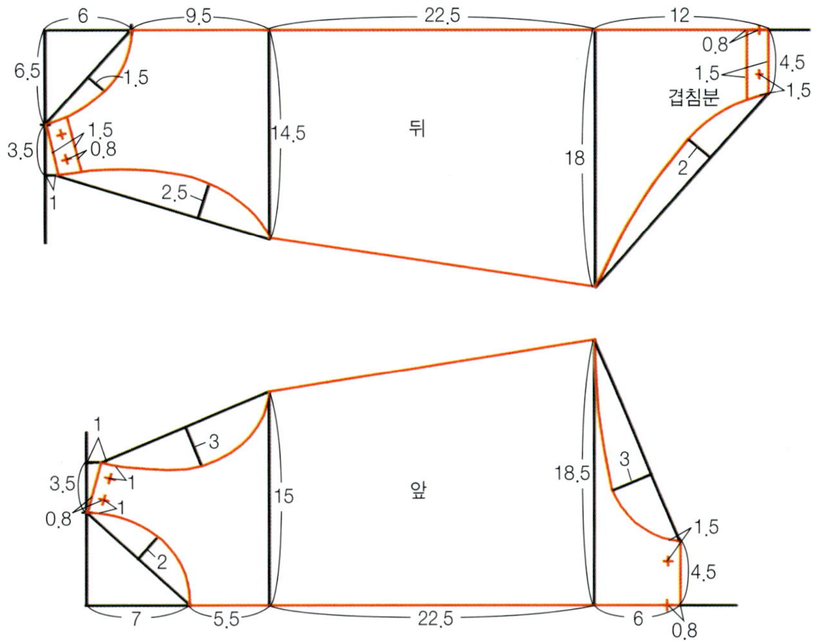

6
9.5
22.5
12
6.5
1.5
3.5
1.5
0.8
1
2.5
14.5
뒤
18
2
0.8
1.5
4.5
1.5
겹침분
1
3
3.5
1
0.8
1
2
15
앞
18.5
3
1.5
4.5
7
5.5
22.5
6
0.8

재단법

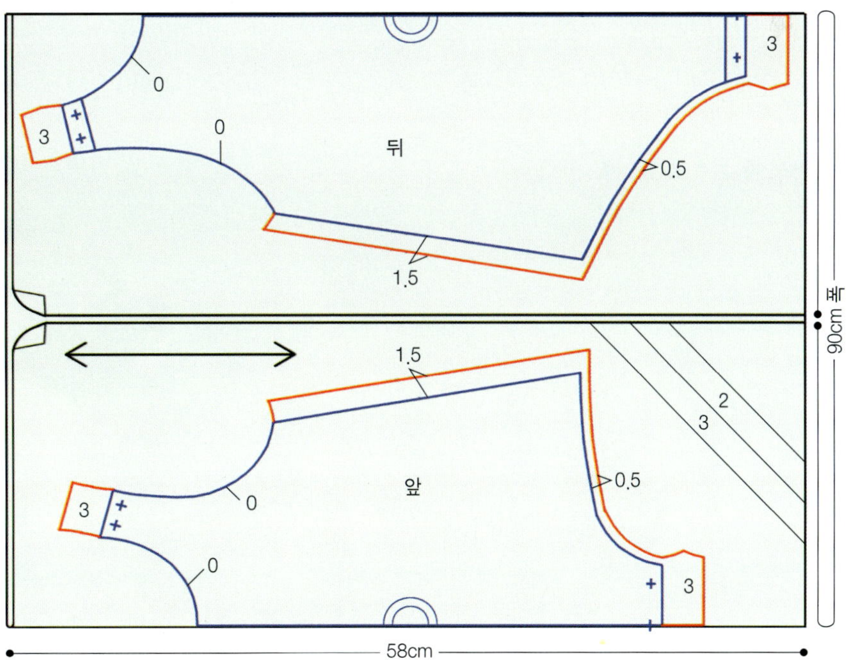

0
3
0
뒤
3
0.5
1.5
1.5
0.5
2
3
3
0
0
앞
3
58cm
90cm 폭

01 표시를 한다.

01 완성선에 초크로 표시를 한다.

02 어깨선을 두 번 접어 박는다.

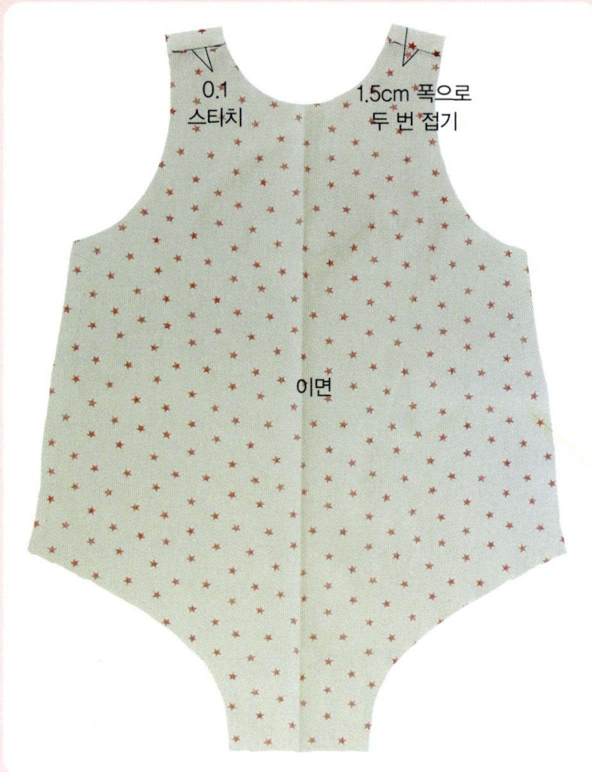

01 앞판과 뒤판의 어깨선을 1.5cm 폭으로 각각 두 번 접어 0.1cm에 스티치한다.

03 옆선을 통솔로 박는다.

01 앞판과 뒤판을 이면끼리 마주 대어 옆선의 표시끼리 맞추고, 완성선에서 0.7cm 시접 쪽을 박는다.

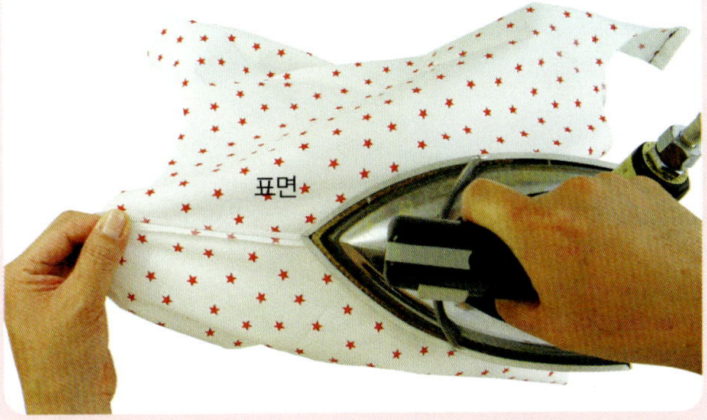

02 시접을 가른다.

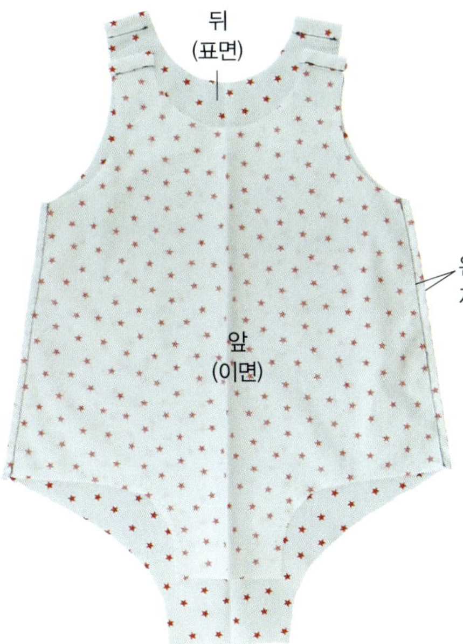

03 이면 쪽으로 뒤집어서 옆선의 완성선을 박는다.

04 시접을 앞판 쪽으로 넘겨 다림질한다.

04 앞뒤 목둘레선과 진동둘레선을 처리한다.

01 1cm 폭으로 만든 바이어스 테이프의 중간 홈에 맞추어 어깨선 끝을 1cm 내려 맞추어 얹는다.

02 바이어스 테이프 끝을 어깨선에 맞추어 접어 내린 다음, 위쪽의 바이어스 테이프를 감싼다.

03 바이어스 테이프 사이에 목둘레선과 진동둘레선을 차례로 끼워 가며 바이어스 테이프의 단 끝에서 0.1cm에 스티치한다.

04 반대쪽 어깨선 끝에서 바이어스 테이프를 1cm 더 길게 자른 다음, 시작할 때와 같은 방법으로 어깨선에 맞추어 접고 스티치한다.

05 01〉에서 04〉와 같은 방법으로 목둘레선도 처리한다.

05 밑단과 가랑이 밑 처리를 한다.

01 밑단의 표면 위에 바이어스 테이프의 표면을 마주 대어 얹고 완성선을 박는다.

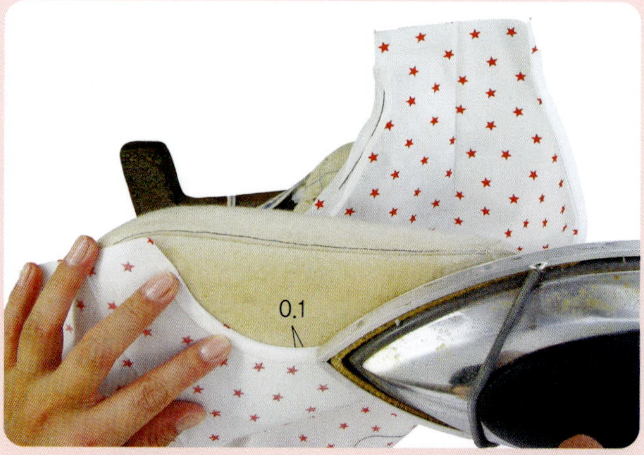

02 바이어스 테이프를 0.1cm 이면 쪽으로 차이지게 밀어 다림질한다.

03 바이어스 테이프의 단 끝에서 0.1cm에 스티치한다.

04 1cm 폭의 고무 테이프 20cm를 끼운다.

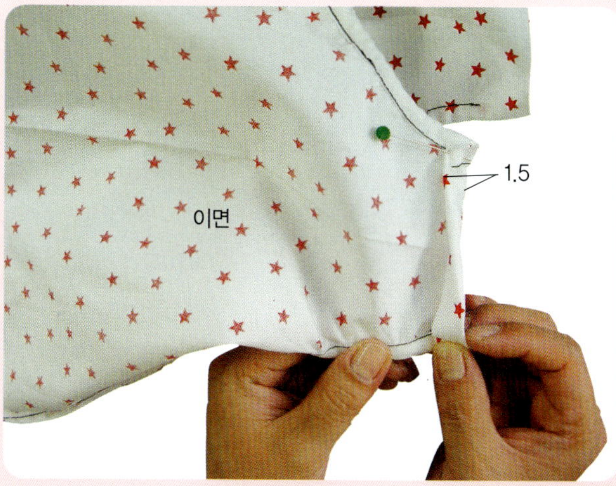

05 가랑이 밑단을 1.5cm씩 두 번 접는다. 이때 고무테이프의 양쪽 끝을 가랑이 밑단의 완성선에서 각각 1cm씩 시접 쪽으로 빼낸 상태로 핀으로 고정시킨다.

06 가랑이 밑단의 접은 시접 끝에서 0.1cm에 스티치한다.

06 스냅버튼을 달아 완성한다.

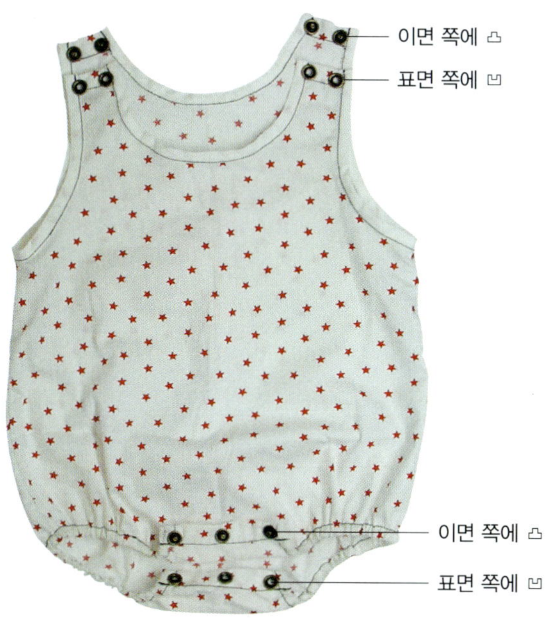

01 뒤 어깨선의 안단 이면 쪽과 앞 가랑이 밑 안단 이면 쪽에 스냅버튼의 볼록한 쪽을 달고, 앞 어깨선의 안단 표면 쪽과 뒤 가랑이 밑 안단 표면 쪽에 스냅버튼의 오목한 쪽을 달아 완성한다.

08 롬퍼즈 2 (12~24개월 전후용)

롬퍼즈 1의 러닝 셔츠형에서 블라우스형의 디자인으로 변형시킨 것이다. 유아가 걷기 시작하거나 뛰기 시작할 때 위아래가 연결되어 있어 움직이는 동작에 따른 걸림이 없어 편안하고 안정감이 있다. 여름에는 시원하게 롬퍼즈만을 입히고, 소매가 달린 티셔츠나 블라우스 위에 입히면 늦은 봄이나 초가을에도 입힐 수 있다. 또한 중간 두께 정도의 것으로 만들면 사계절 착용도 가능하다.

소재

■ 면 100%의 론이나 깅엄, 면 저어지 등이 적합하다.

재료

■ 110cm 폭 100cm
■ 바이어스 테이프
■ 접착심지
■ 스냅버튼 : 직경 1cm 7쌍

제도법

괄호 안의 숫자는 24개월 전후용

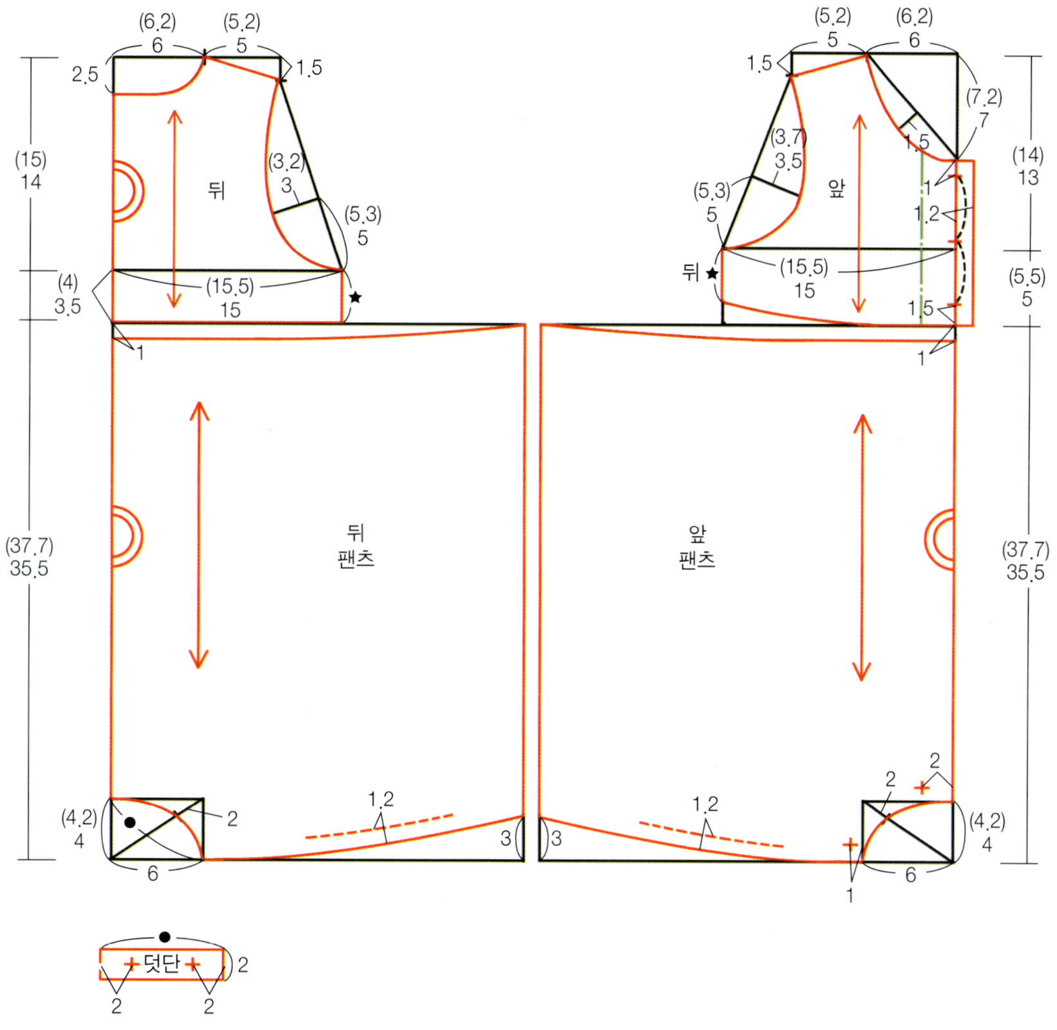

재단법

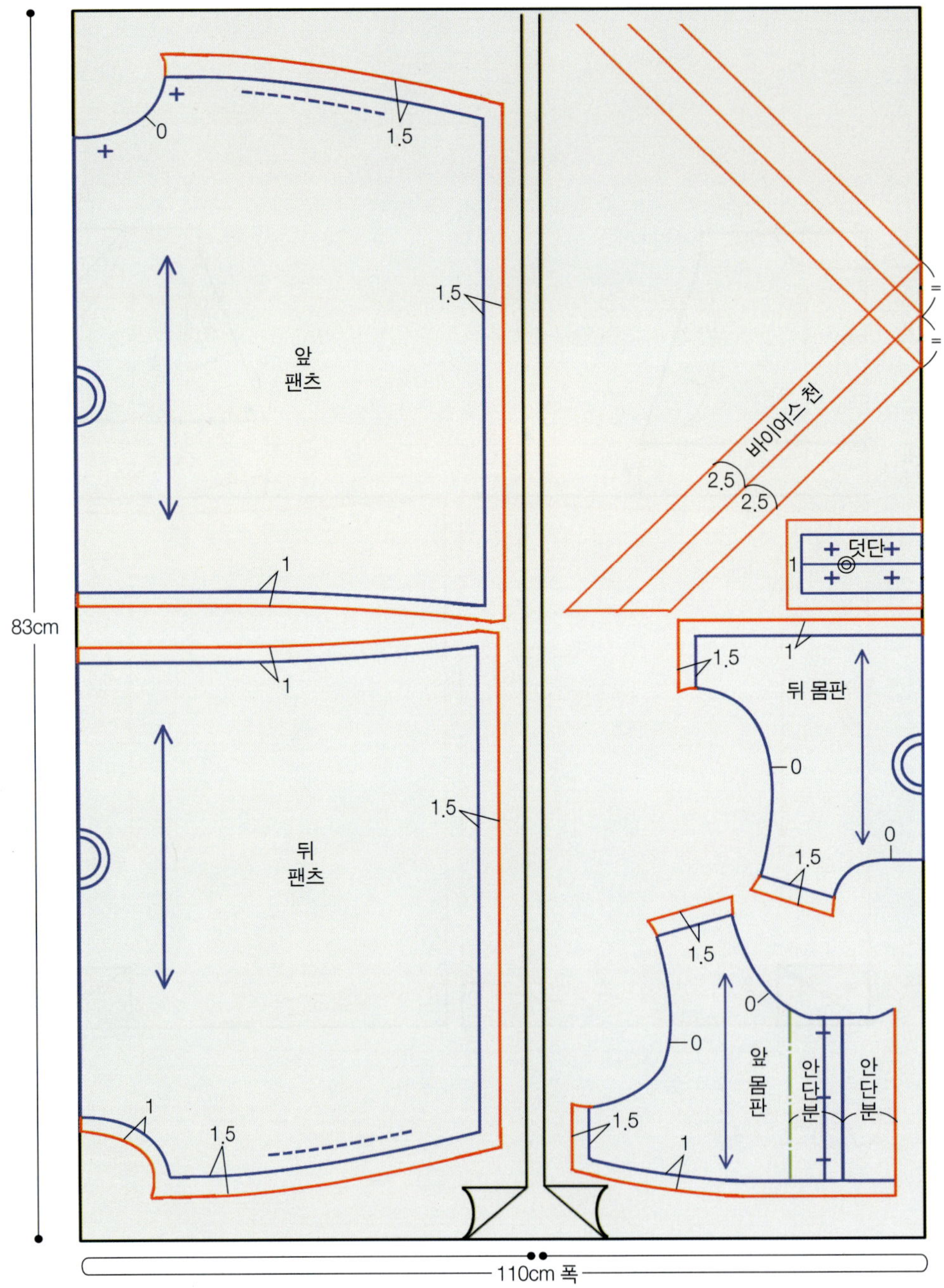

01 표시를 한다.

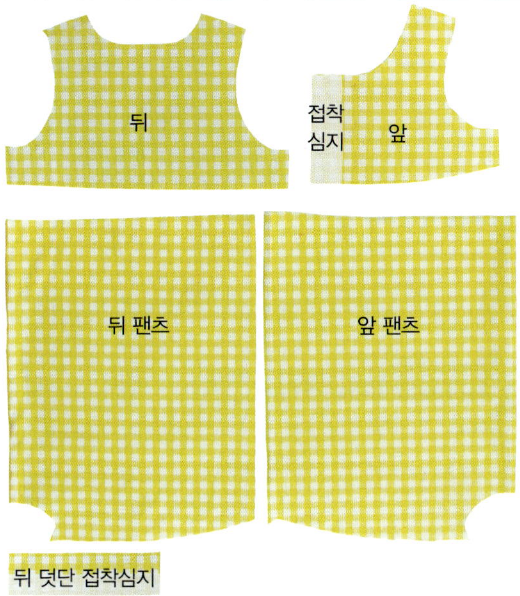

01 앞 안단과 뒤 가랑이 밑 덧단의 안단에 접착심지를 붙이고 완성선에 표시를 한다.

02 오버록 재봉을 한다.

01 앞뒤 몸판의 어깨선과 옆선, 앞 안단선, 앞뒤 팬츠의 옆선과 밑단선에 오버록 재봉을 한다.

03 어깨선을 박는다.

01 앞뒤 몸판의 어깨선을 겉끼리 마주 대어 표시끼리 맞추고 어깨선을 박는다.

02 어깨선의 시접을 가른다.

04 옆선을 박는다.

01 앞뒤 몸판을 겉끼리 마주 대어 옆선의 표시끼리 맞추고 옆선을 박는다.

02 옆선의 시접을 가른다.

05 목둘레선과 진동둘레선을 바이어스 테이프로 처리한다.

01 앞 안단을 완성선에서 이면 쪽으로 접은 다음, 앞 목점 쪽 앞단 끝에서 바이어스 테이프를 1cm 빼낸 상태로 바이어스 테이프의 표면을 마주 대어 얹고, 목둘레선에 맞추어 핀으로 고정시킨다.

02 앞단 쪽에서 1cm 빼낸 바이어스 테이프를 표면 쪽으로 접어 넘기고 핀으로 고정시킨다.

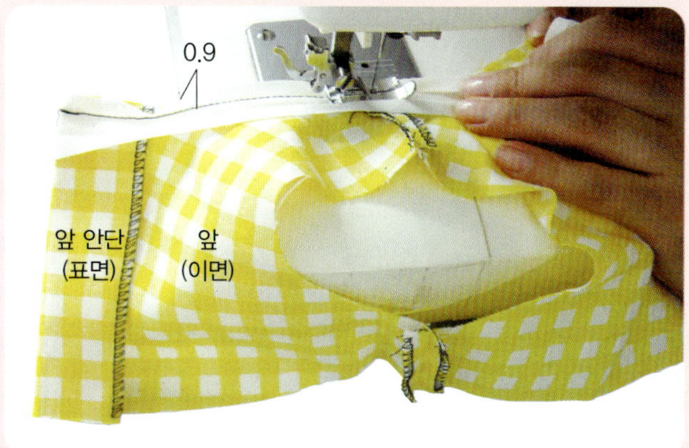

03 바이어스 테이프를 목둘레선에 맞춰 가면서 0.9 cm 폭으로 박는다.

04 반대편 쪽 바이어스 테이프로 목둘레선을 감싸 표면 쪽으로 넘기고 핀으로 고정시킨다.

05 바이어스 테이프의 단 끝에서 0.1cm에 스티치한다.

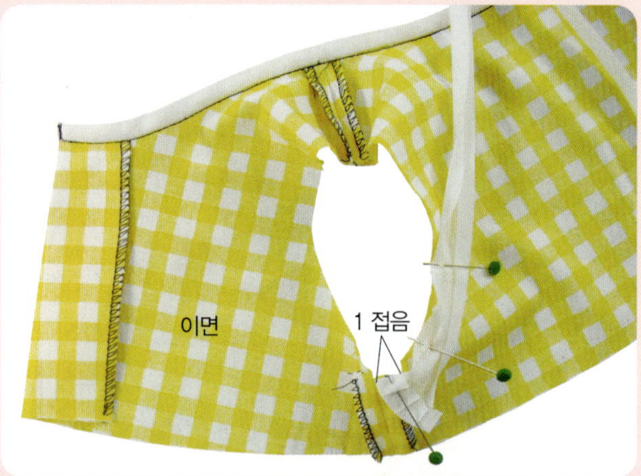

06 바이어스 테이프의 끝을 1cm 이면 쪽으로 접고 몸판의 이면 쪽 겨드랑 밑에서부터 박기 시작하여 시작한 곳으로 되돌아오면 바이어스 테이프를 1.5cm 길게 자르고 겹쳐 얹어 박는다.

07 반대편 쪽 바이어스 테이프로 진동둘레선을 감싸 표면 쪽으로 넘기고 바이어스 테이프의 단 끝에서 0.1cm에 스티치한다.

06 앞뒤 팬츠의 허리선에 개더를 잡는다.

01 앞뒤 팬츠의 허리선 시접에 0.3cm 폭으로 두 줄 시침재봉을 한다.

02 앞판은 앞 몸판의 좌우 허리치수, 뒤판은 뒤 몸판의 허리치수에 각각 맞추어 몸판의 허리치수만큼 시침재봉한 윗실 두 올을 함께 당겨 개더를 잡는다.

07 팬츠의 양 옆선을 박는다.

01 팬츠의 앞판과 뒤판을 겉끼리 마주 대어 옆선의 표시끼리 맞추고 옆선을 박는다.

02 옆선의 시접을 가른다.

08 밑단선을 처리한다.

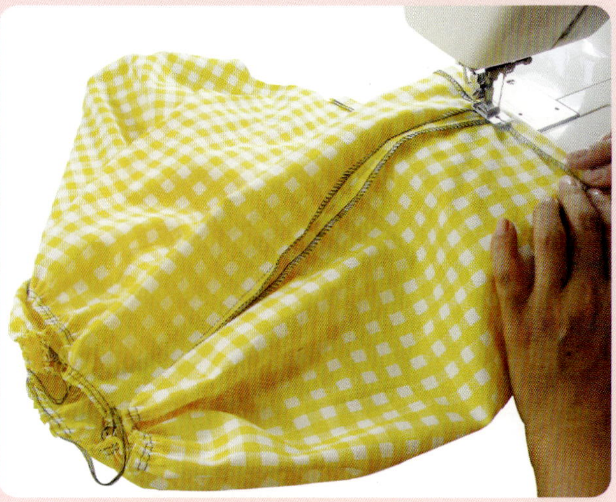

01 밑단의 완성선에서 접어 올리고 1.2cm에 스티치한다.

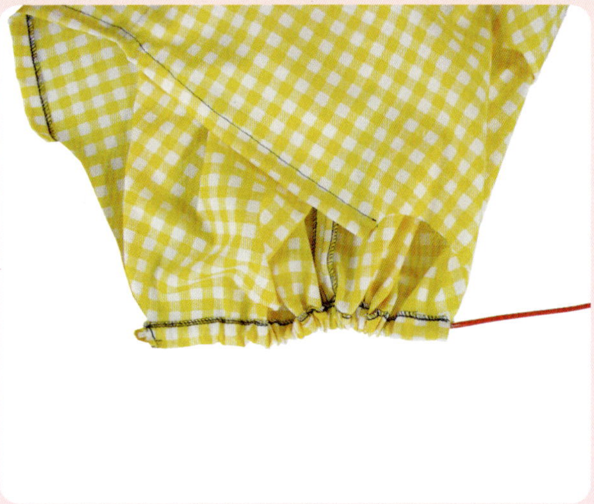

02 22cm의 고무 테이프를 끼운다.

03 고무 테이프 끝을 1cm 가랑이 밑선 쪽 시접으로 빼내고 박아 고정시킨다.

09 가랑이 밑선을 처리한다.

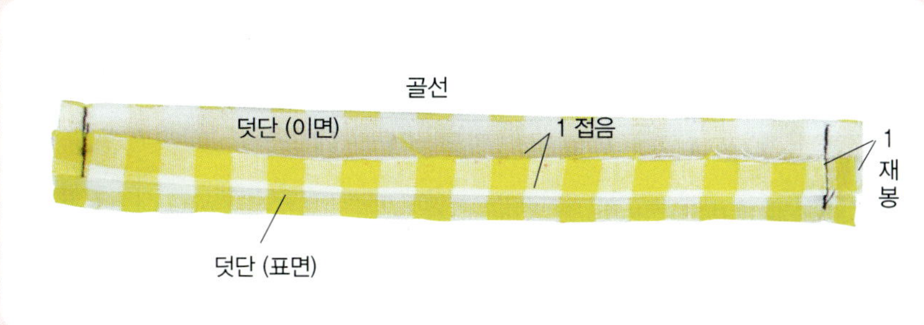

01 뒤 가랑이 밑 덧단과 덧단분의 안단을 겉끼리 마주 대어 중앙에서 접고, 안단쪽 시접 1cm를 접어 올린 상태로 양쪽 옆선을 박는다.

02 뒤 가랑이 밑 덧단분과 안단을 겉으로 뒤집어서 뒤 가랑이 밑과 뒤 덧단분을 겉끼리 마주 대어 완성선을 박는다.

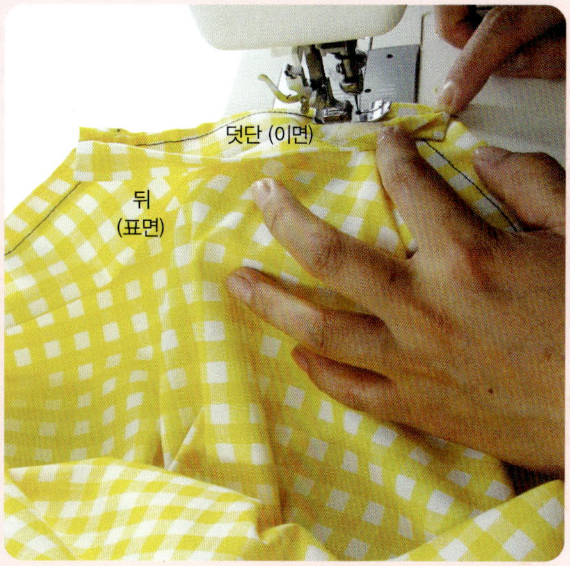

03 시접을 덧단분 쪽으로 내리고 덧단분의 안단을 얹어 시침질로 고정시킨다.

04 안단의 단 끝에서 0.1cm에 스티치한다.

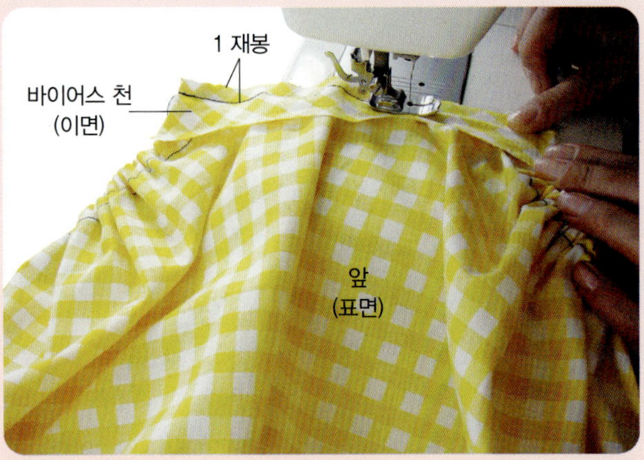

05 앞판의 가랑이 밑선 표면에 2.5cm 폭으로 자른 바이어스 천의 표면을 마주 대어 얹고 1cm 폭으로 박는다.

06 바이어스 천의 양옆 시접을 1cm 접은 다음, 반대편 쪽 바이어스 천을 0.5cm 접는다.

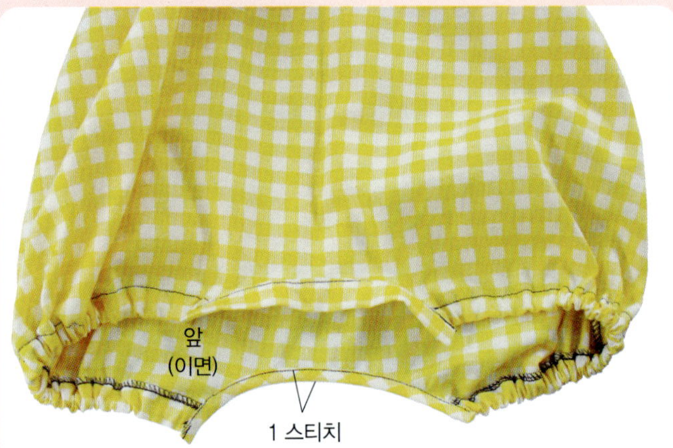

07 가랑이 밑선 쪽 시접을 감싸면서 이면 쪽으로 바이어스 테이프를 넘겨 1cm 폭으로 스티치한다.

10 허리선을 처리한다.

01 몸판과 팬츠를 겉끼리 마주 대어 허리선의 앞 중심, 옆선, 뒤 중심 표시끼리 맞추고 완성선을 박아 연결한다.

02 몸판과 팬츠의 허리선 시접을 두 장 함께 오버록 재봉을 한다.

이면 쪽에서 본 상태

03 시접을 몸판 쪽으로 넘기고 겉쪽에서 0.5cm 폭으로 스티치한다.

11 스냅버튼을 달아 완성한다.

01 몸판의 앞 오른쪽 스냅버튼 다는 위치에는 스냅버튼의 오목한 쪽, 앞 왼쪽에는 스냅버튼의 볼록한 쪽을 단다.
가랑이 밑쪽에는 뒤 덧단의 표면에 스냅버튼의 오목한 쪽, 앞판의 이면에 볼록한 쪽을 단다.

09 탱크톱과 블루머 (6~18개월 전후용)

누워만 있던 아기도 나날이 성장하여 스스로 일어서려 하고, 뒤뚱뒤뚱 걷거나 빠르면 뛰기도 한다. 목과 팔이 노출되는 러닝 셔츠형의 상의인 탱크톱에 블루머와 한 벌로, 또는 반바지나 긴바지와 한 벌로 입히면 외출복으로도 손색이 없다. 집에서는 탱크톱만 입혀도 무난하다.

소재

■ 면 100%의 시어서커나 프린트지, 깅엄, 면 저어지 등이 적합하며, 바느질하기도 좋다.

재료

■ 110cm 폭 75cm
■ 접착심지 (뒤 안단용)
■ 고무 테이프 : 1cm 폭 92cm
■ 단추 : 직경 1cm 5개

제도법

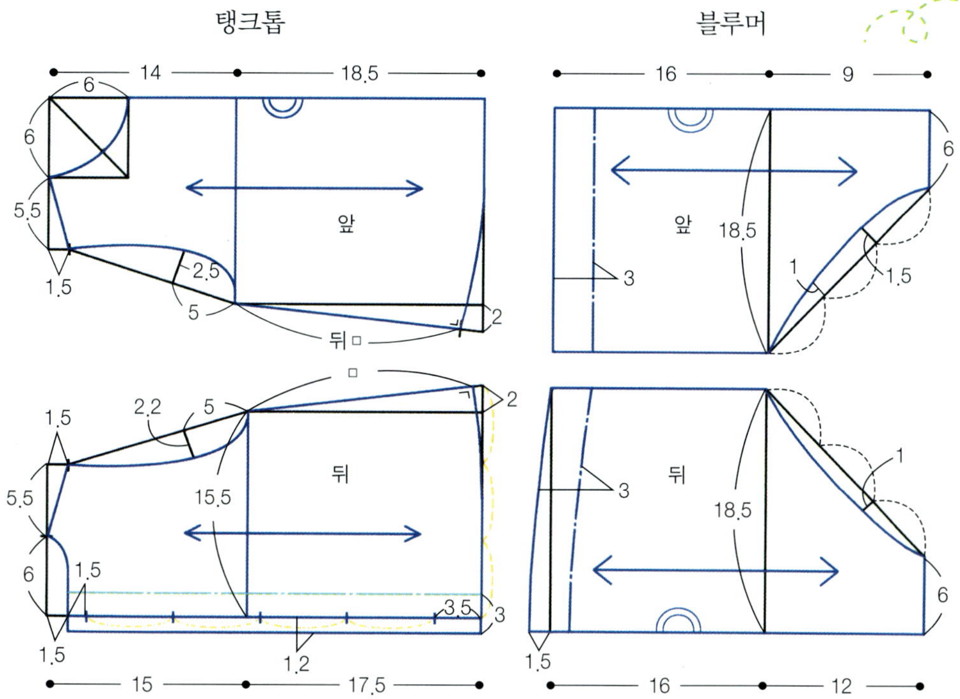

탱크톱은 반으로 접지만 블루머는 앞뒤 모두 골선으로 재단한다.

재단법

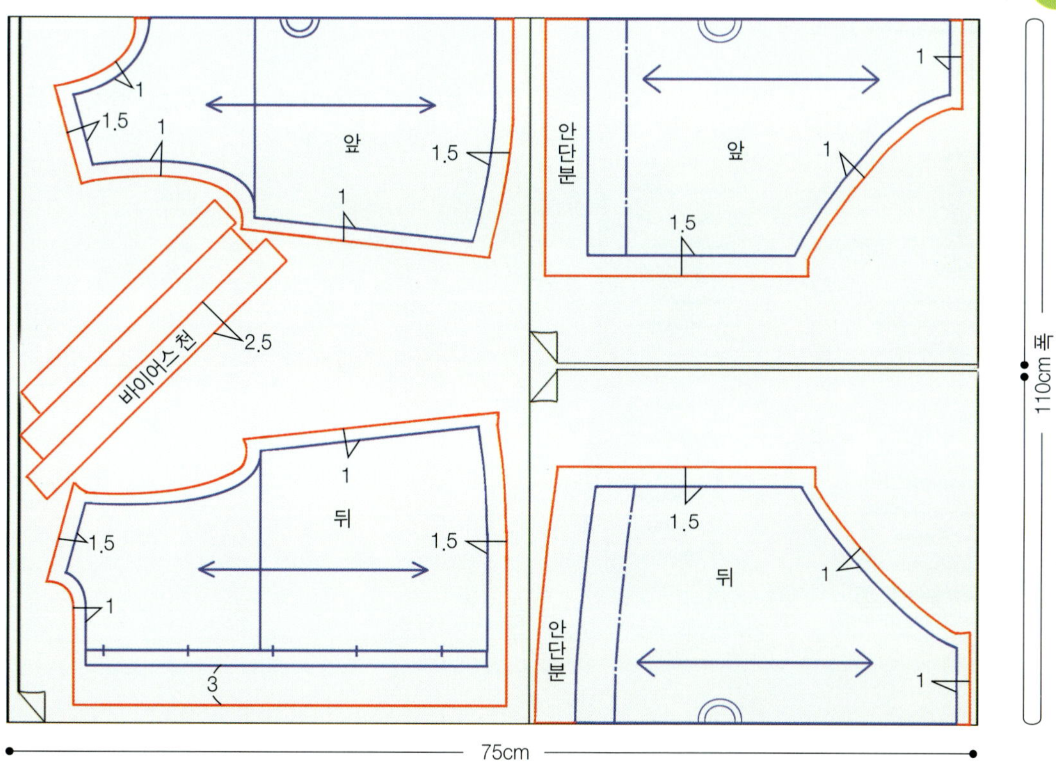

탱크톱 봉제법

01 접착심지를 붙이고 표시를 한다.

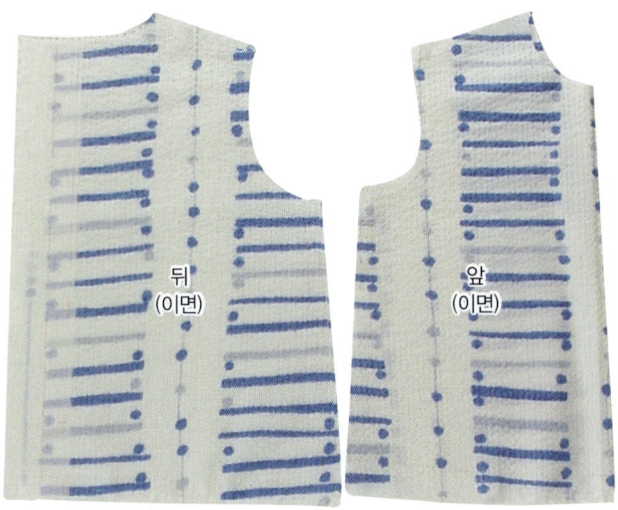

01 뒤 안단에 접착심지를 붙이고, 완성선에 초크로 표시를 한다.

02 오버록 재봉을 한다.

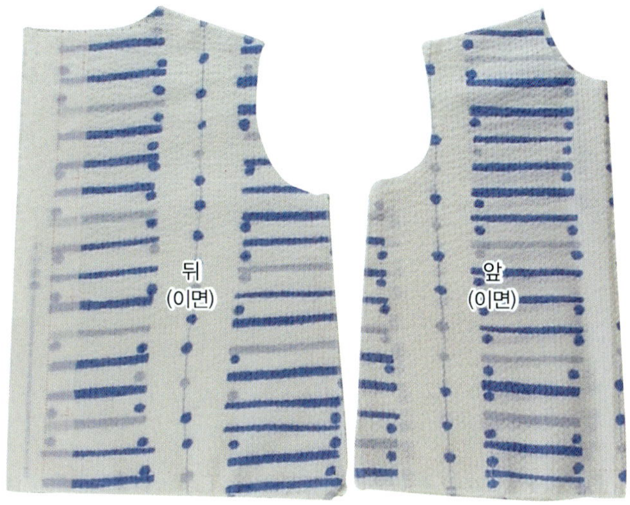

01 목둘레선과 진동둘레선을 제외하고 남은 앞판과 뒤판의 시접 모두에 겉쪽에서 오버록 재봉을 한다.

03 어깨선을 박는다.

01 앞판과 뒤판을 겉끼리 마주 대어 어깨선을 박는다.

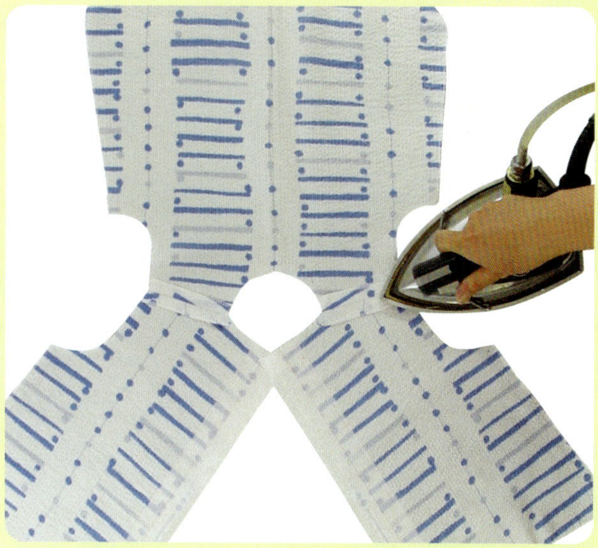

02 시접을 가른다.

04 목둘레선을 처리한다.

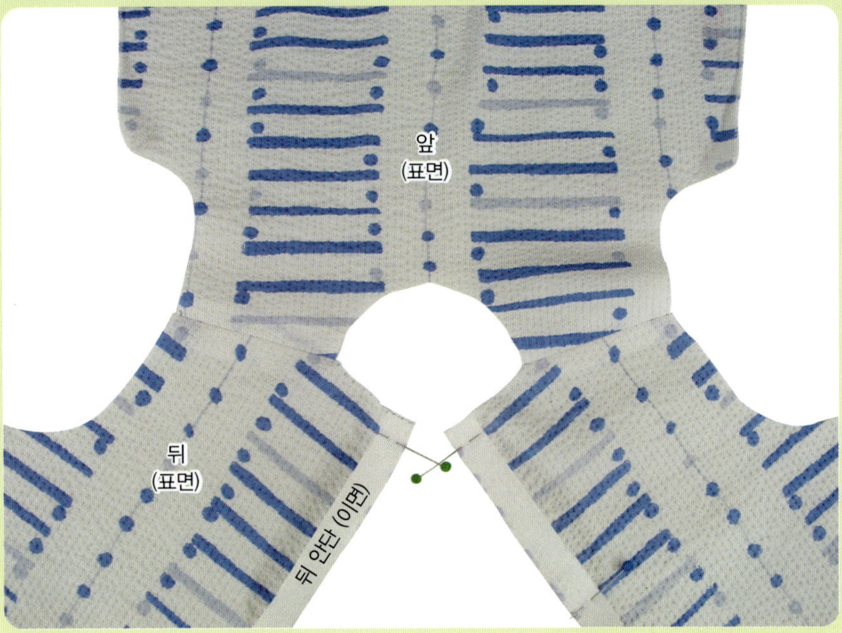

01 뒤 안단을 겉끼리 마주 대어 뒤 여밈단 완성선에서 접어 핀으로 고정시킨다.

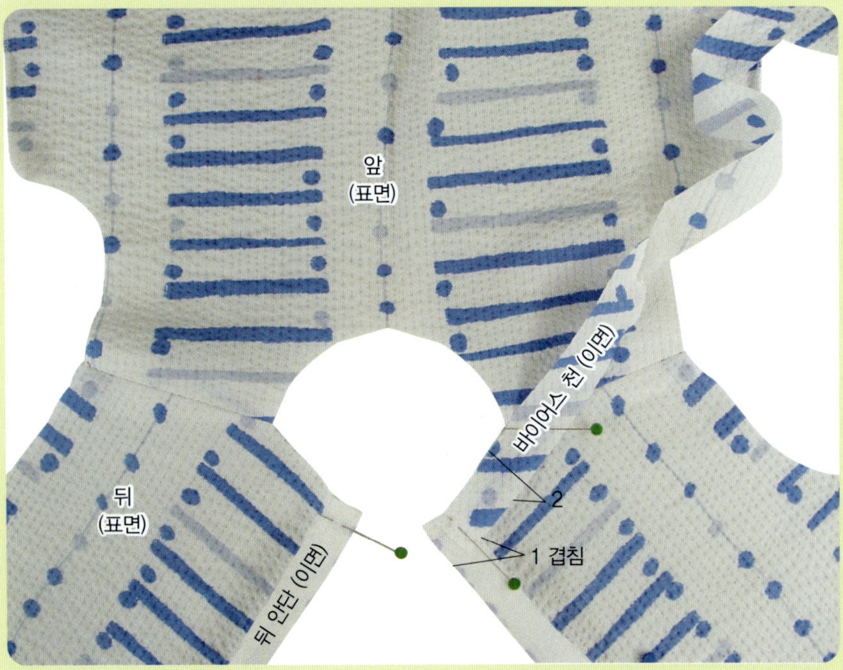

02 2.5cm 폭으로 자른 바이어스 천의 표면을 마주 닿게 얹어 핀으로 고정시킨다.

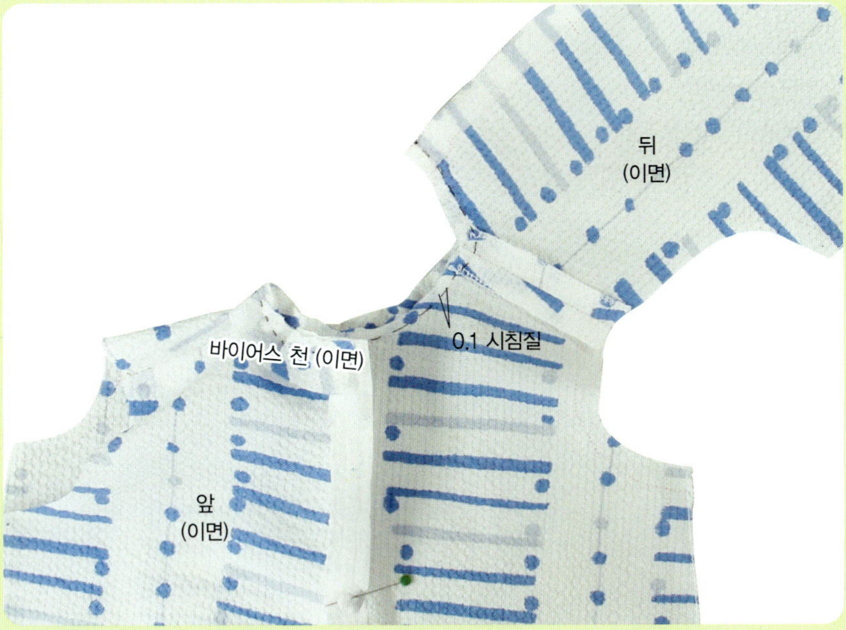

03 완성선에서 0.1cm 시접 쪽에 시침질로 고정시킨다.

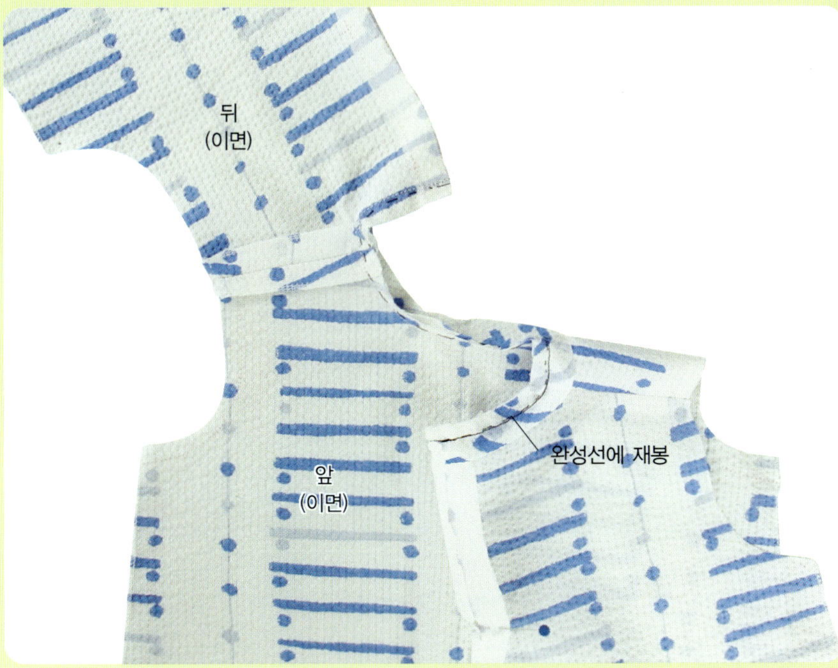

04 완성선을 박는다.

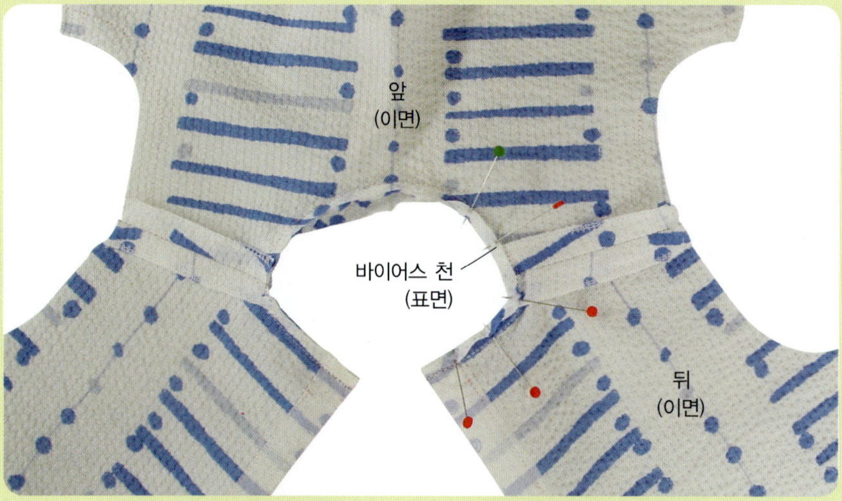

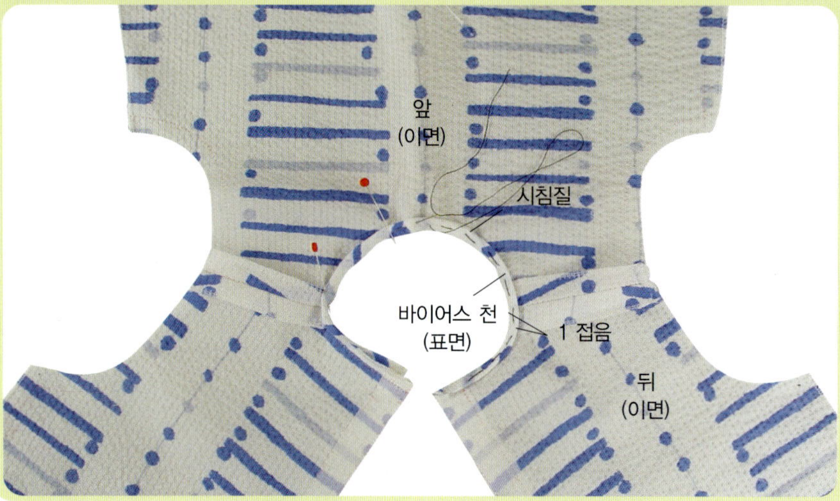

05 반대쪽 바이어스 천으로 시접을 감싸, 다시 완성선에서 이면 쪽으로 접어 넘기고 겉까지 통하게 시침질로 고정시킨다.

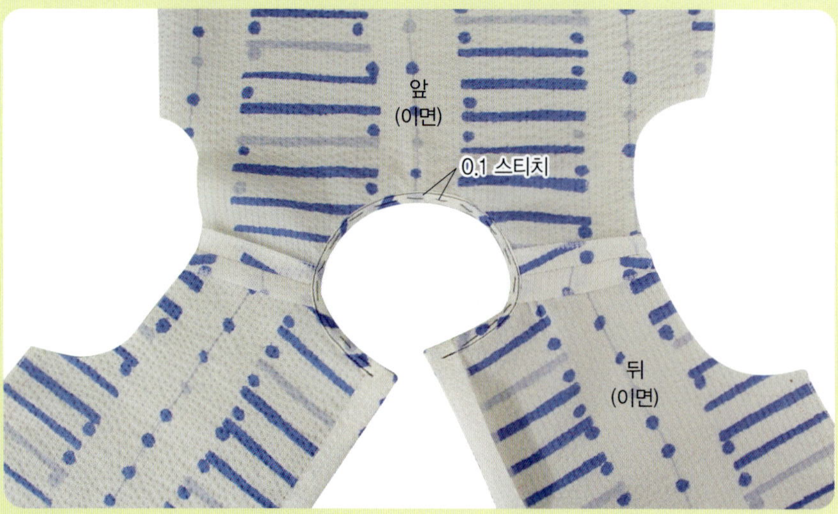

06 바이어스 천의 접은 선에서 0.1 cm에 겉까지 통하게 스티치한다.

05 진동둘레선과 옆선을 처리한다.

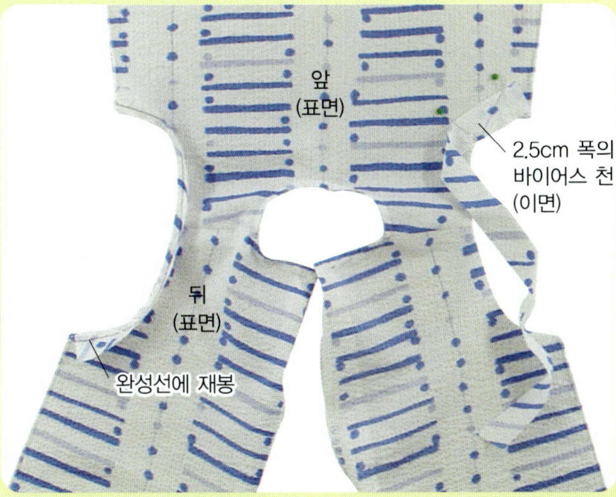

01 몸판의 표면 위에 2.5cm 폭으로 자른 바이어스 천의 표면을 마주 대어 진동둘레선에 얹고 완성선을 박는다.

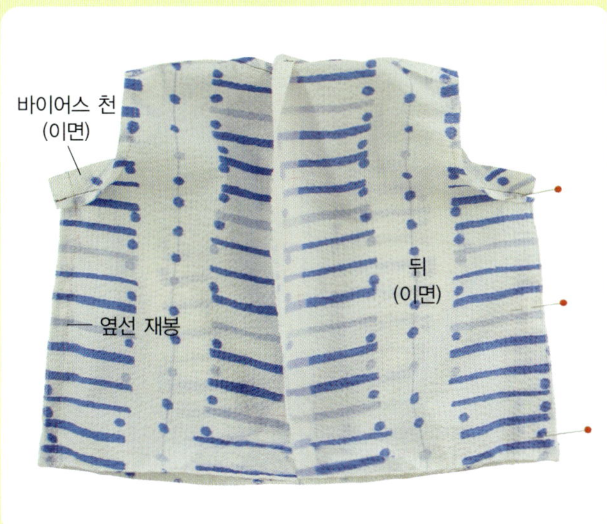

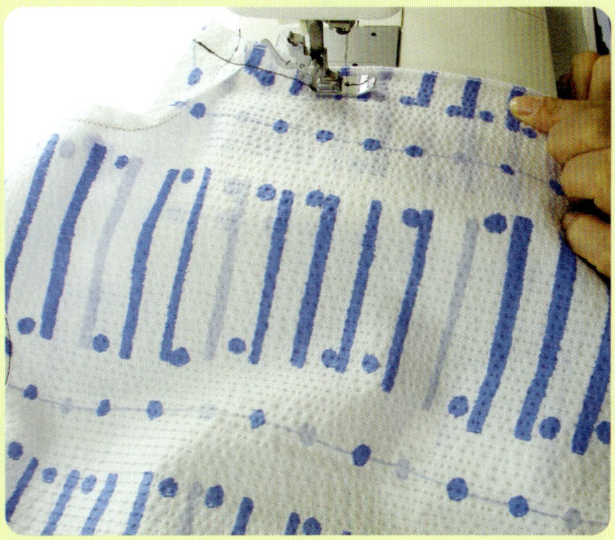

02 앞판과 뒤판을 겉끼리 마주 대어 옆선의 표시끼리 맞추어 핀으로 고정시킨 다음, 바이어스 천과 몸판의 시접을 몸판 쪽으로 내리고 옆선의 완성선을 박는다.

03 시접을 가른다.

04 진동둘레선 쪽의 바이어스 천으로 시접을 감싼 다음, 다시 완성선에서 이면 쪽으로 접어 넘기고 시침질로 고정시킨다.

05 바이어스 천의 접은 선 끝에서 0.1cm 폭으로 스티치한다.

06 밑단선과 뒤 중심선을 처리한다.

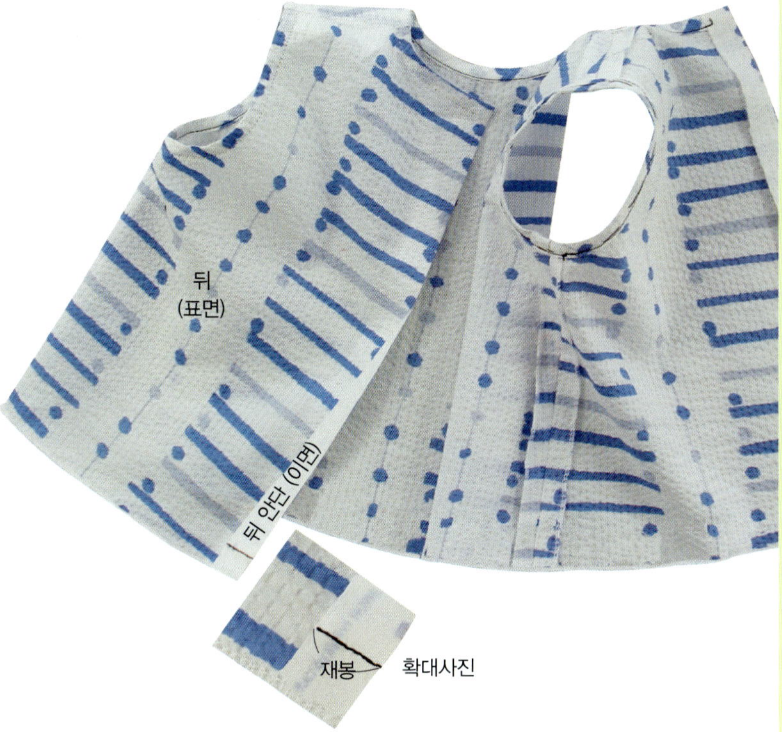

01 뒤 안단을 뒷단 완성선에서 표면 쪽으로 접어 넘기고 밑단의 완성선을 박는다.

02 겉으로 뒤집어서 밑단의 시접을 완성선에서 접어 올리고 핀으로 고정시킨다.

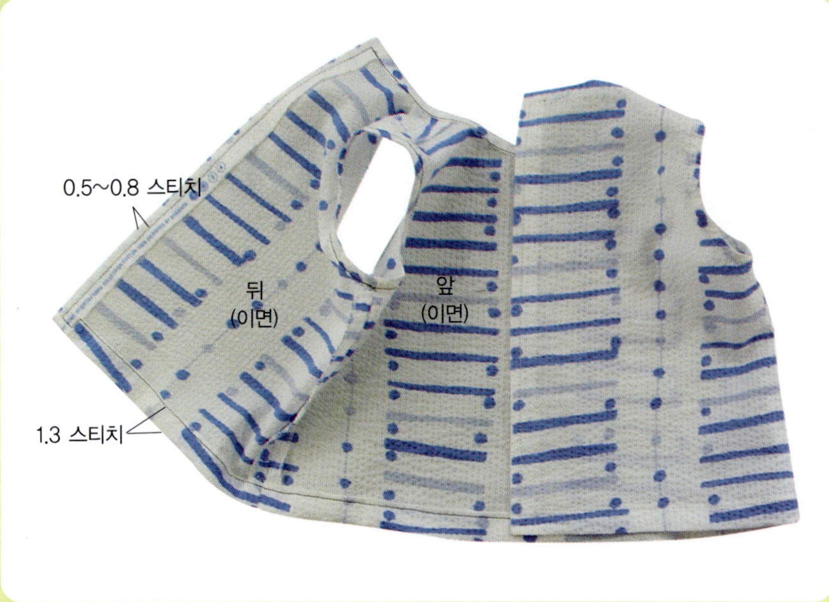

03 밑단선은 1.3cm, 뒷단선은 0.5~0.8cm 폭으로 스티치한다.

07 단춧구멍을 만들고 단추를 단다.

01 뒤 오른쪽에 단춧구멍을 만들고, 뒤 왼쪽에 단추를 달아서 완성한다.

01 표시를 한다.

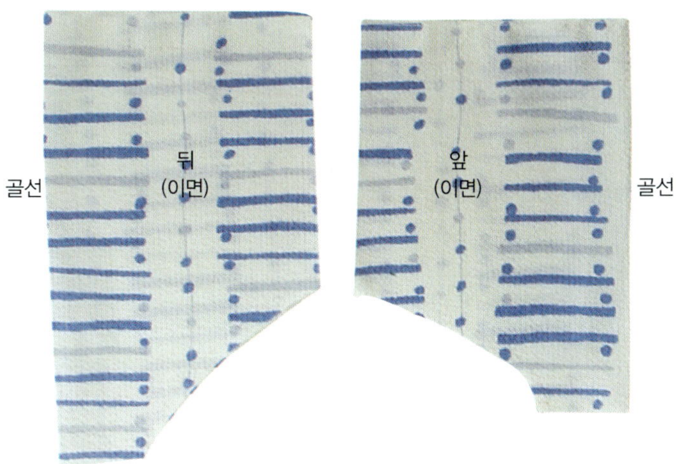

01 앞판과 뒤판에 초크나 초크페이퍼로 표시를 한다.

02 오버록 재봉을 한다.

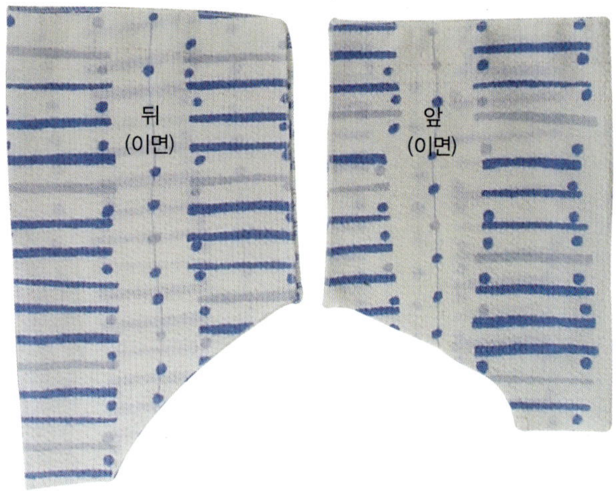

01 앞판과 뒤판의 허리선, 옆선, 가랑이 밑선에 오버록 재봉을 한다.

03 옆선과 가랑이 밑선을 박는다.

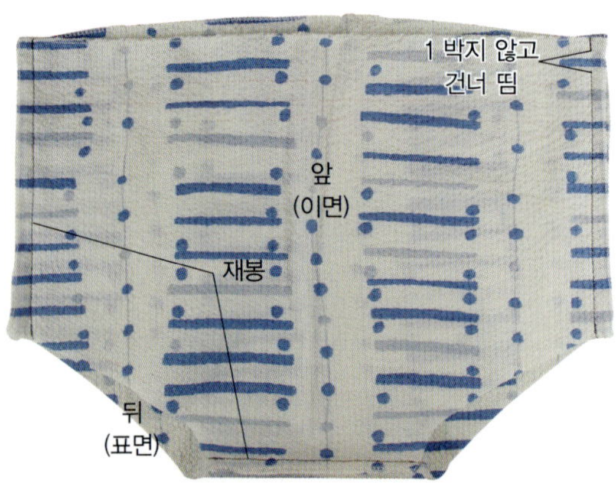

01 앞판과 뒤판을 겉끼리 마주 대어 양 옆선과 가랑이 밑선을 박는다.

주 : 허리선 쪽 안단 부분은 고무 테이프를 끼울 수 있도록 1cm씩 건너뛰고 박는다.

02 양 옆선과 가랑이 밑선의 시접을 가른다.

04 허리선을 처리한다.

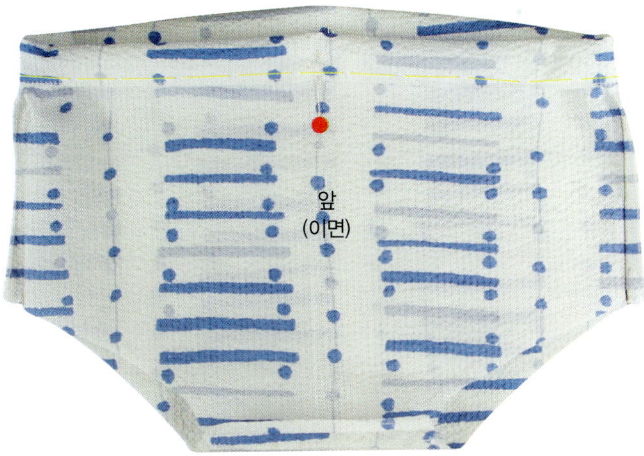

01 허리선 쪽의 안단분을 이면 쪽으로 접어 내리고 시침질로 고정시킨다.

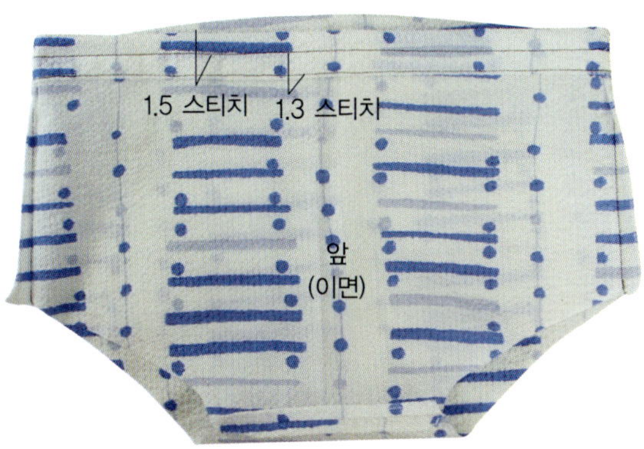

02 허리선에서 1.5cm 폭으로 겉쪽에서 스티치한 다음, 스티치한 곳에서 1.3cm 내려온 곳에 다시 한 줄 스티치한다.

03 허리선에 1cm 폭의 고무 테이프 41cm를 끼우고 1cm 겹쳐 감침질로 고정시킨다.

05 단 처리를 한다.

01 바이어스 천과 블루머를 겉끼리 마주 대어 가랑이 밑쪽부터 박기 시작하여 시작한 곳으로 되돌아오면, 바이어스 천끼리 마주 대어 고무 테이프를 끼울 분량 1cm를 남기고 박은 다음, 바이어스 천의 시접을 1cm 남기고 잘라내고, 시접을 가른 다음 다시 박는다.

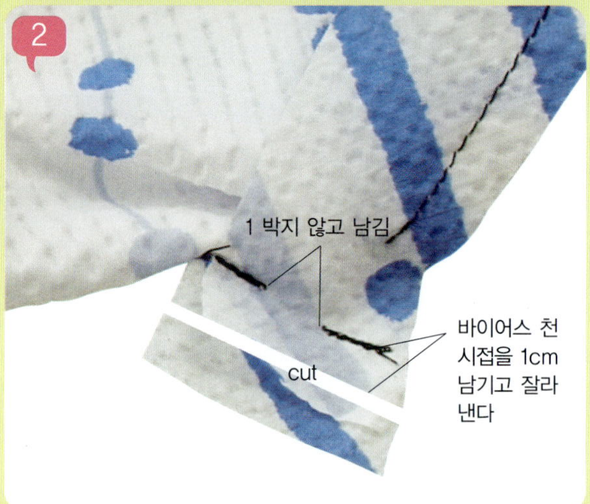

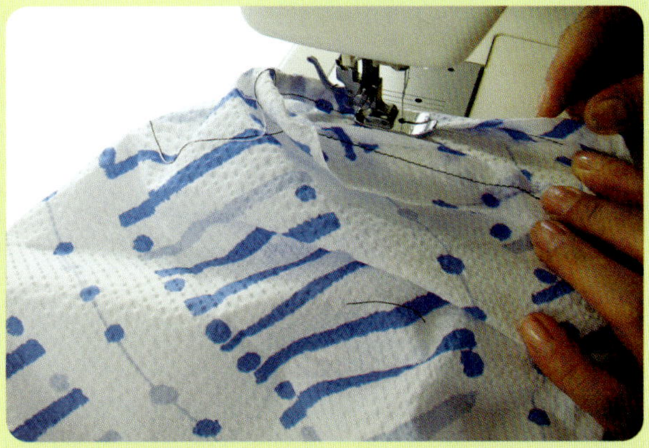

02 반대쪽 바이어스 천으로 시접을 감싸고, 다시 완성선에서 이면 쪽으로 넘겨 바이어스 천의 접은 선 끝에서 0.1cm에 스티치한다.

03 1cm 폭의 고무 테이프 21cm를 끼우고 1cm 겹쳐 감침질로 고정시킨 다음 당겨 주면 완성된다.

10 블라우스와 팬츠 (6~24개월 전후용)

목둘레에 프릴칼라를 단 블라우스와 약간 긴 길이의 팬츠 단에 개더를 넣은 팬츠가 귀여움을 더해주는 수트 한 벌. 블라우스와 팬츠 모두 다른 옷과 조합해서 입혀도 잘 어울릴 수 있는 디자인이다.

소재

- 면 100%의 시어서커나 프린트지, 깅엄 등이 적합하며, 바느질하기도 좋다.

재료

- 110cm 폭 96cm
- 접착심지 (뒤 안단용)
- 고무 테이프 : 1cm 폭 90cm
- 단추 : 직경 1cm 5개

제도법

블라우스는 p. 75의 탱크톱 패턴을 활용하여 응용한다.

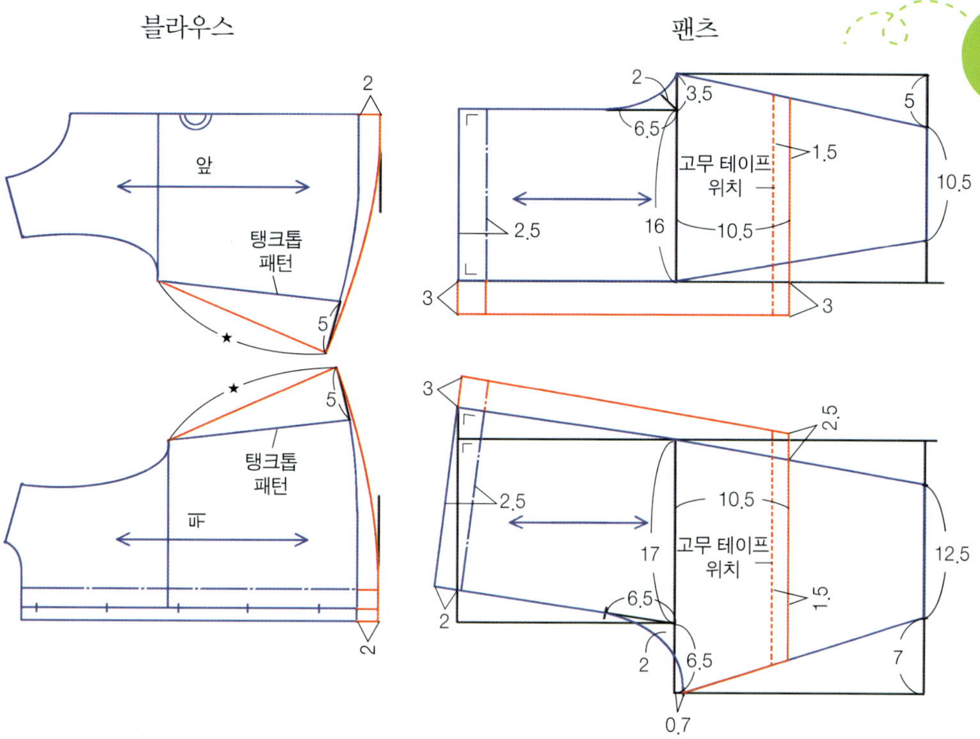

재단법

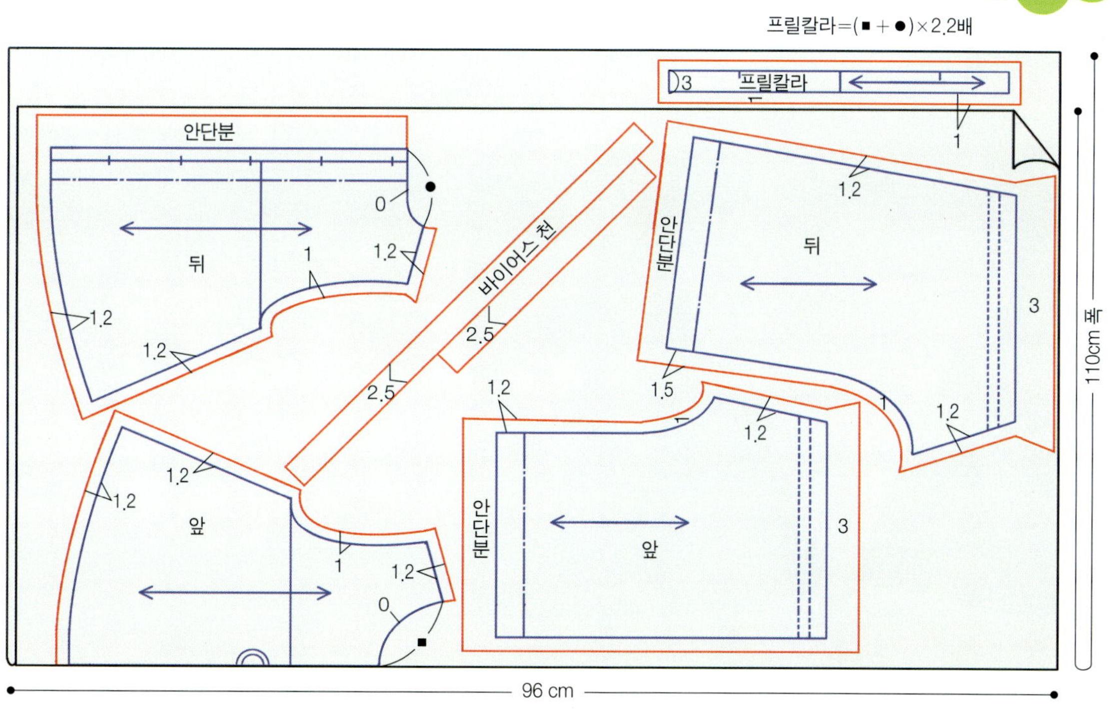

01 앞뒤 완성선에 초크 표시를 하고, 뒤 안단에 접착심지를 붙인다.

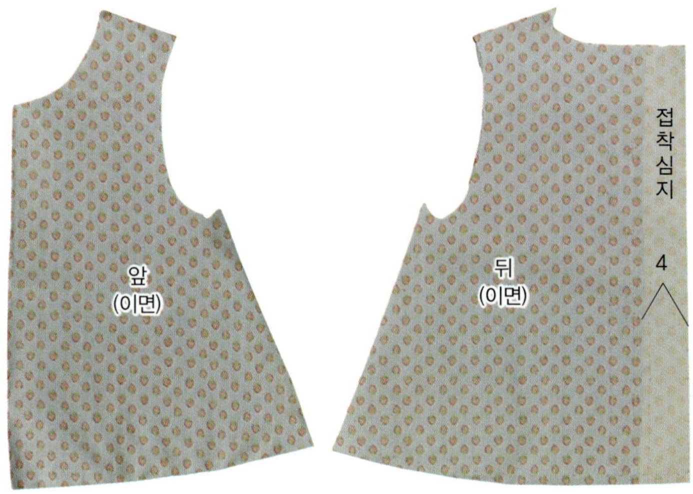

01 앞뒤 완성선에 표시를 한 다음, 뒤 안단에 4cm 폭의 접착심지를 붙인다.

02 오버록 재봉을 한다.

01 앞뒤 어깨선과 옆선, 밑단선 시접에 오버록 재봉을 하고, 뒤 중심 쪽 안단에도 오버록 재봉을 한다.

03 어깨선을 박는다.

01 앞판과 뒷판을 겉끼리 마주 대어 어깨선을 박는다.

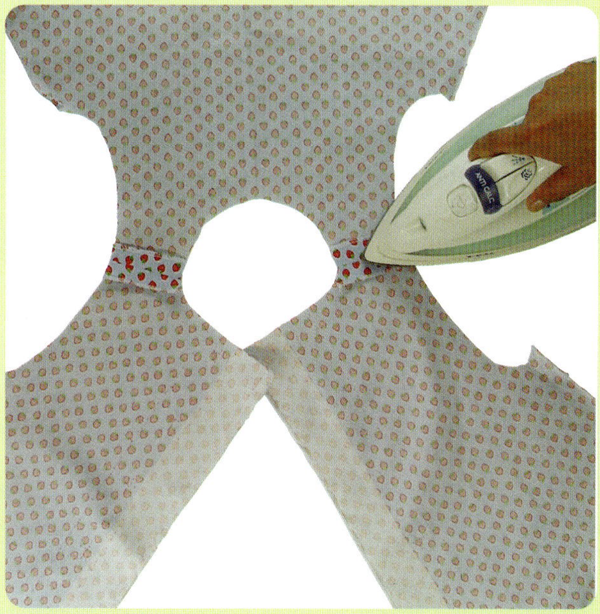

02 시접을 가른다.

04 목둘레에 프릴칼라를 만들어 달고, 목둘레선을 처리한다.

01 프릴의 단 쪽 시접을 0.5cm 접은 다음, 0.3cm 폭으로 스티치한다.

02 프릴의 단 쪽 시접을 0.7cm 접은 다음, 0.5cm 폭으로 스티치한다.

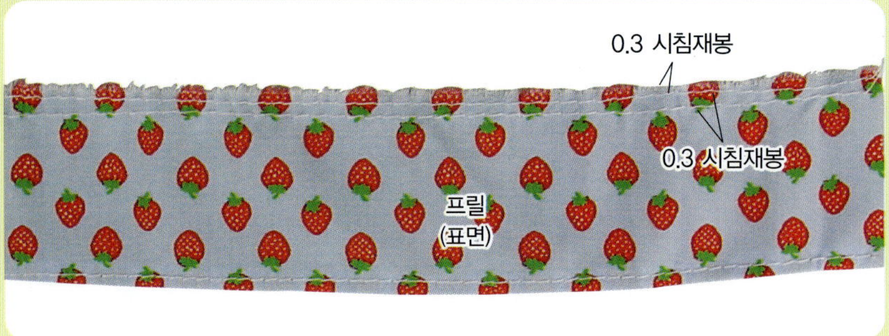

03 프릴 다는 쪽의 시접에 0.3cm 폭으로 두 줄 시침재봉을 한다.

04 시침재봉한 윗실 두 올을 함께 당겨 목둘레 치수만큼 개더를 잡아 오그린다.

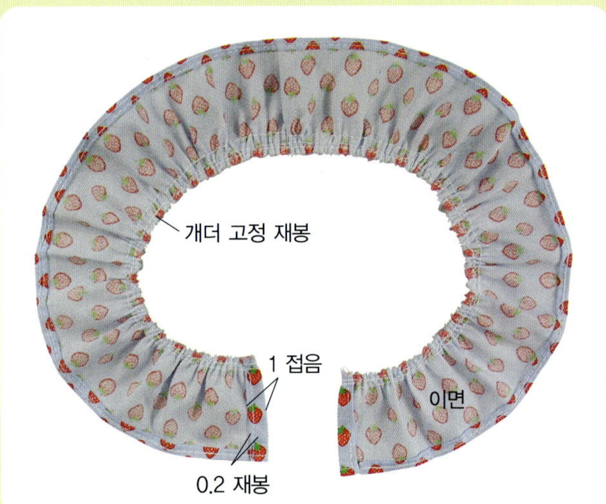

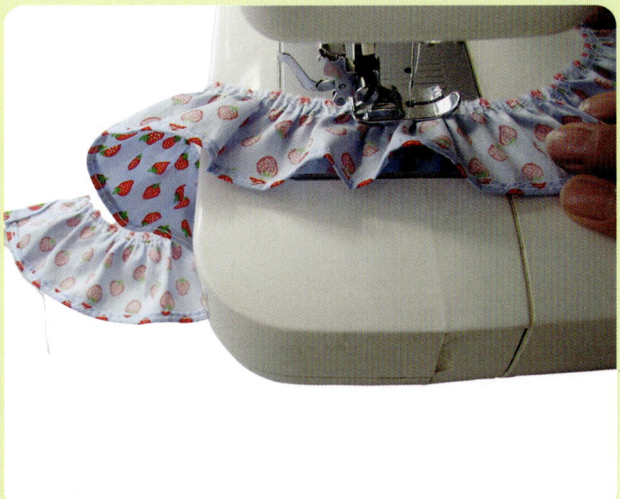

05 개더가 움직이지 않도록 개더를 박아 고정시키고, 뒤 중심쪽 시접을 1cm 접어 스티치한다.

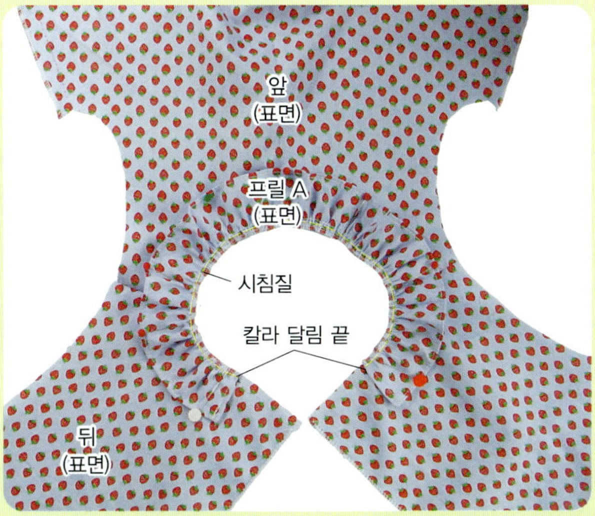

06 몸판의 표면 위에 프릴의 이면을 마주 대어 얹고, 뒤 중심 쪽의 칼라 달림 끝 위치에 맞추어 핀으로 고정시키고 시침질한다.

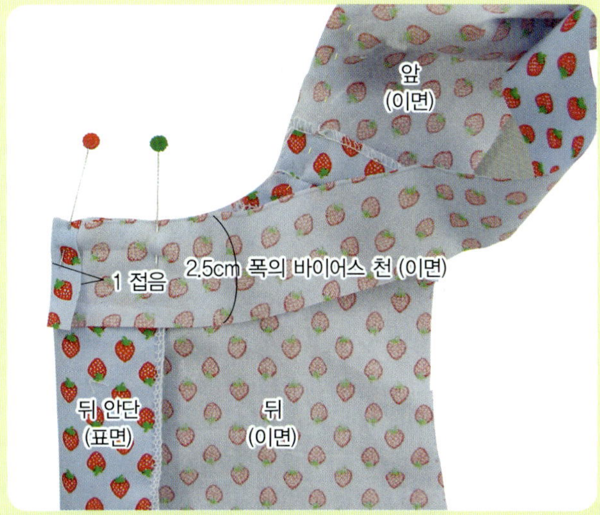

07 뒤 중심 쪽의 안단을 이면끼리 마주 대어 뒤 여밈단의 완성선에서 접은 다음, 2.5cm 폭으로 자른 바이어스 천 끝을 1cm 접은 상태로 표면을 마주 대어 얹고 핀으로 고정시킨다.

08 프릴과 몸판, 바이어스 천 3장을 함께 1cm 폭으로 박아 고정시킨다.

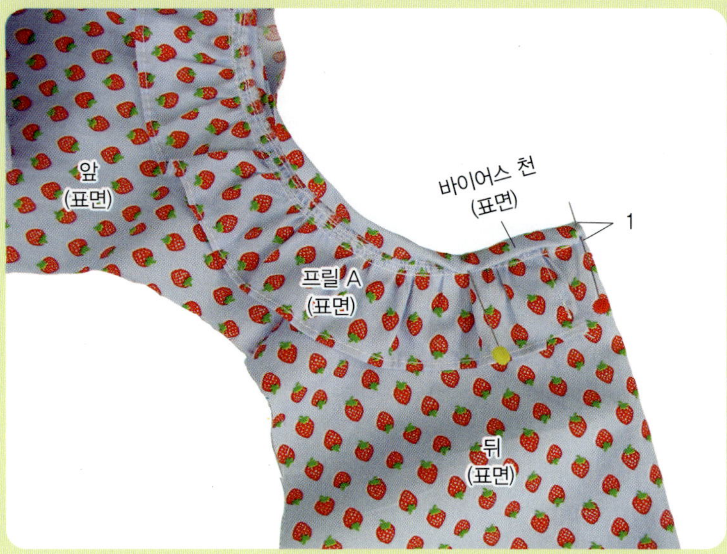

09 반대쪽 바이어스 천의 단을 0.5cm 접은 다음, 다시 1cm를 표면 쪽으로 접어 넘기고 핀으로 고정시킨다.

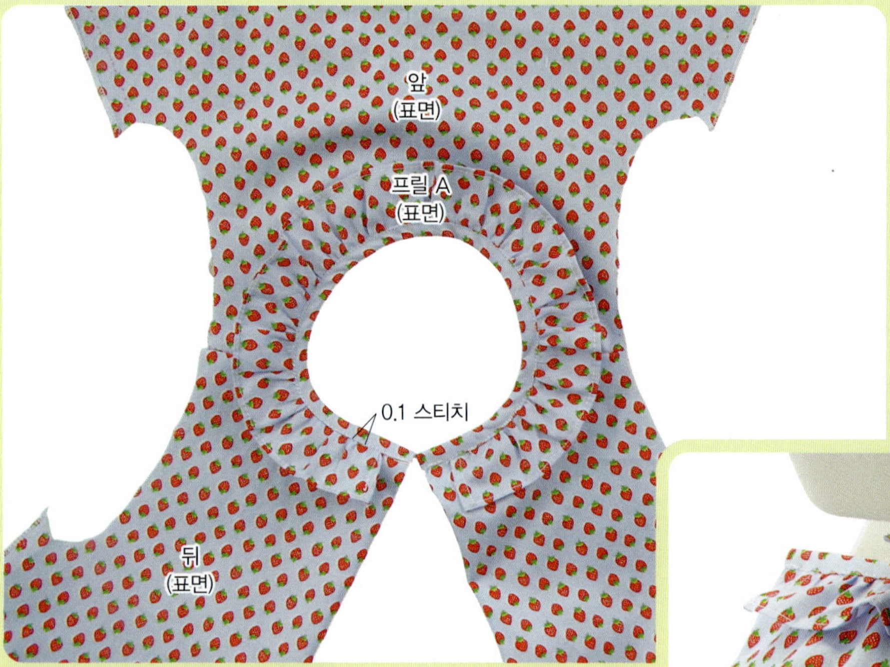

10 바이어스 천의 접은 선에서 0.1cm에 스티치한다.

05 옆선을 박는다.

01 앞판과 뒤판을 겉끼리 마주 대어 옆선의 표시끼리 맞추어 완성선을 박는다.

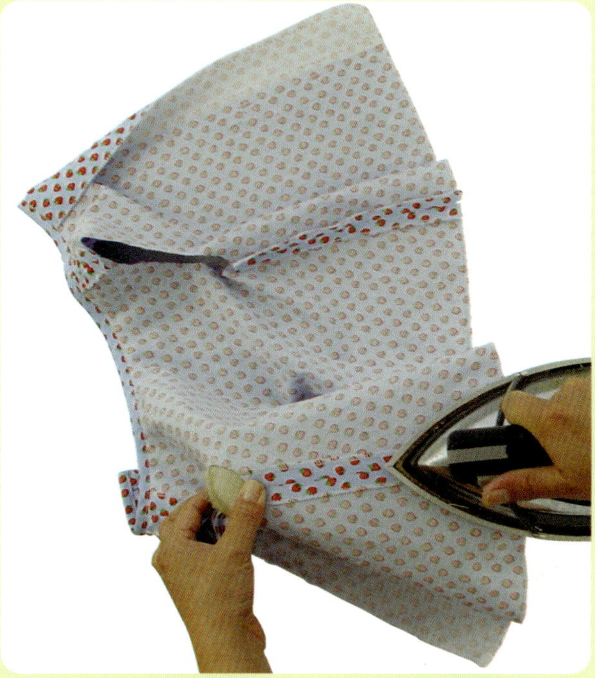

02 시접을 가른다.

06 진동둘레선을 처리한다.

01 몸판의 진동둘레선 이면 위에 2.5cm 폭으로 자른 바이어스 천의 표면을 마주 대어 겨드랑 밑쪽에서 바이어스 천을 1cm 접은 다음 핀으로 고정시킨다.

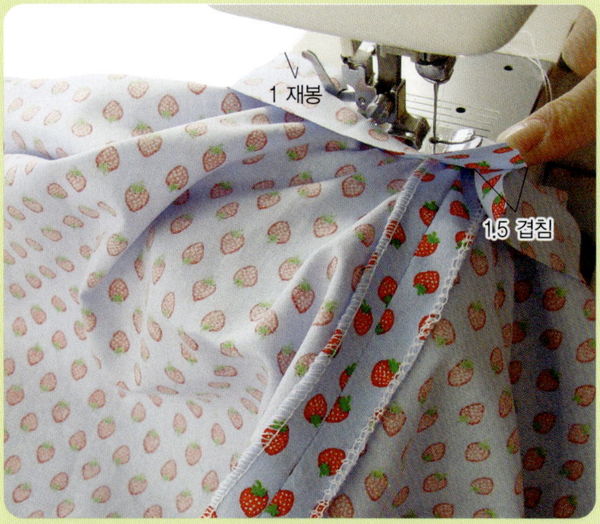

02 뒤판 쪽 겨드랑 밑쪽부터 1cm 폭으로 박기 시작하여 앞판의 겨드랑 밑쪽까지 박은 다음, 뒤판 쪽으로 바이어스 천을 1.5cm 겹쳐 박는다.

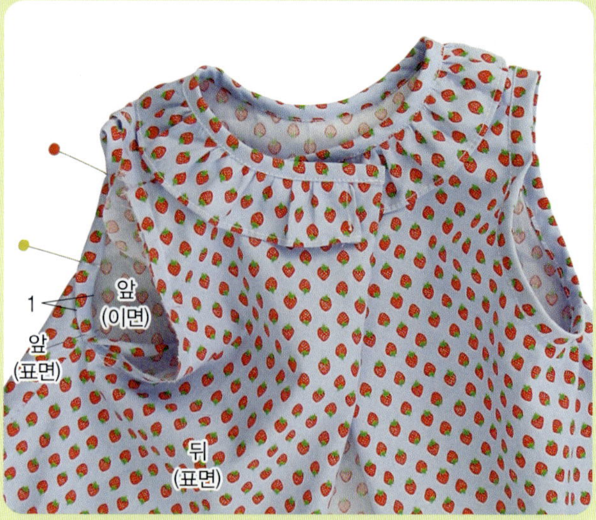

03 반대쪽 바이어스 천의 단을 0.5cm 접은 다음, 다시 1cm를 표면 쪽으로 접어 넘기고 핀으로 고정시킨다.

04 바이어스 천의 접은 선에서 0.1cm에 스티치한다.

07 밑단선을 처리한다.

01 뒤 중심 쪽의 안단을 표면 쪽으로 뒤 중심 쪽 단의 완성선에서 접어 넘기고, 밑단의 완성선을 박아 고정시킨다.

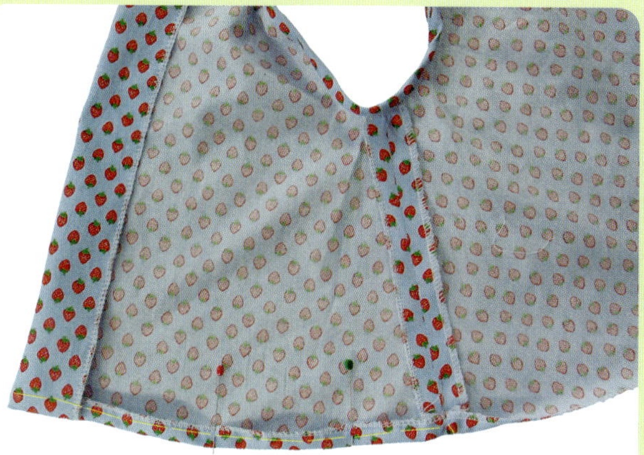

02 뒤 중심 쪽 안단을 겉으로 뒤집은 다음 밑단의 시접을 완성선에서 접어 올리고 시침질한다.

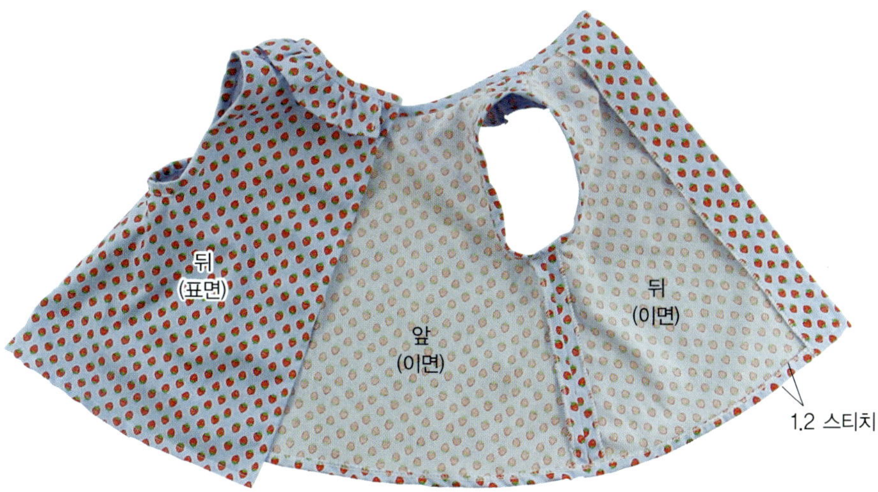

03 밑단선에서 1.2cm 폭으로 스티치한다.

08 단춧구멍을 만들고 단추를 달아 완성한다.

01 뒤 오른쪽에 단춧구멍을 만들고, 뒤 왼쪽에 단추를 단다.

02 블라우스의 완성.

팬츠 봉제법

Sewing Technique

팬츠의 봉제법은 p. 130~135 참조.

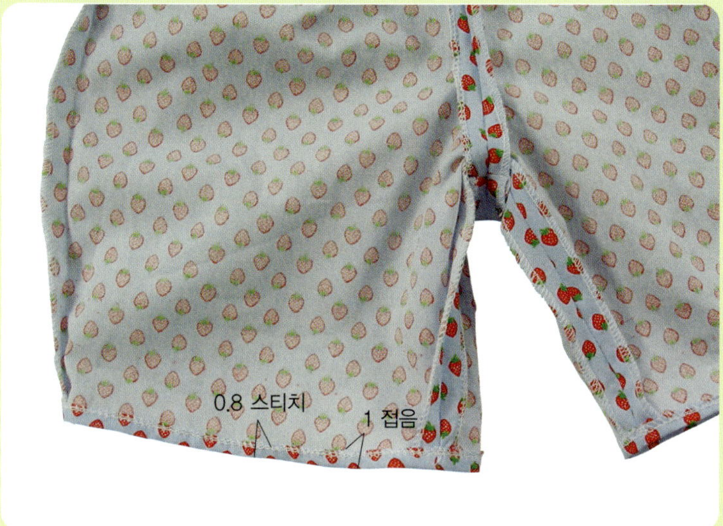

01 밑단선 시접에 오버록 재봉을 한 다음, 시접을 1cm 접어 올리고 0.8cm 폭으로 스티치한다.

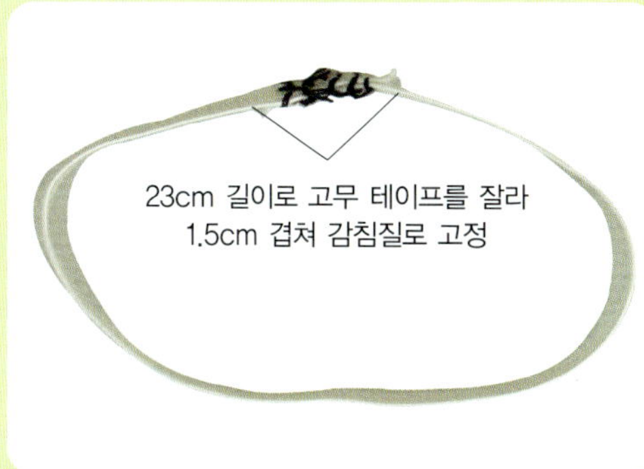

02 고무 테이프를 23cm로 자른 다음, 1.5cm 겹쳐 감침질로 고정시킨다.

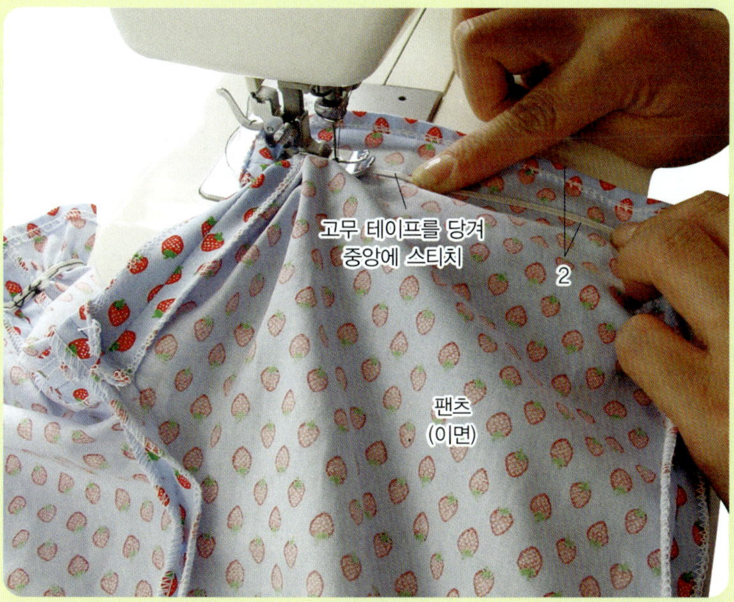

03 밑단의 완성선에서 고무 테이프 위치 표시에 02>에서 고정시켜 둔 고무 테이프를 얹고 안쪽 다리선 쪽에서 바늘을 꽂아 고정시킨 다음, 고무 테이프를 당겨 테이프 중앙에 스티치한다.

11

블라우스와 블루머 스커트

(12~24개월 전후용)

플랫칼라, 퍼프 반소매와 티어드 절개의 블루머 스커트의 수트 한 벌. 귀여운 퍼프 슬리브의 블라우스는 다른 옷과도 잘 어울리고, 블루머 스커트는 기저귀를 찬 엉덩이도 완전히 커버해 준다. 또 블라우스는 계절에 따라 긴소매로 만들어도 좋다.

소재

- 면 100%의 프린트지가 적합하다.

재료

- 112cm 폭 145cm
- 접착심지 : 40cm
- 고무 테이프 : 1cm 폭 82cm, 0.8cm 폭 44cm
- 단추 : 직경 1cm 4개

블라우스 제도법

괄호 안의 숫자는 24개월 전후용

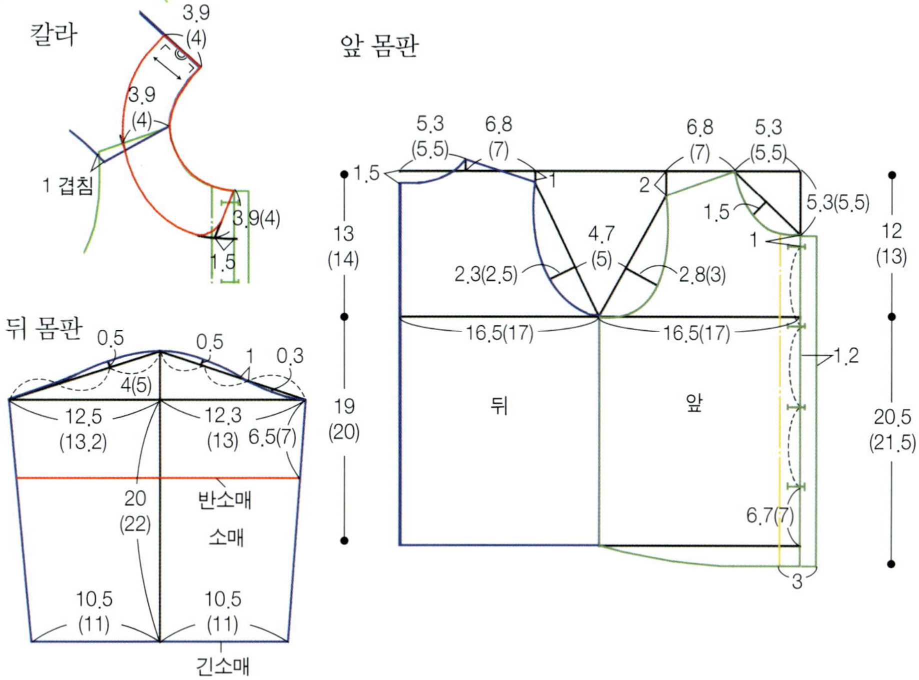

블루머 스커트 제도법

p. 75의 패턴을 활용하여 응용한다.

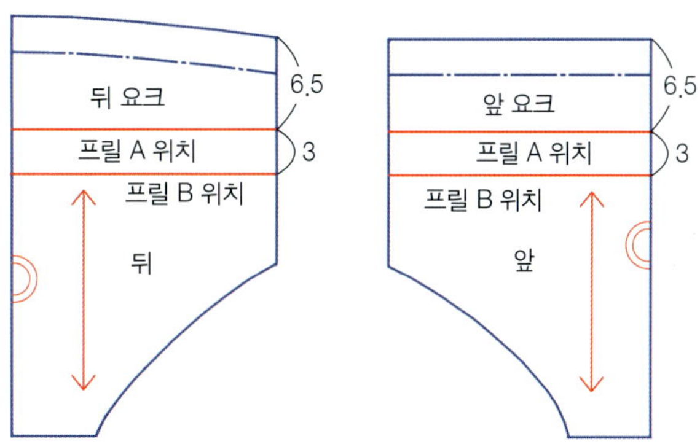

프릴 A 길이 = 프릴 다는 치수의 2배(18.5×4×2 = 148cm)

프릴 A — 7 = 프릴 A의 폭

프릴 B 길이 = 프릴 다는 치수의 2.2배(18.5×4×2.2 = 163cm)

프릴 B — 8.5 = 프릴 B의 폭

재단법

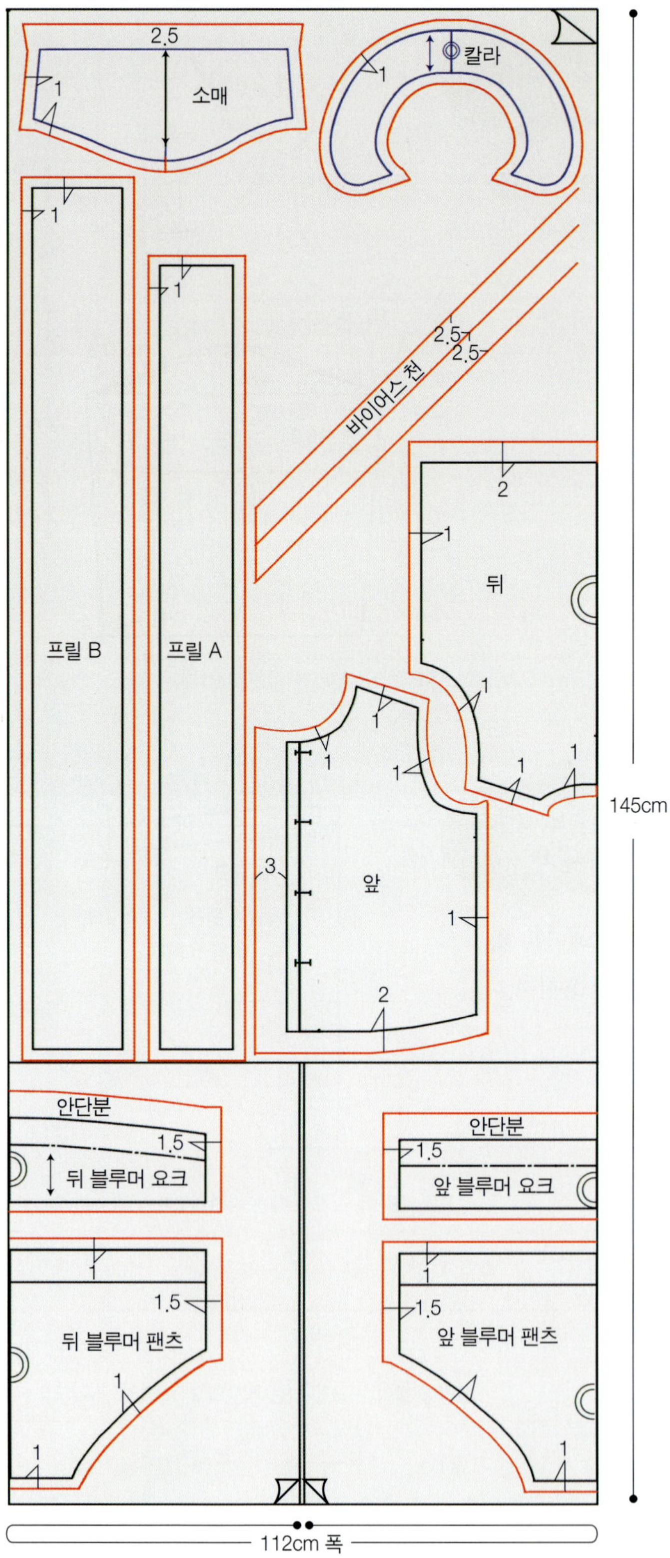

2.5
소매
1
칼라
1
프릴 B
프릴 A
바이어스 천
2.5
2.5
뒤
2
앞
3
안단분
1.5
뒤 블루머 요크
앞 블루머 요크
뒤 블루머 팬츠
앞 블루머 팬츠
145cm
112cm 폭

01 접착심지를 붙이고 표시를 한다.

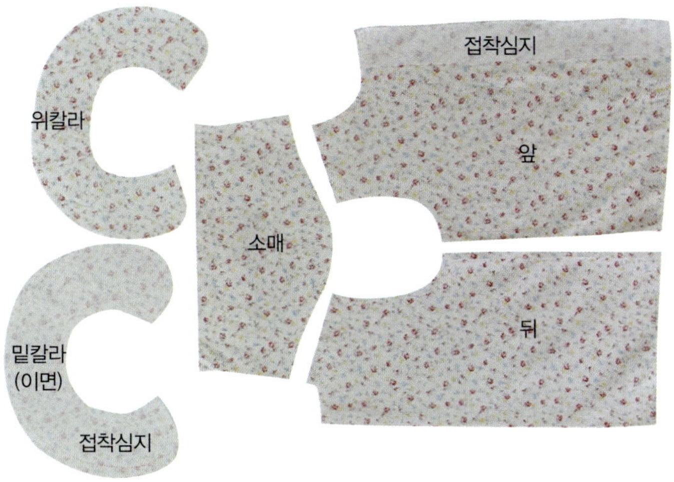

01 앞 안단과 밑칼라의 이면에 접착심지를 붙인 다음 완성선에 초크 표시를 한다.

02 오버록 재봉을 한다.

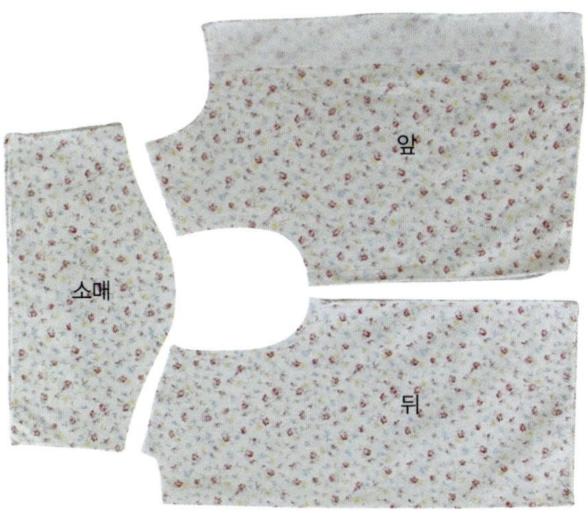

01 앞뒤 몸판의 어깨선과 옆선, 밑단선, 앞단, 소매 밑선과 소맷단 선에 오버록 재봉을 한다.

03 어깨선을 박는다.

01 앞판과 뒤판을 겉끼리 마주 대어 어깨선을 박는다.

02 시접을 가른다.

04 칼라를 만들어 단다.

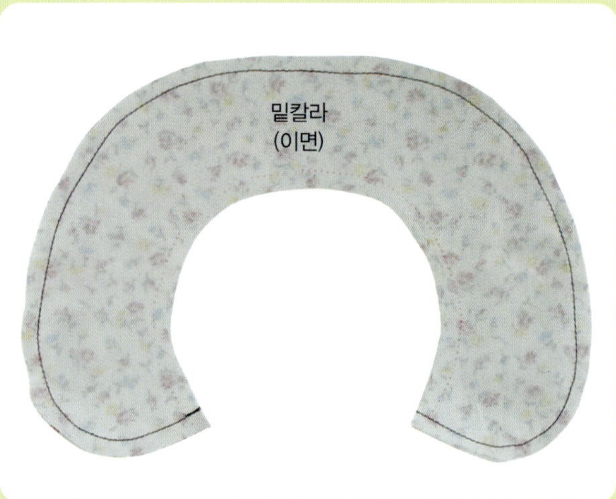

01 위칼라와 밑칼라를 겉끼리 마주 대어 완성선을 박는다.

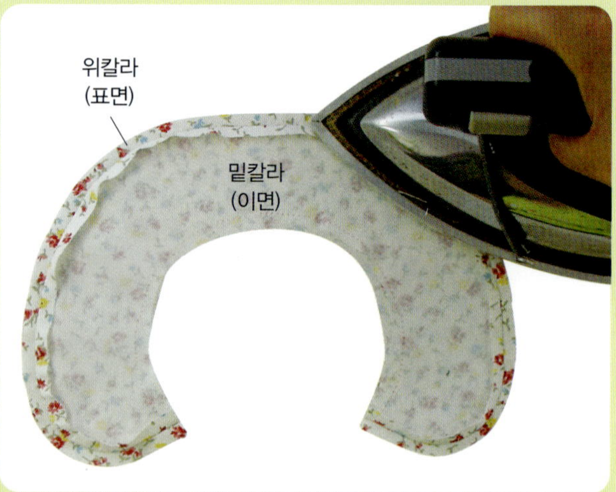

02 밑칼라 쪽이 위로 오게 하여 시접을 가른다.

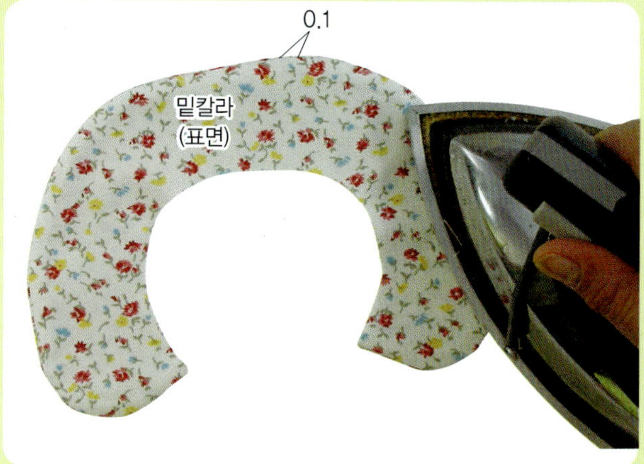

03 겉으로 뒤집어서 밑칼라를 0.1cm 차이지게 안쪽으로 밀어 다림질한다.

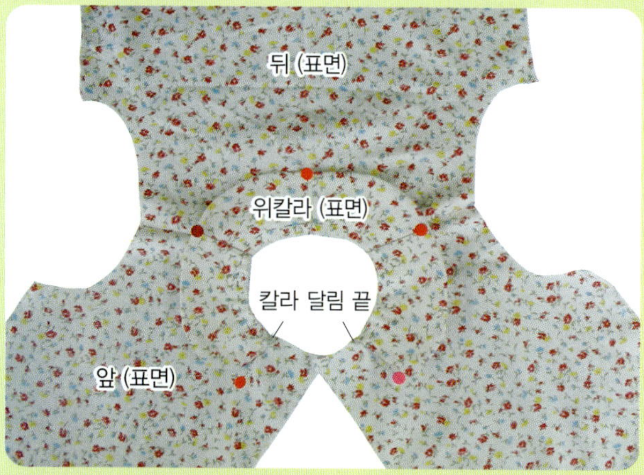

04 몸판의 표면 위에 밑칼라 쪽을 마주 대어 얹고, 앞 목점 쪽의 칼라 다는 위치와 옆목점, 뒤 목점의 표시끼리 맞추어 핀으로 고정시키고 시침질한다.

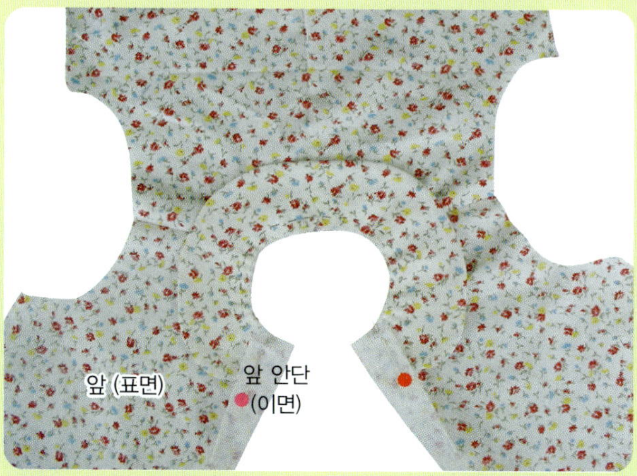

05 앞 안단을 표면 쪽으로 앞 여밈단 완성선에서 접어 넘기고 핀으로 고정시킨다.

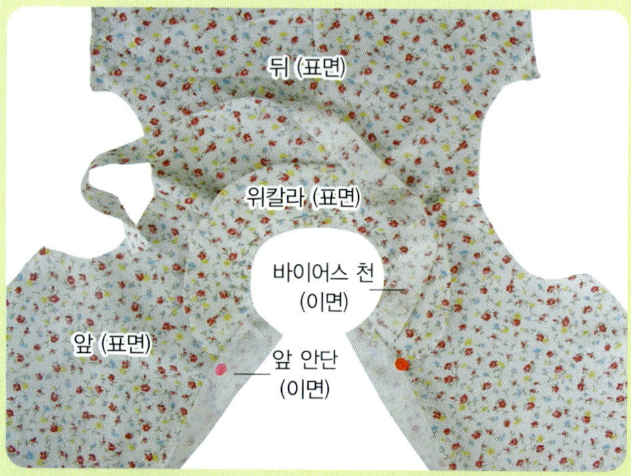

06 바이어스 천의 표면을 앞 안단 위쪽에 겹쳐 얹고 핀으로 고정시킨다.

07 완성선을 박는다.

08 곡선 부분에 가윗밥을 넣는다.

09 반대편 쪽의 바이어스 테이프로 시접을 감싸 시침질한다.

10 09〉에서 감싼 시접을 몸판 쪽으로 넘기고 0.1cm 폭으로 스티치한다.

05 소매를 만들어 단다.

01 소맷단 시접을 완성선에서 접어 올리고 2cm 폭으로 스티치한다.

02 1cm 폭의 고무 테이프 14~15cm를 잘라 한쪽 소매 밑선의 소맷단 시접 끝에서 완성선까지 박은 다음, 바늘을 꽂은 채로 반대쪽 소매 밑선의 시접 끝에 고무 테이프 끝을 맞추어 잡고, 고무 테이프를 당겨 테이프 중앙을 박아 고정시킨다.

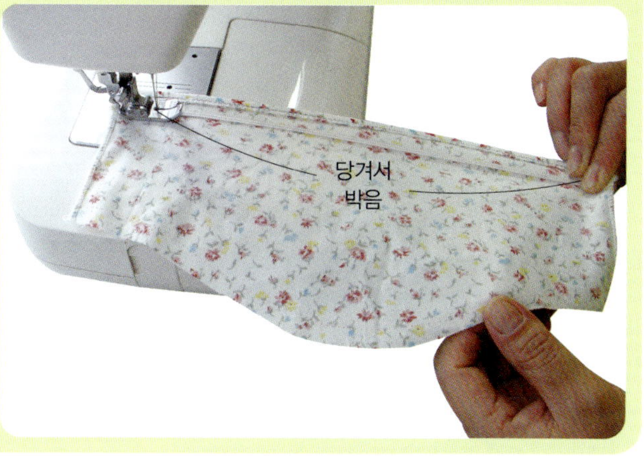

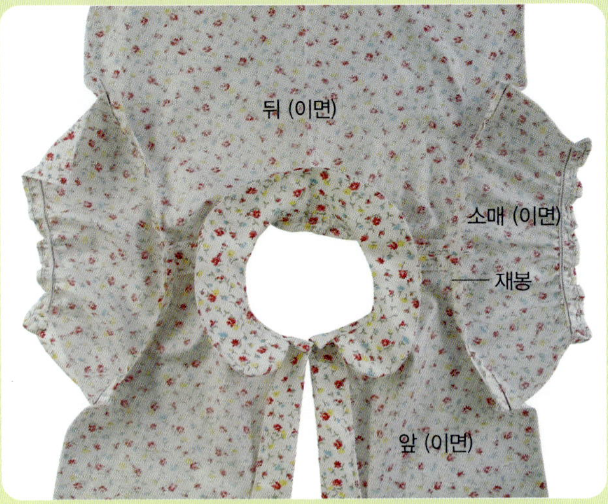

03 소매와 몸판을 겉끼리 마주 대어 표시끼리 맞추고 완성선을 박는다.

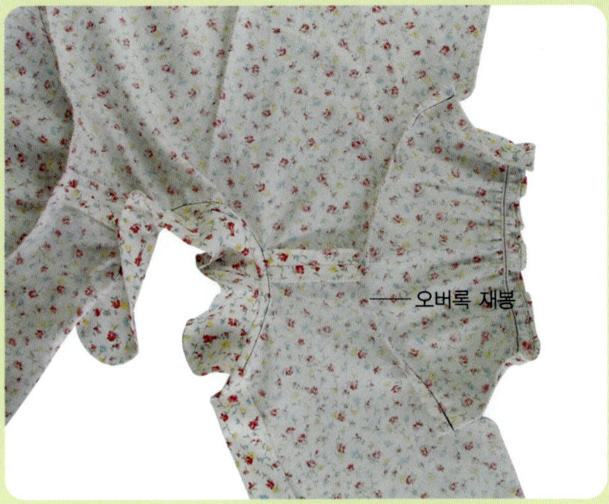

04 시접을 두 장 함께 오버록 재봉을 한다.

이면 쪽에서 본 상태

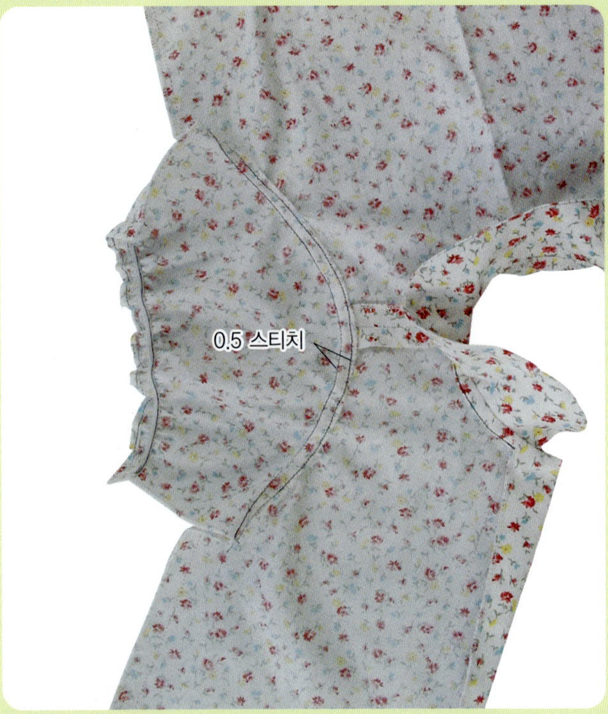

표면 쪽에서 본 상태

05 시접을 몸판 쪽으로 넘겨 겉쪽에서 0.5cm 폭으로 스티치한다.

06 옆선과 소매 밑선을 박는다.

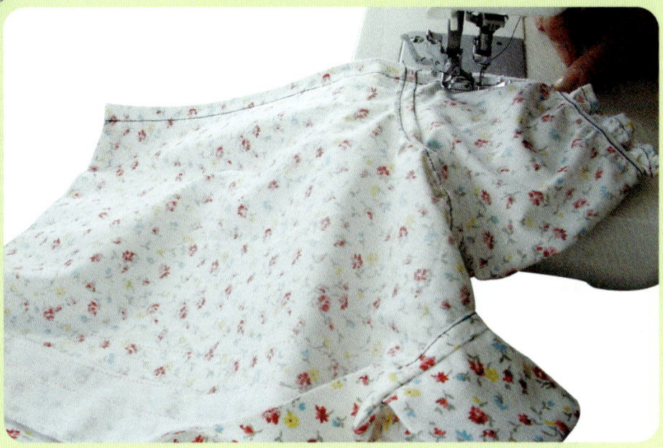

01 앞판과 뒤판을 겉끼리 마주 대어 옆선과 소매 밑선을 표시끼리 맞추고 한 번에 이어서 박는다.

02 시접을 가른다.

07 밑단선과 앞단을 처리한다.

01 앞 안단을 겉끼리 마주 대어 앞 여밈단 완성선에서 접고 밑단의 완성선을 박는다.

02 안단의 밑단 시접만 1cm 남기고 잘라낸다.

주 : 몸판 시접을 잘라내지 않도록 주의한다.

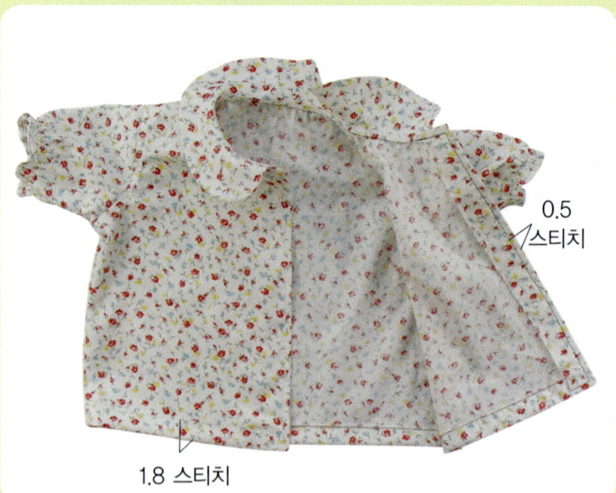

03 안단을 겉으로 뒤집어서 앞단 쪽은 0.5cm 폭으로, 밑단선은 1.8cm 폭으로 스티치한다.

08 단춧구멍을 만들고 단추를 달아 완성한다.

01 앞 오른쪽에 단춧구멍을 만들고 앞 왼쪽에 단추를 달아 완성한다.

블루머 스커트 봉제법

01 표시를 한다.

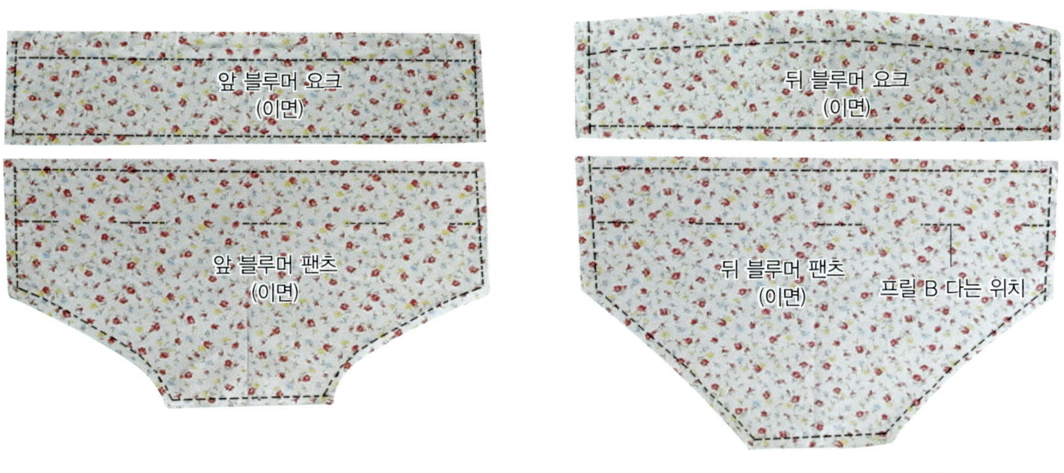

01 앞뒤 블루머 요크와 앞뒤 블루머 팬츠의 완성선에 표시를 한다.

02 오버록 재봉을 한다.

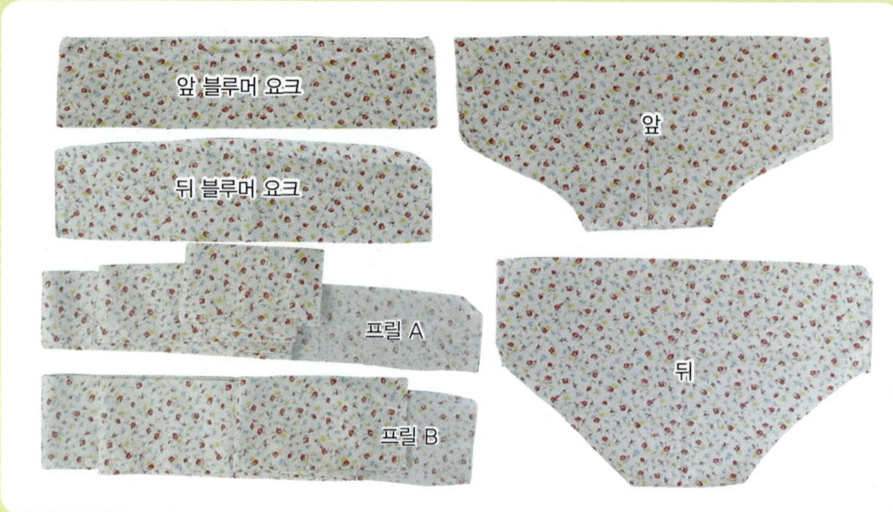

01 앞뒤 요크의 허리선과 옆선, 앞뒤 판의 옆선과 가랑이 밑선, 프릴 A와 B의 옆선 시접에 오버록 재봉을 한다.

03 옆선과 가랑이 밑선을 박는다.

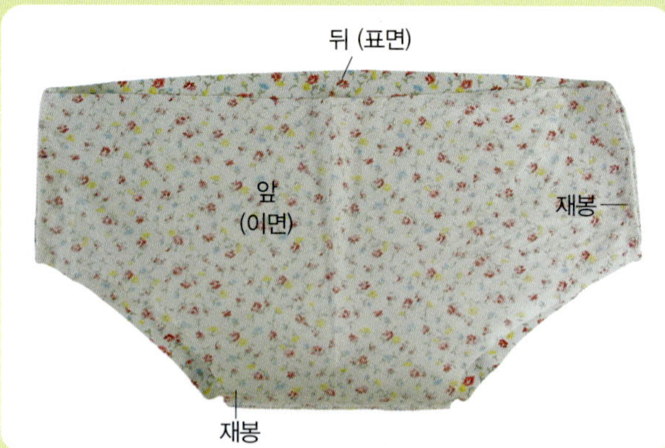

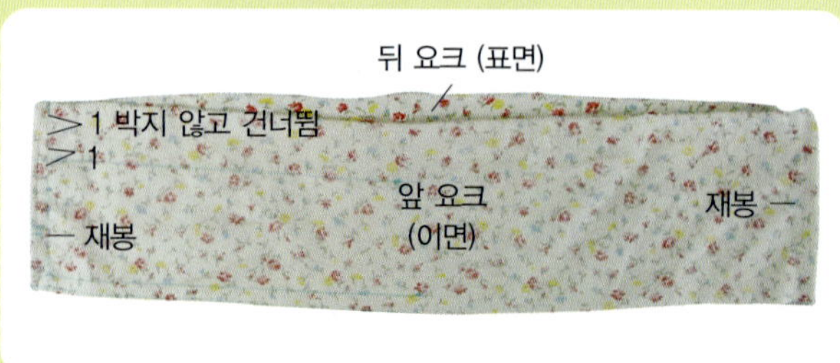

01 겉끼리 마주 대어 앞판과 뒤판의 옆선과 가랑이 밑선, 앞뒤 요크의 옆선을 박는다.

주 : 고무 테이프를 끼울 수 있도록 요크의 옆선 한쪽은 안단분을 1cm씩 건너뛰고 박는다.

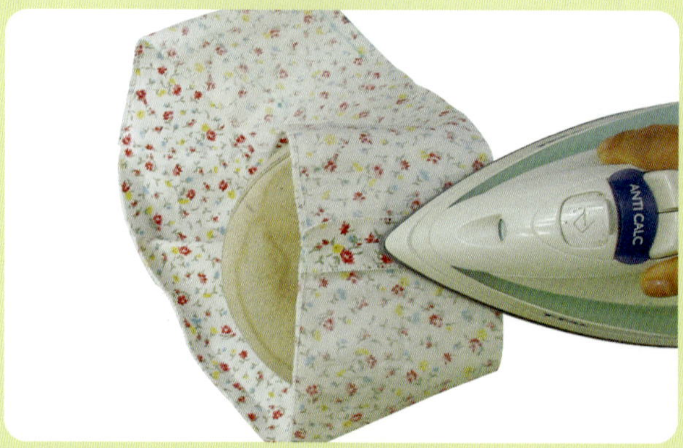

02 가랑이 밑선과 옆선 시접을 가른다.

04 프릴 A와 B를 만들어 단다.

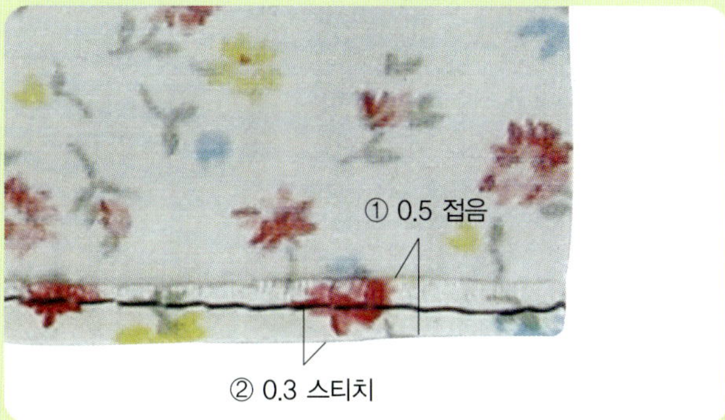

01 프릴 A와 B의 밑단선을 0.5cm 접어 올리고 0.3cm에 스티치한다.

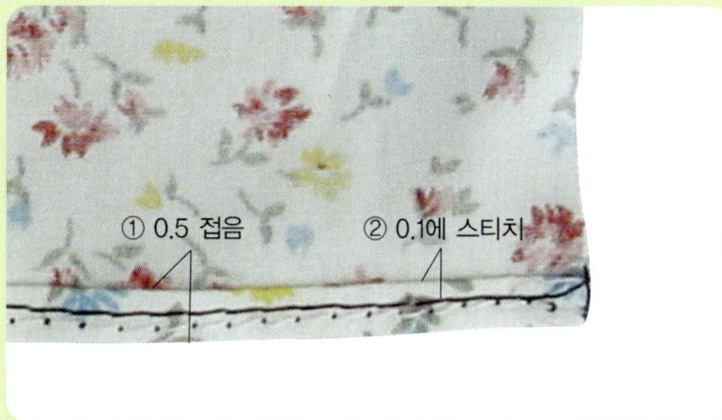

02 다시 0.5cm를 접어 올리고 시접의 접은 선 끝에서 0.1cm에 스티치한다.

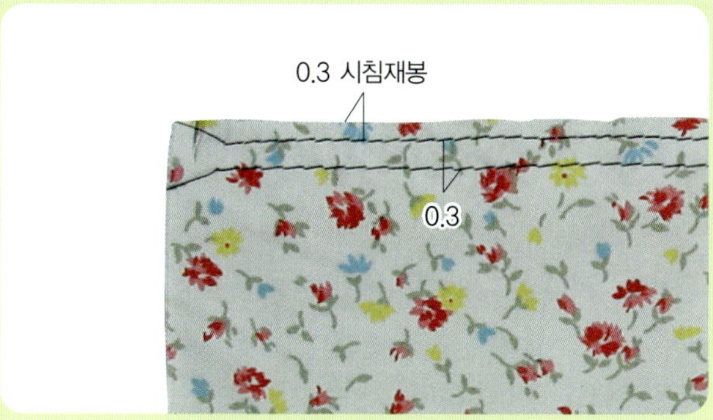

03 프릴 A와 B의 프릴 다는 쪽 시접에 0.3cm 폭으로 두 줄 시침재봉을 한다.

04 시침재봉한 윗실 두 올을 함께 당겨 프릴 다는 위치의 치수만큼 개더를 잡는다.

05 개더를 잡은 시접에만 다림질한다.

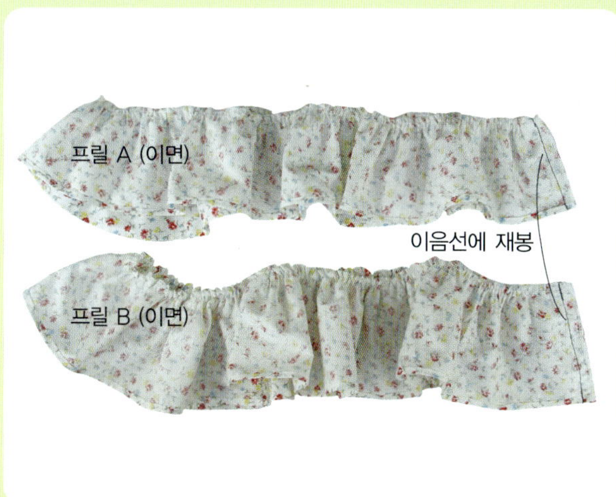

06 겉끼리 마주 대어 프릴 A와 B의 이음선을 박는다.

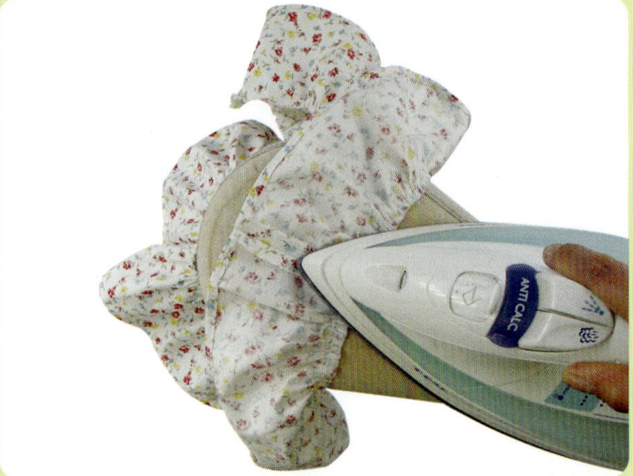

07 프릴 A와 B의 시접을 가른다.

08 프릴 B의 프릴 다는 쪽 시접에 오버록 재봉을 한다.

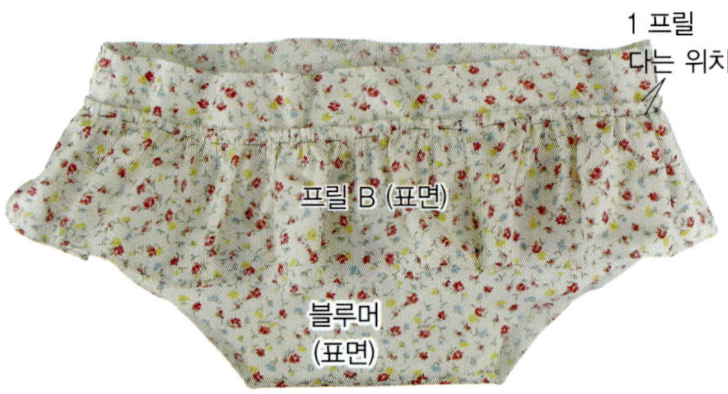

09 블루머의 표면 위에 프릴 B의 이면을 프릴 다는 위치에 맞추어 얹고 시침질로 고정시킨다.

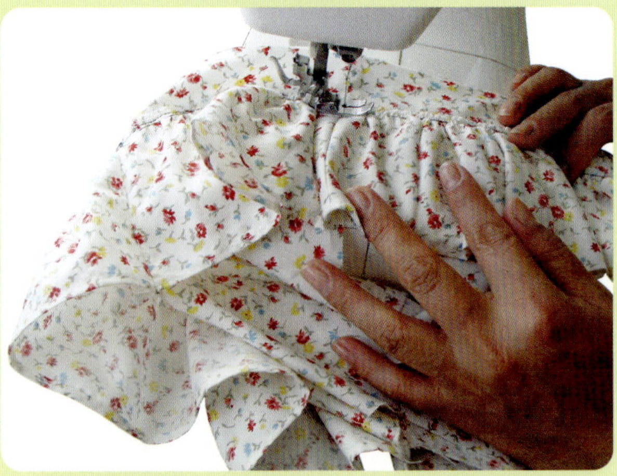

10 겉쪽에서 프릴 B를 프릴 시접 끝에서 1cm 폭으로 스티치한다.

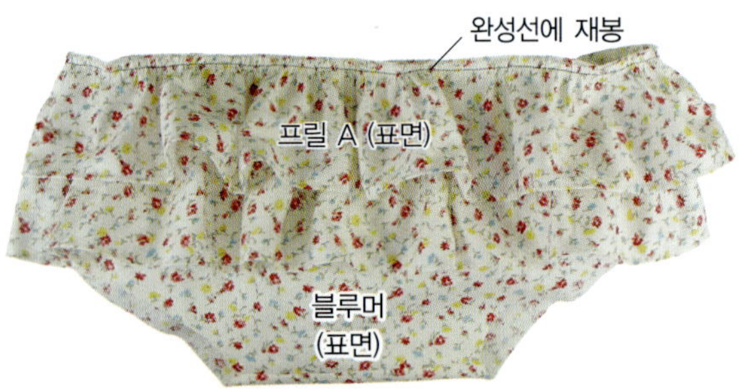

11 프릴 B가 달린 블루머의 표면 위에 프릴 A의 이면을 프릴 다는 위치에 맞추어 얹고 시침질로 고정시키고 완성선을 박는다.

05 요크의 절개선을 박는다.

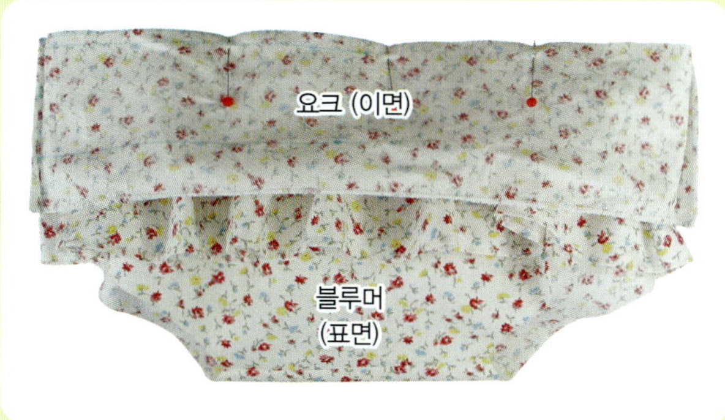

01 블루머를 표면 쪽으로 하고 요크를 이면 쪽으로 하여 요크 사이로 블루머를 끼워 표시끼리 맞추고 핀으로 고정시킨다.

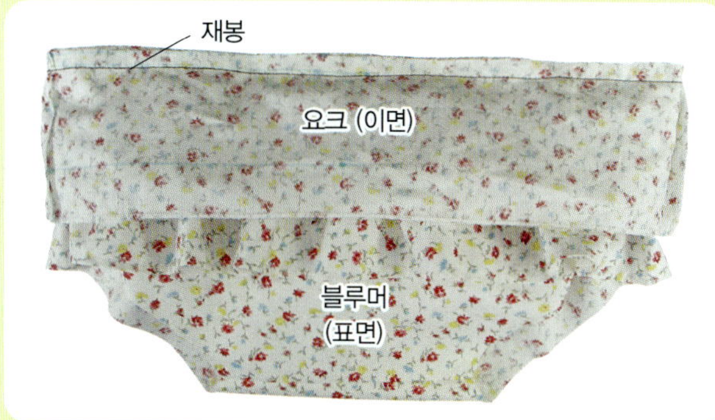

02 요크 절개선의 완성선을 한 바퀴 돌려 박는다.

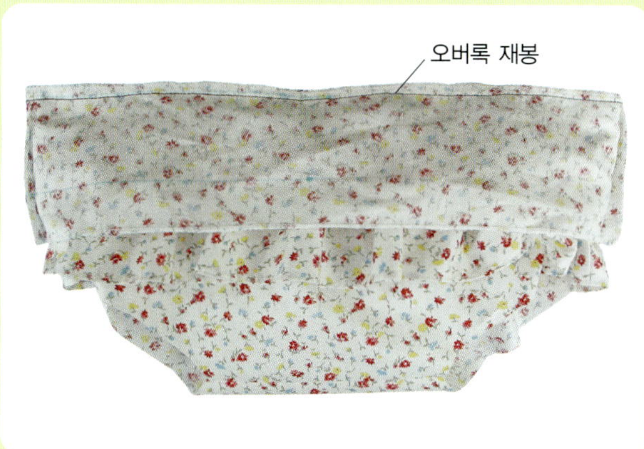

03 블루머 스커트의 시접과 요크의 시접을 두 장 함께 한 바퀴 오버록 재봉을 한다.

04 시접을 요크 쪽으로 넘기고 겉쪽에서 0.5cm 폭으로 스티치한다.

06 허리선을 처리한다.

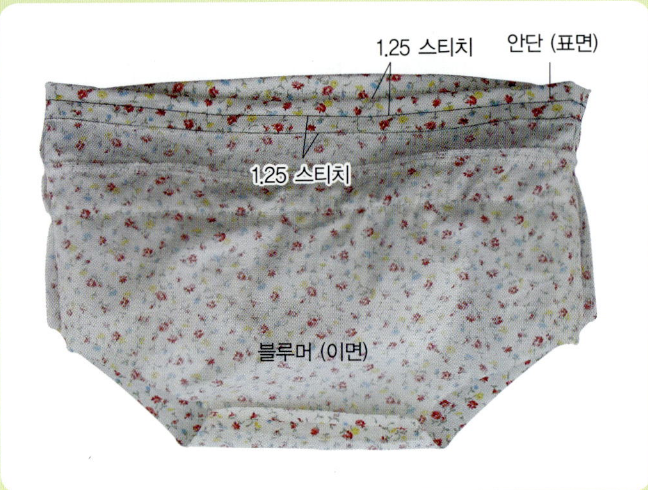

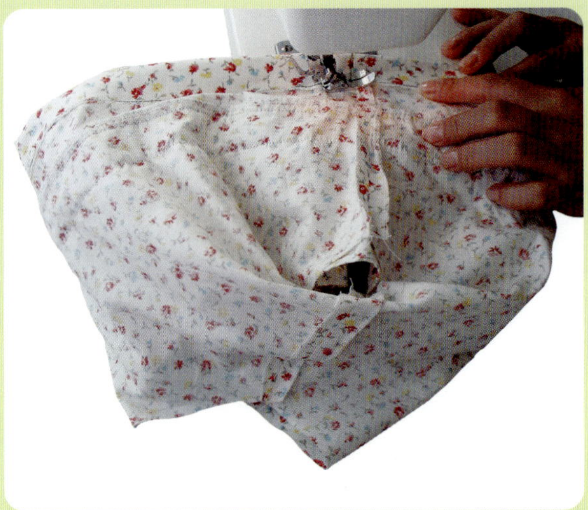

01 허리선 쪽의 안단을 접어 내리고 1.25cm 폭으로 두 줄 스티치한다.

02 한쪽 옆선 쪽에 박지 않고 남겨둔 곳으로 1cm폭의 41cm 고무 테이프 두 줄을 끼우고 1cm 겹쳐 감침질로 고무 테이프를 고정시킨다.

03 허리선에 양손을 넣고 당겨 고무 테이프를 고르게 자리 잡도록 한다.

07 블루머의 단 처리를 한다.

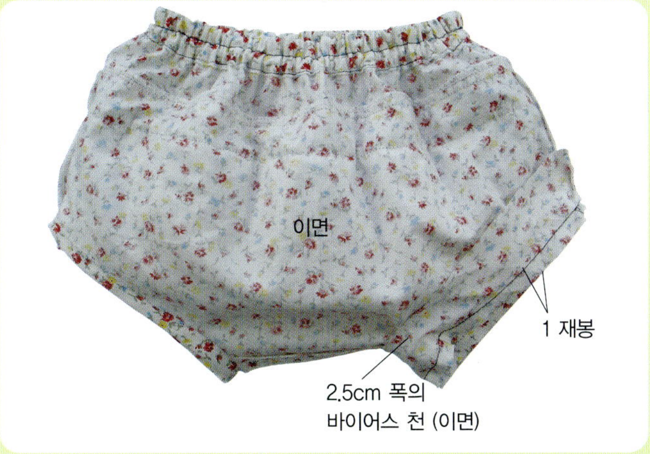

01 블루머의 밑단 이면에 바이어스 천의 표면을 마주 대어 얹고 1cm 폭으로 박는다.

주 : 가랑이 밑쪽에서 시작하고, 시작과 끝에서 바이어스 천을 각각 1cm씩 접은 상태로 마무리한다.

02 반대쪽 바이어스 테이프를 0.5cm 접은 다음, 겉쪽으로 넘겨 테이프 끝에서 0.1cm 폭으로 스티치한다.

03 가랑이 밑쪽의 바이어스 시작한 곳으로 0.8cm 폭의 22cm 고무 테이프를 끼우고 1cm 겹쳐 감침질로 고정시켜 완성한다.

12 베스트와 반바지 (12~24개월 전후용)

티셔츠나 블라우스 위에 바지와 한 벌로 된 베스트를 겹쳐 입히면 세련된 느낌을 준다. 계절에 따라 천의 두께를 조절하고, 안에 입히는 것은 긴소매, 짧은 소매 등의 것으로 코디할 수 있어 한 벌 있으면 착용 범위가 넓고 편리하다.

소재

■ 면 100%의 무지나 체크무늬의 면 100% 소재를 선택한다.

재료

■ 110cm 폭 90cm
■ 접착심지 : 90cm 폭 35cm
■ 고무 테이프 : 1cm 폭 41cm
■ 단추 : 직경 1cm 4개

제도법

p. 139의 긴바지 패턴을 활용하여 반바지를 응용한다.

베스트

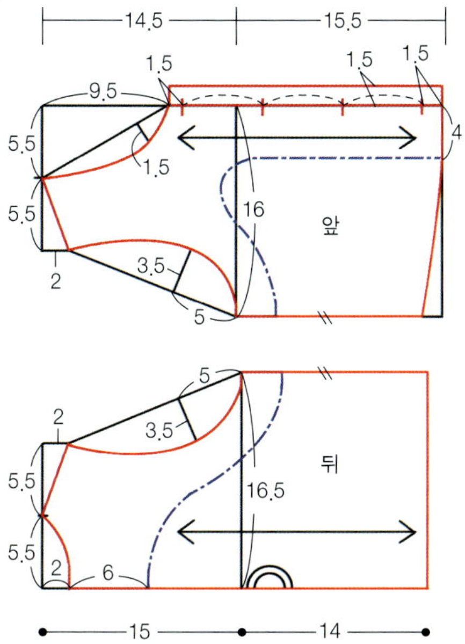

반바지

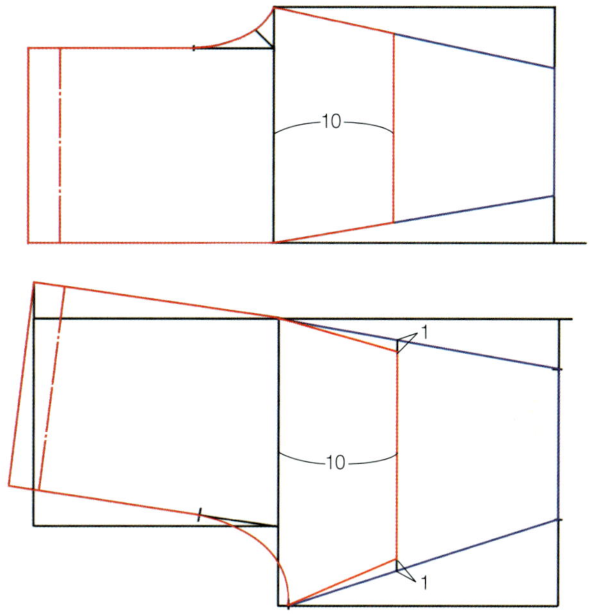

재단법

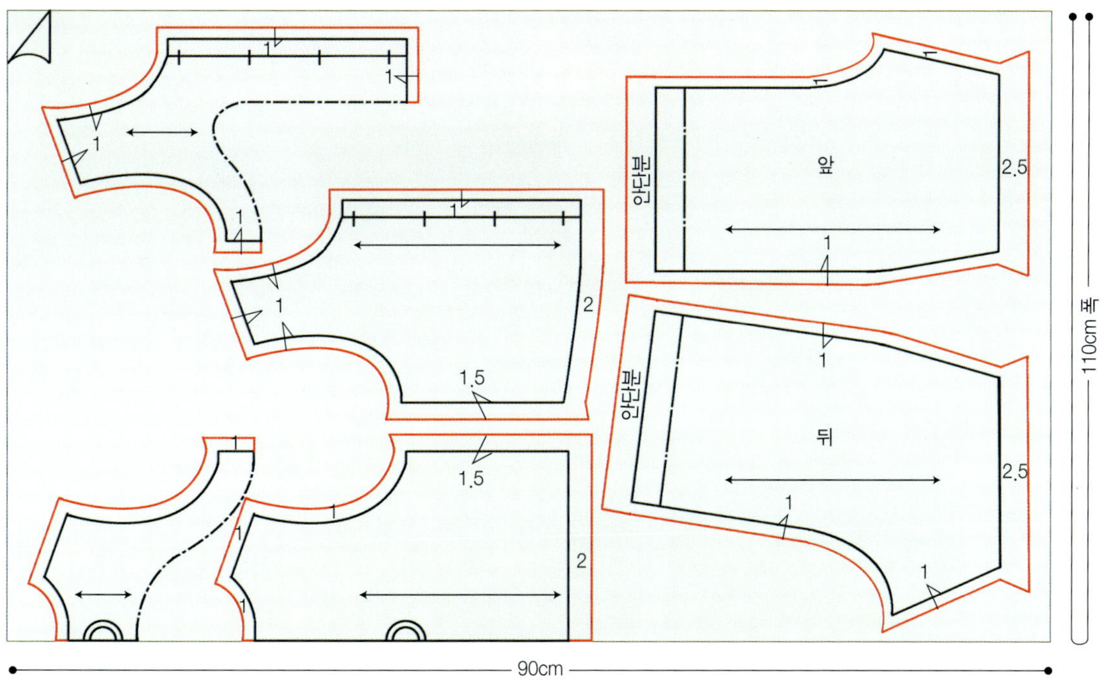

01 표시를 한다.

01 앞뒤 안단에 접착심지를 붙이고 몸판과 안단 완성선에 초크로 표시를 한다.

02 오버록 재봉을 한다.

01 앞판과 뒤판의 옆선과 밑단선, 앞뒤 안단의 단쪽에 오버록 재봉을 한다.

03 어깨선을 박는다.

01 앞판과 뒤판을 겉끼리 마주 대어 몸판과 안단의 어깨선을 박는다.

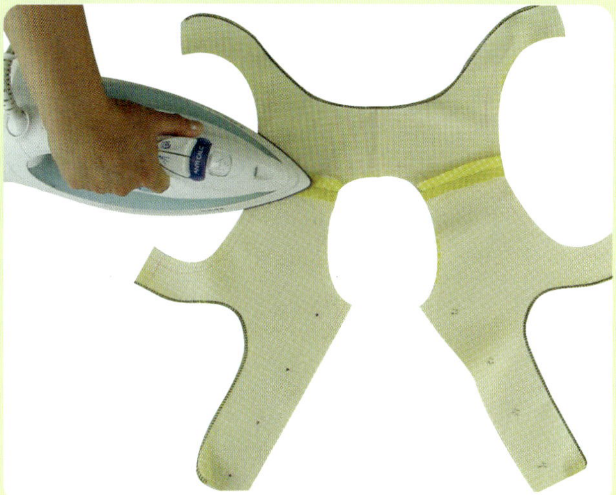

02 시접을 가른다.

04 앞단, 목둘레선, 진동둘레선을 처리한다.

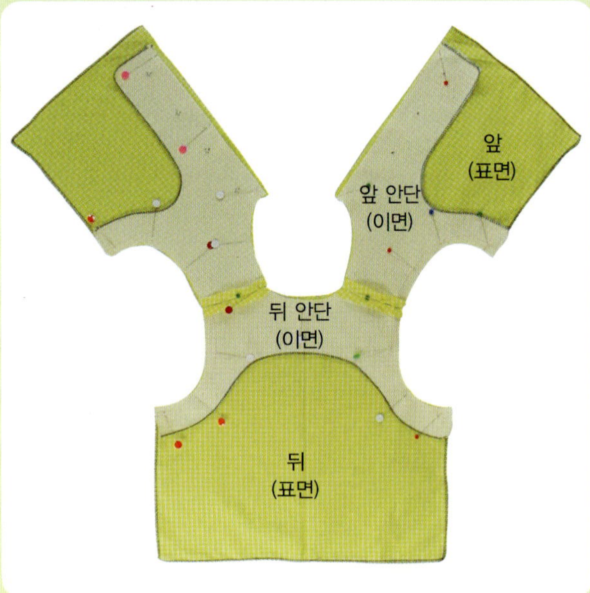

01 몸판과 안단의 완성선끼리 맞추어 핀으로 고정시킨다.

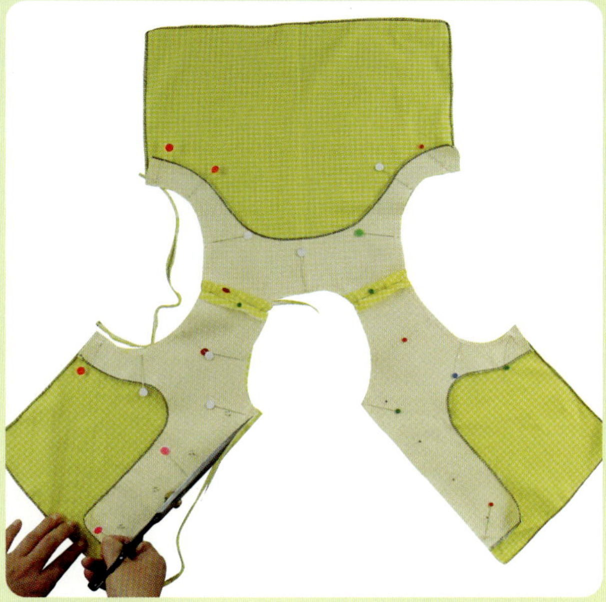

02 몸판과 안단 시접을 두 장 함께 0.8cm로 정리한다.

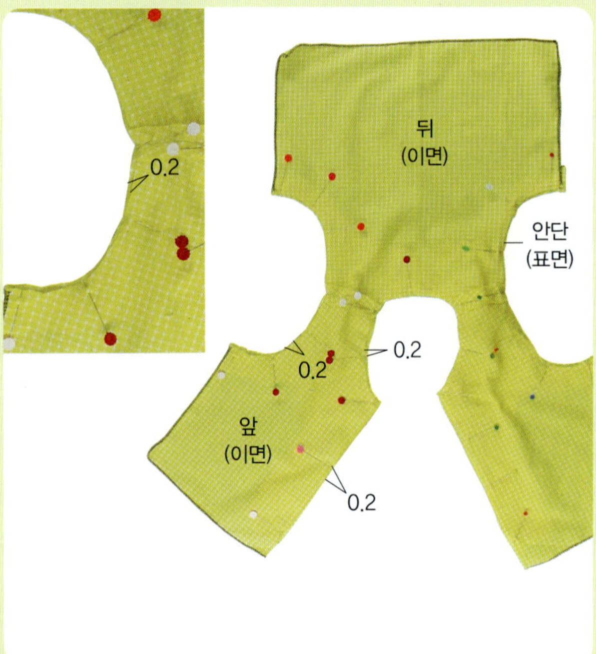

03 몸판 시접을 안단 시접에서 0.2cm 차이지게 안쪽으로 밀어 핀으로 고정시킨다.

04 몸판의 완성선을 따라 시침질로 고정시킨다.

05 안단의 완성선을 박는다. 이때 앞판의 밑단선 쪽 안단의 완성선도 함께 박는다.

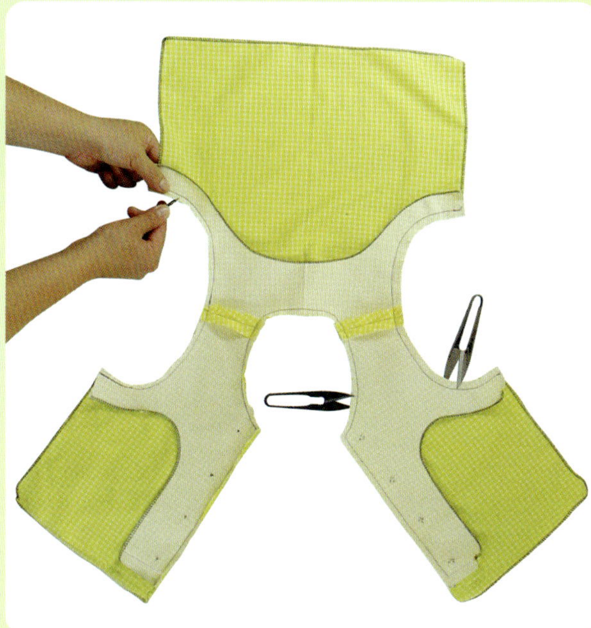

06 곡선 부분에 가윗밥을 넣는다.

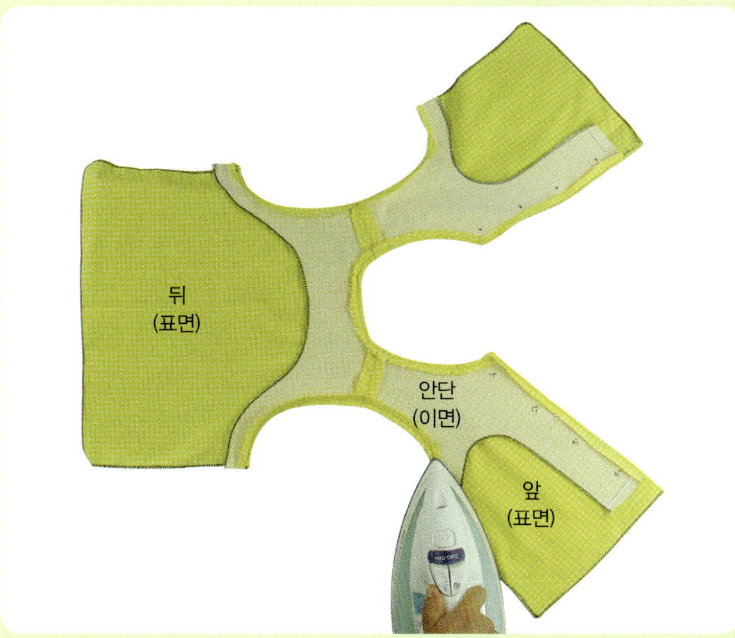

07 안단 쪽이 위로 오게 하여 시접을 가른다.

08 뒤판 쪽으로 손을 넣어 앞판의 단쪽을 잡아 겉으로 뒤집는다.

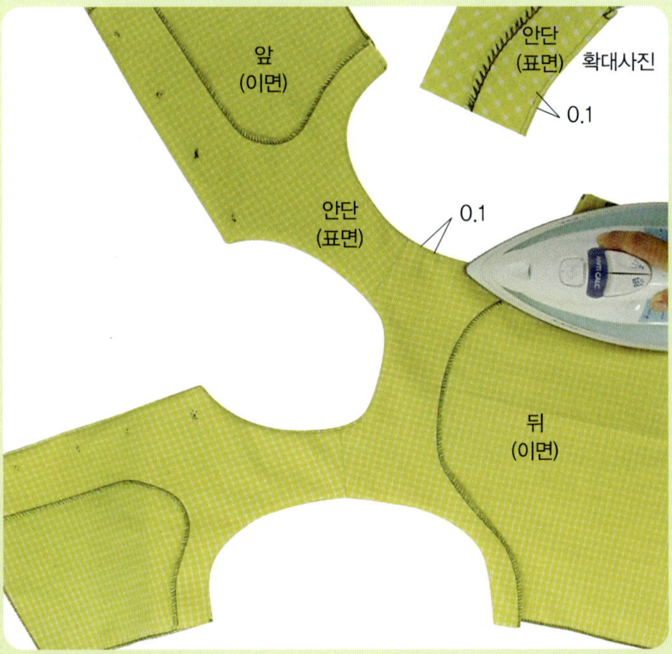

09 안단 쪽을 0.1cm 안쪽으로 차이지게 밀어 다림질한다.

05 옆선을 박는다.

01 진동둘레선 쪽 시접을 안단 쪽으로 넘기면서 옆선을 안단까지 한 번에 이어서 박는다.

02 옆선의 시접을 가른다.

03 안단을 옆선 쪽 밑단을 몸판의 옆선 시점에 감침질로 고정시킨다.

06 밑단선을 올리고 스티치한다.

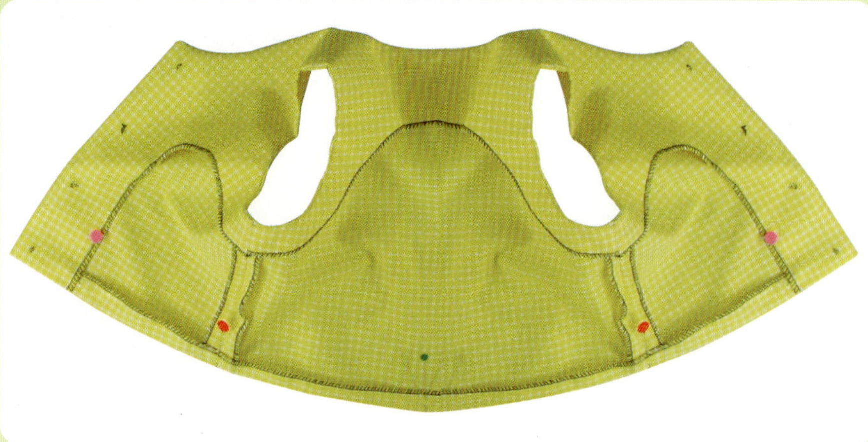

01 밑단 시접을 완성선에서 접어 올린다.

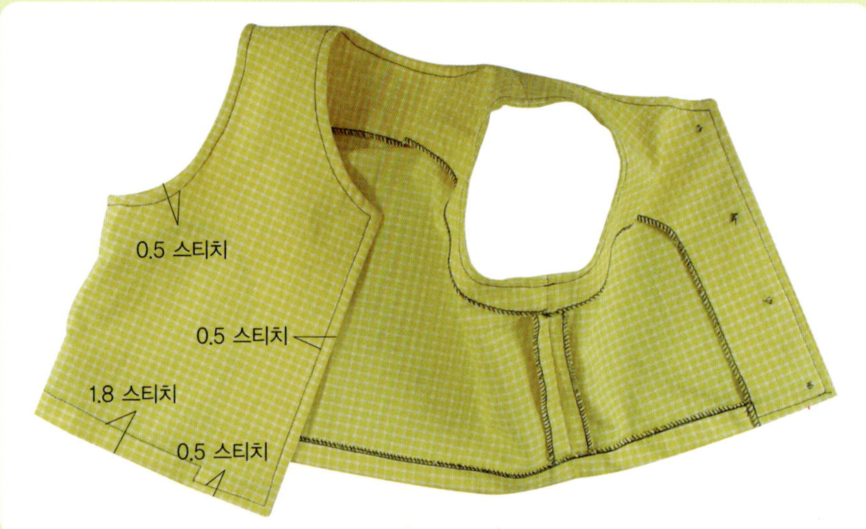

02 밑단선과 앞단, 진동둘레선에 각각 스티치한다.

07 단춧구멍을 만들고 단추를 달아 완성한다.

01 앞 왼쪽에 단춧구멍을 만들고, 앞 오른쪽에 단추를 달아 완성한다.

주 : 여아용의 경우에는 단춧구멍과 단추를 반대로 단다.

반바지 봉제법

01 표시를 한다.

01 이면 쪽에 초크로 표시를 한다.

02 오버록 재봉을 한다.

01 밑단선을 제외하고 앞뒤 판의 주위에 오버록 재봉을 한다.

03 옆선을 박는다.

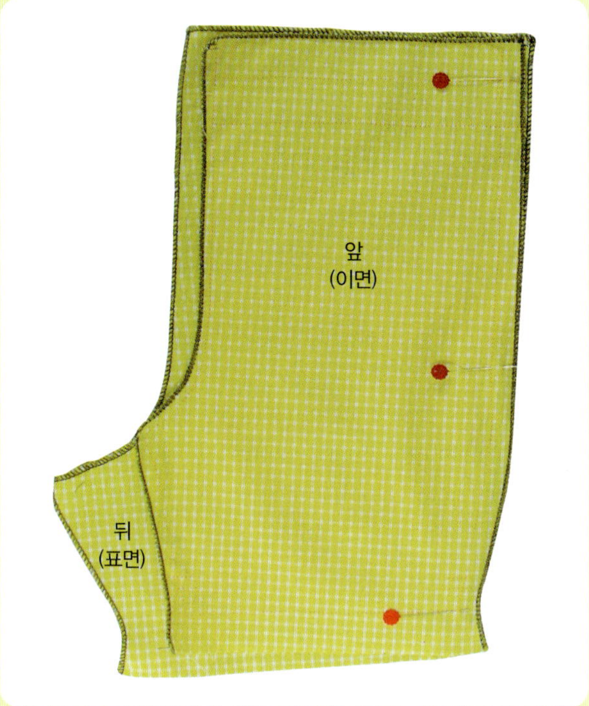

01 앞판과 뒤판을 겉끼리 마주 대어 옆선의 완성선 표시끼리 맞추어 핀으로 고정시킨다.

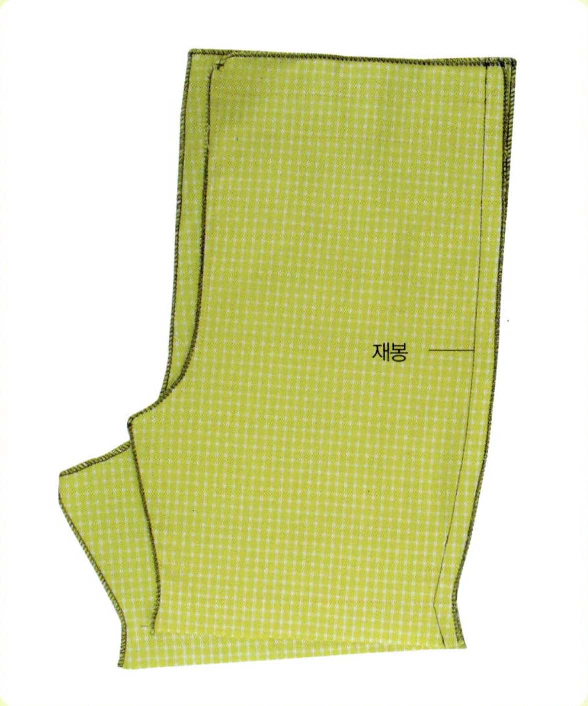

02 옆선의 완성선을 박는다.

주 : 한쪽 옆선은 고무 테이프를 통과시킬 수 있도록 허리선 쪽 안단분의 옆선을 1cm씩 박지 않고 건너뛴다.

03 옆선의 시접을 가른다.

04 안쪽 다리선을 박는다.

01 앞판과 뒤판을 겉끼리 마주 대어 안쪽 다리선의 표시끼리 맞추고 핀으로 고정시킨다.

02 안쪽 다리선을 박는다.

03 시접을 가른다.

05 앞뒤 중심선과 밑둘레선을 박는다.

01 왼쪽은 이면 쪽으로, 오른쪽은 겉쪽으로 뒤집어 놓는다.

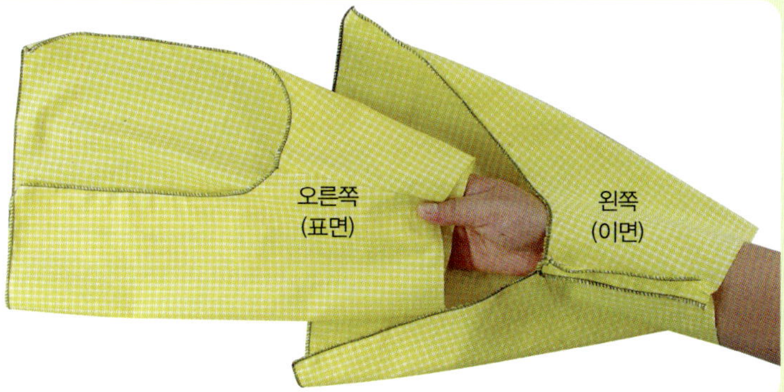

02 왼쪽의 바짓단 쪽으로 손을 넣어, 겉쪽으로 뒤집어 놓은 오른쪽의 바짓단을 잡아당겨 표면끼리 마주 닿도록 맞춘다.

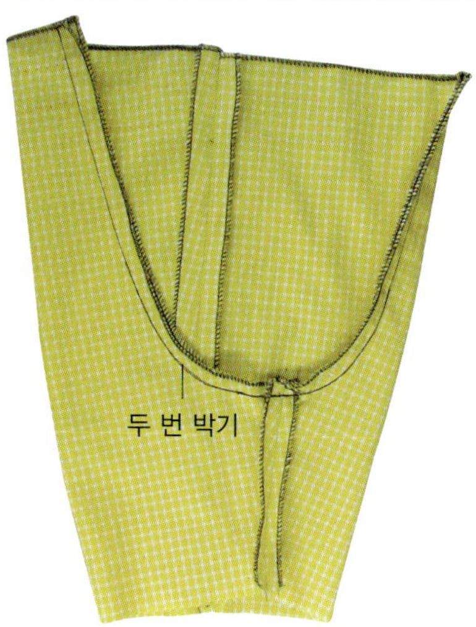

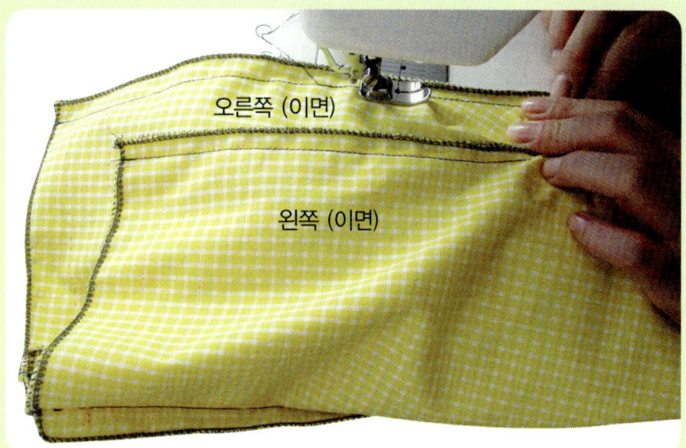

03 좌우 앞뒤 중심선과 밑둘레선을 표시끼리 맞추어 완성선을 박은 다음, 밑둘레선 쪽은 같은 곳을 다시 한 번 더 박아준다.

04 시접을 가른다.

06 허리선을 처리한다.

01 허리선 쪽의 안단을 완성선에서 이면 쪽으로 접어 내리고 핀으로 고정시킨다.

02 허리선에서 1cm 폭으로 두 줄 스티치한다.

03 한쪽 옆선의 안단선에 박지 않고 남겨두었던 곳으로 1cm 폭의 고무 테이프 40cm를 각각 끼우고, 테이프 끝에서 1cm 겹쳐 감칠질로 고정시킨다.

07 바짓단 선을 처리한다.

01 바짓단 선의 시접에 오버록 재봉을 한다.

02 바짓단 완성선에서 이면 쪽으로 접어 올려 핀으로 고정시키고 2~2.3cm 폭으로 스티치한다.

03 완성.

13 셔츠와 청바지 (12~24개월 전후용)

캐주얼 스타일의 대표적인 디자인으로, 반소매, 긴소매 셔츠 모두 코디하기 쉽고 세탁이 용이하다. 청바지는 셔츠와 같은 소재로 만들면 싫증나지 않는 셔츠 수트 한 벌이 된다. 천의 두께를 조절하면 사계절 착용도 가능하다. 또 청바지에 좋아하는 캐릭터를 붙이면 멋스러움을 더해줄 수 있다.

소재

- 셔츠는 면 100%의 체크무늬나 옥스퍼드지, 바지는 청지나 면 옥스퍼드지를 선택. 반바지의 경우에는 위아래 한 벌로 해도 좋다.

재료

- 반소매 셔츠, 긴소매 셔츠 : 110cm 폭 67cm
- 반소매 셔츠와 반바지 한 벌의 경우 : 110cm 폭 110cm
- 단추 : 직경 1cm 4개씩
- 반바지 : 110cm 폭 40cm, 긴바지 : 110cm 폭 60cm
- 접착심지 : 90cm 폭 40cm
- 고무 테이프 : 1cm 폭 92cm×2 (긴바지와 반바지)

셔츠 제도법

괄호 안의 숫자는 24개월 전후용

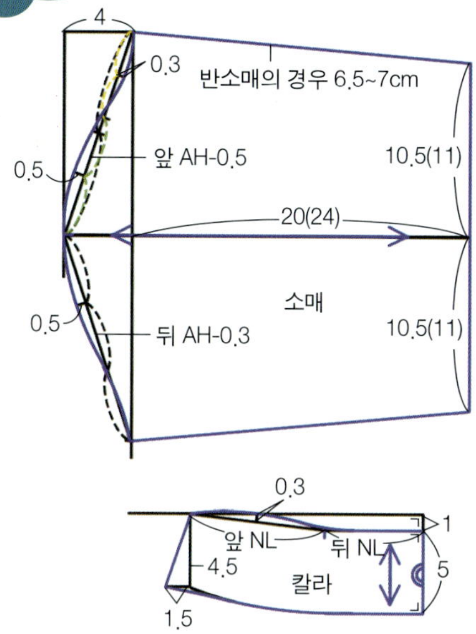

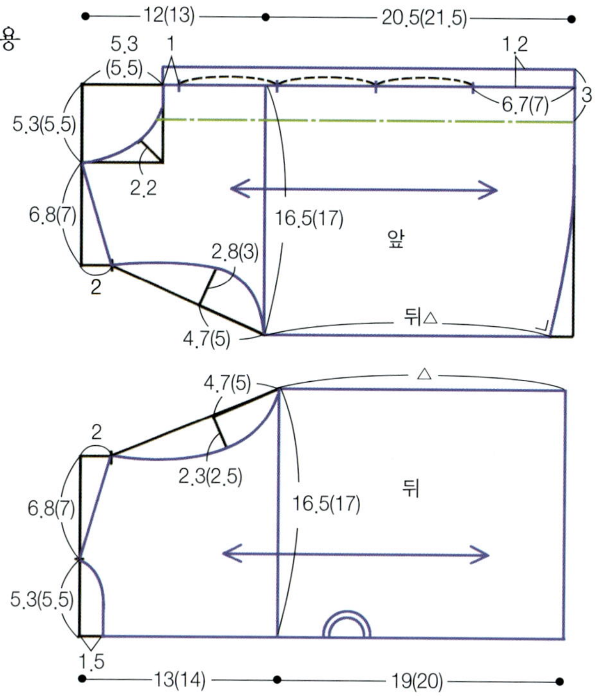

바지 제도법

긴 바지

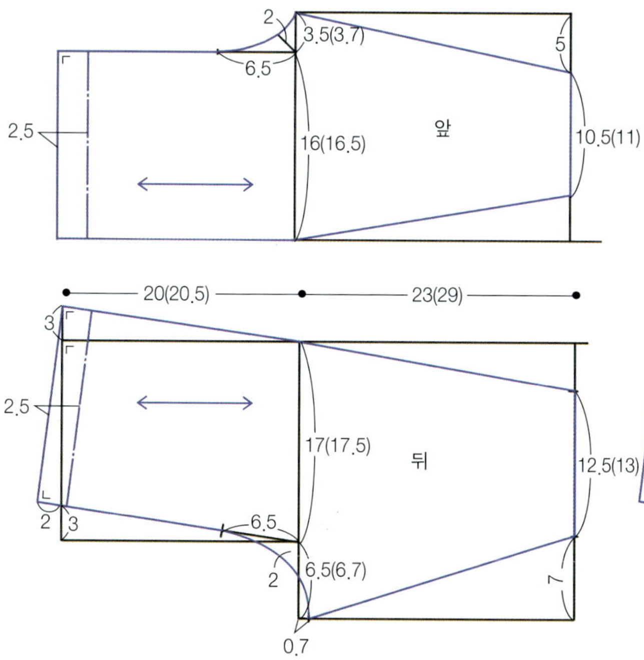

반바지

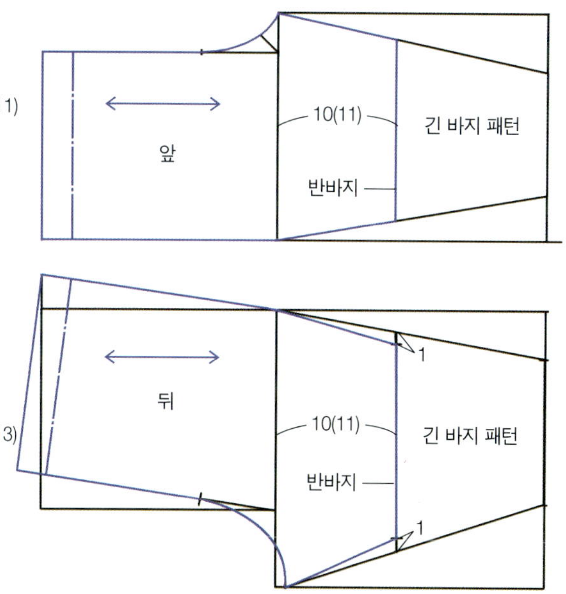

셔츠 재단법

팬츠와 한 벌로 할 경우에는 바지 사용량을 추가한다.

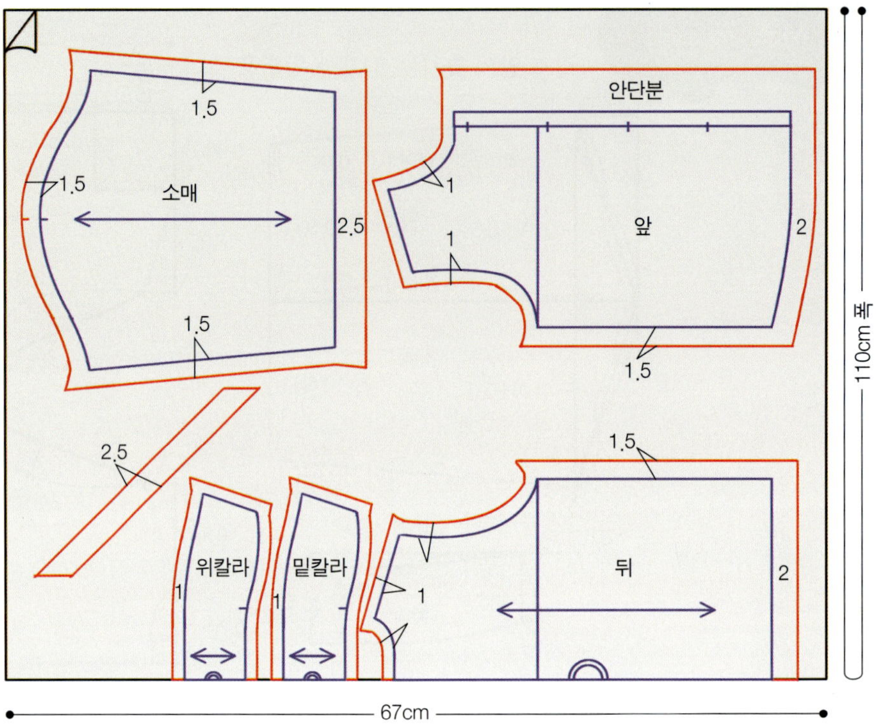

바지 재단법

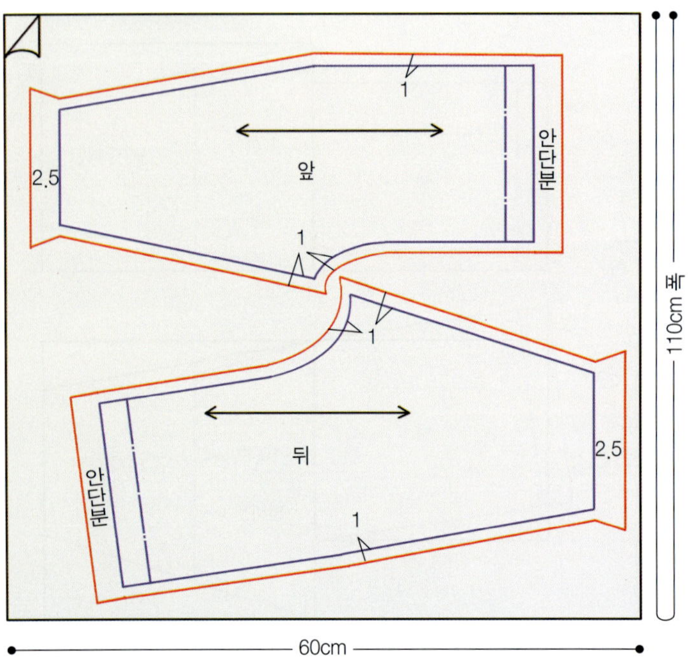

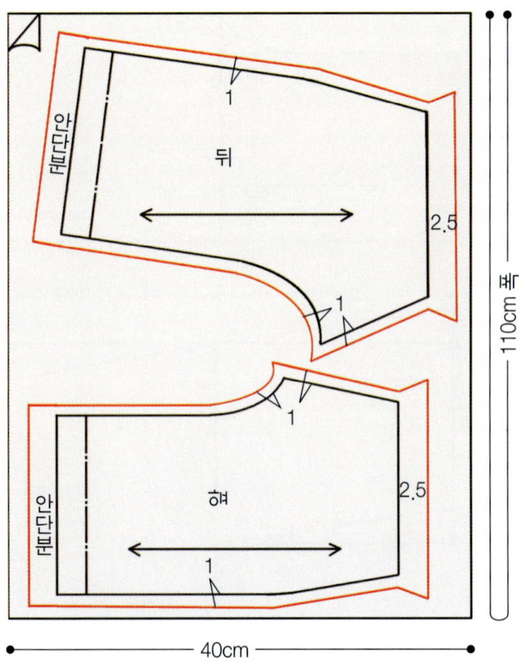

셔츠 봉제법

Sewing Technique

반소매와 긴소매의 봉제법은 동일하다.

01 표시를 하고 접착심지를 붙인다.

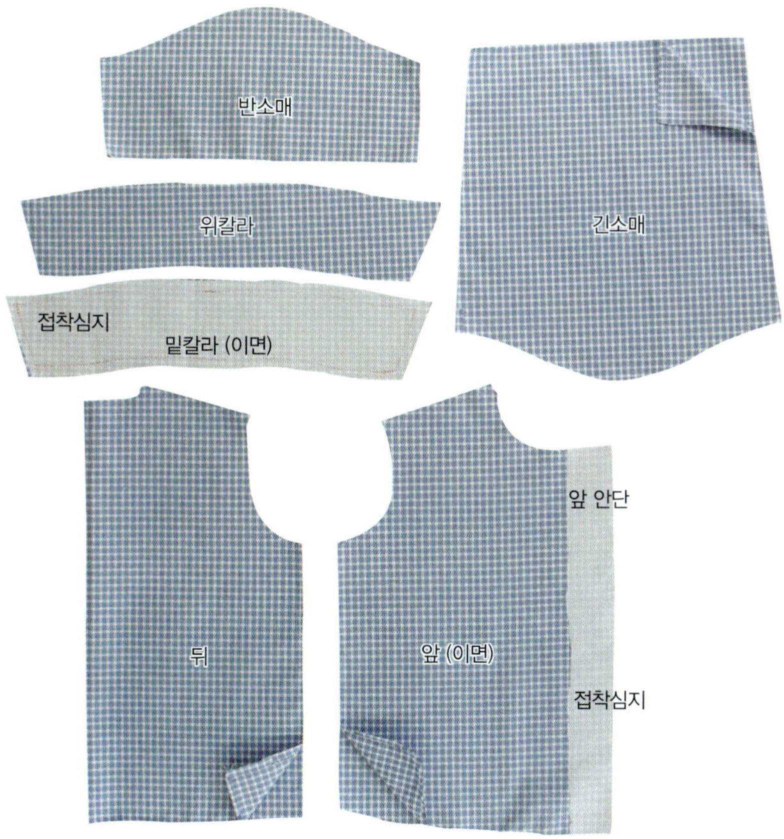

01 이면 쪽 완성선에 초크나 초크페이퍼로 표시를 하고 앞 안단과 밑칼라에 접착심지를 붙인다.

02 오버록 재봉을 한다.

01 앞뒤 몸판의 어깨선과 옆선, 밑단선, 소매 밑선과 소맷단 선에 오버록 재봉을 한다.

03 어깨선을 박는다.

01 앞판과 뒤판을 겉끼리 마주 대어 어깨선의 표시끼리 맞추고 어깨선을 박는다.

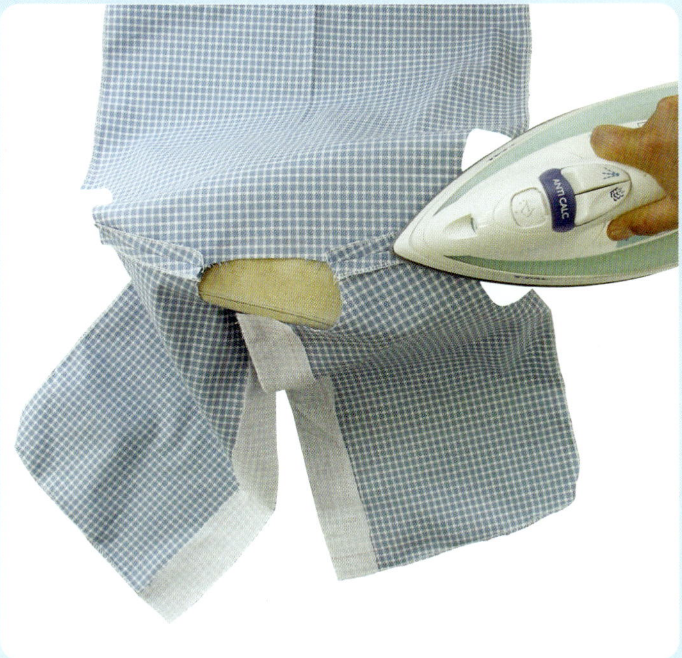

02 시접을 가른다.

04 칼라를 만들어 단다.

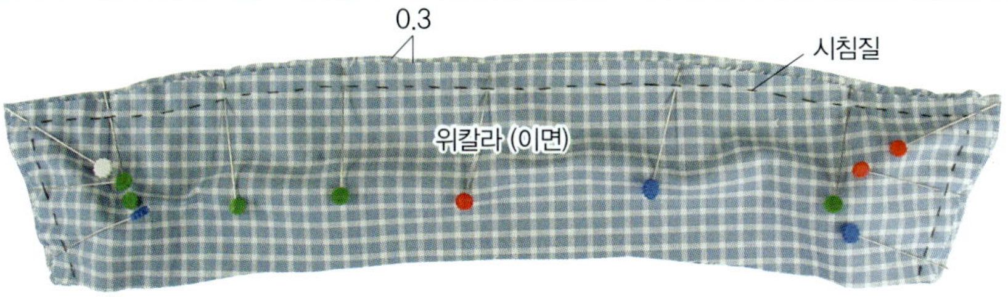

01 위칼라와 밑칼라를 겉끼리 마주 대어 위칼라 시접을 밑칼라 시접 끝에서 0.3cm 차이지게 안쪽으로 밀어 핀으로 고정시키고, 위칼라의 완성선에 시침질한다.

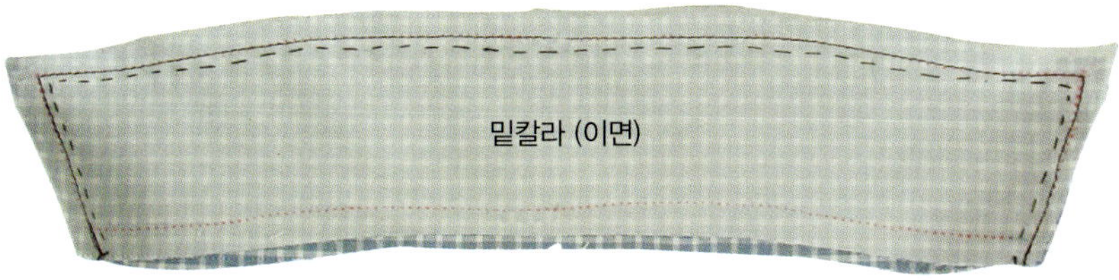

02 밑칼라의 완성선을 박는다.

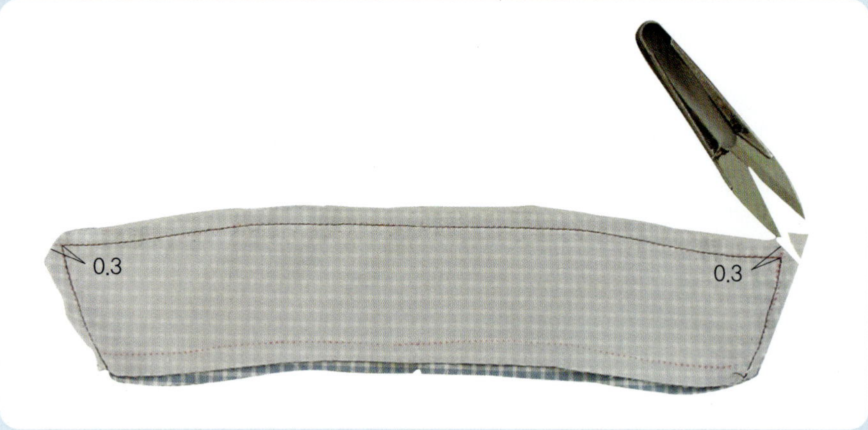

03 칼라의 모서리 부분에 시접을 0.3cm 남기고 삼각으로 잘라낸다.

04 밑칼라 쪽이 위로 오게 하여 시접을 가른다.

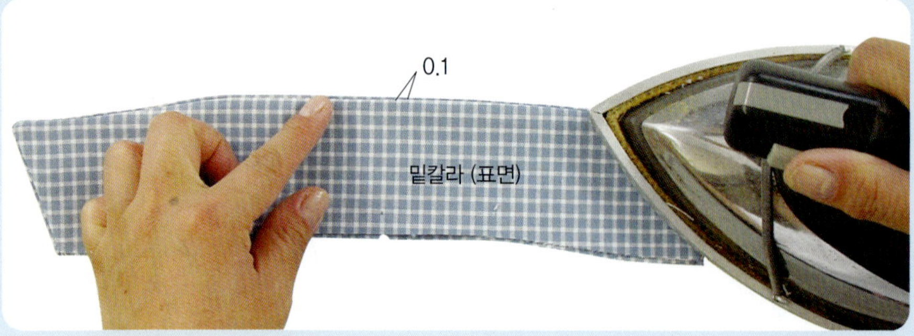

05 겉으로 뒤집어서 밑칼라를 0.1cm 차이지게 안쪽으로 밀어 다림질한다.

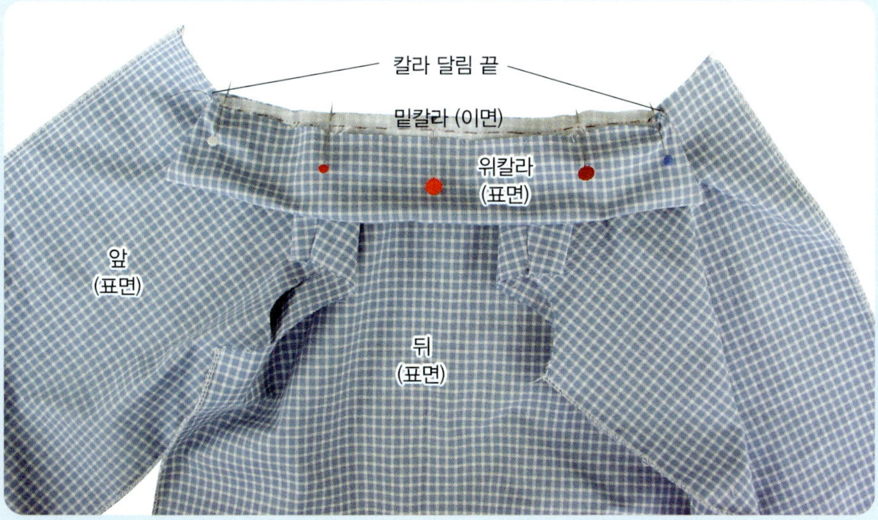

06 몸판의 표면 위에 밑칼라를 마주 대어 칼라 달림 끝, 옆목점, 뒤 목점의 표시끼리 맞추어 핀으로 고정시키고, 완성선에서 0.1cm 시접 쪽에 위칼라를 피해 밑칼라 쪽만 시침질한다.

07 위칼라를 피해 밑칼라의 완성선을 박는다.

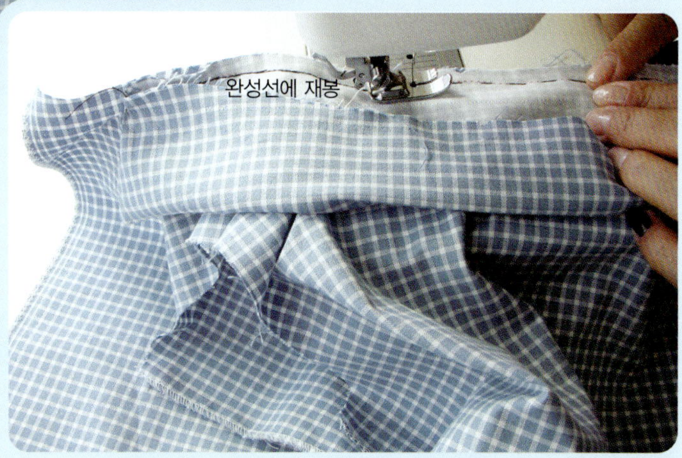

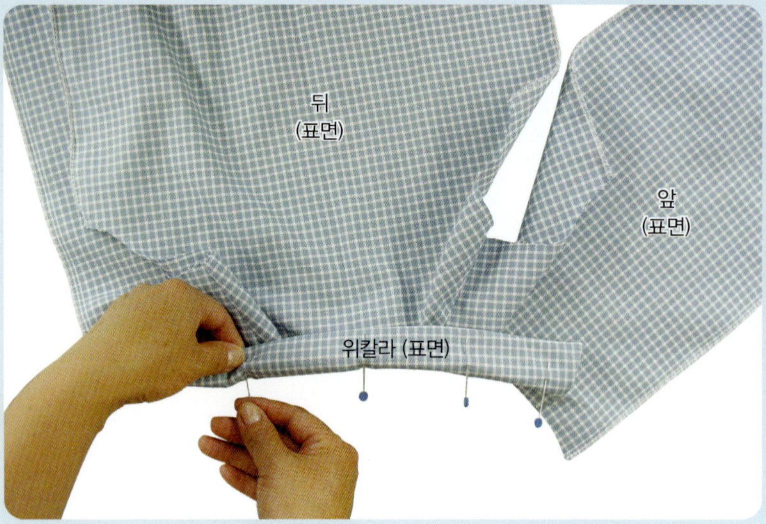

08 칼라를 접어 위칼라에 여유분을 넣고 핀으로 고정시킨다.

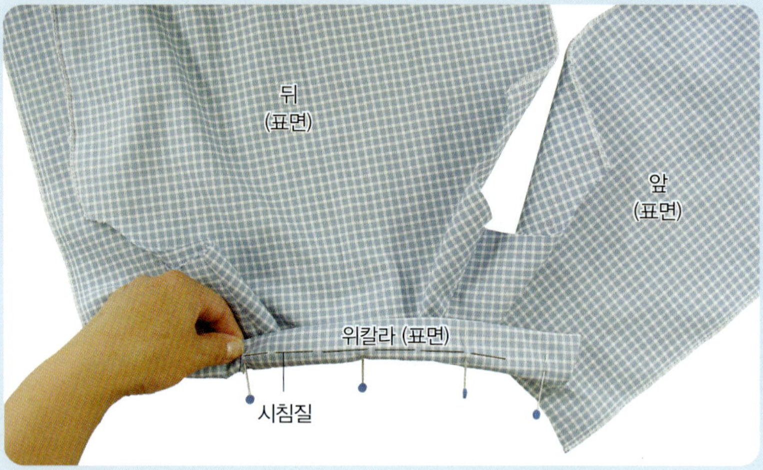

09 여유분이 움직이지 않도록 시침질로 고정시킨다.

10 좌우 앞 안단을 위칼라 위쪽으로 앞 여밈 완성선에서 접어 넘기고 핀으로 고정시킨다.

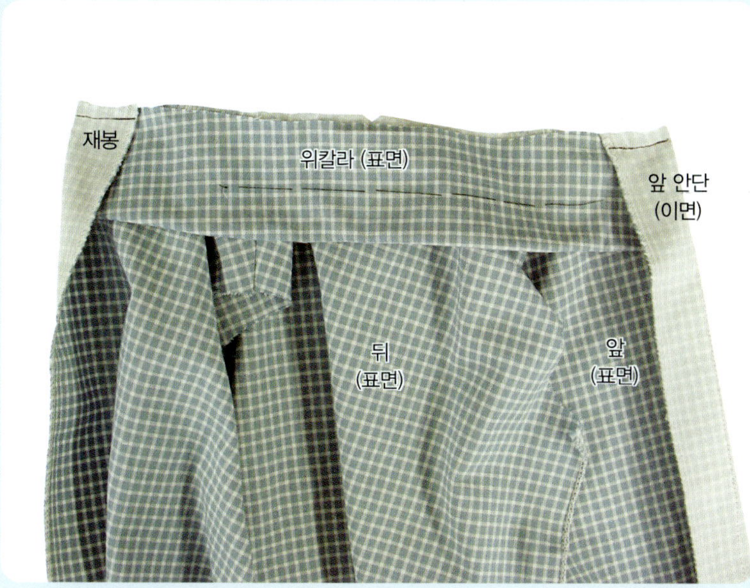

11 좌우 앞 안단을 박아 고정시킨다.

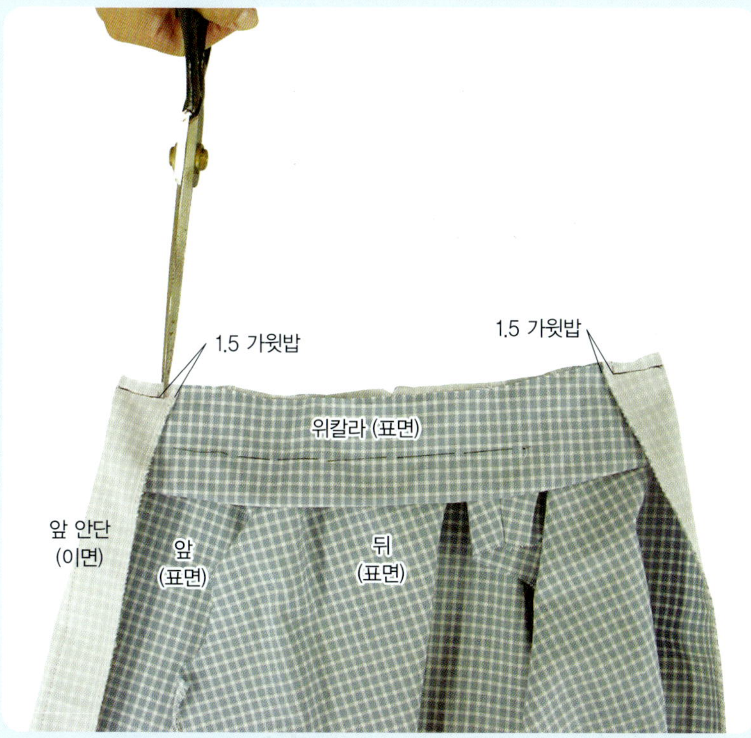

12 좌우 안단의 단 끝에서 1.5cm 들어간 곳에 완성선의 0.1cm 전까지 몸판, 칼라 안단 4장에 함께 가윗밥을 넣는다.

13 앞 안단을 겉으로 뒤집어서 안단 쪽의 시접은 몸판 쪽으로 내리고, 좌우 가윗밥을 넣은 곳까지는 시접을 칼라 쪽으로 모두 넘기고, 밑칼라의 박은 선에 맞추어 위칼라의 시접을 접어 넣고 시침질로 고정시킨다.

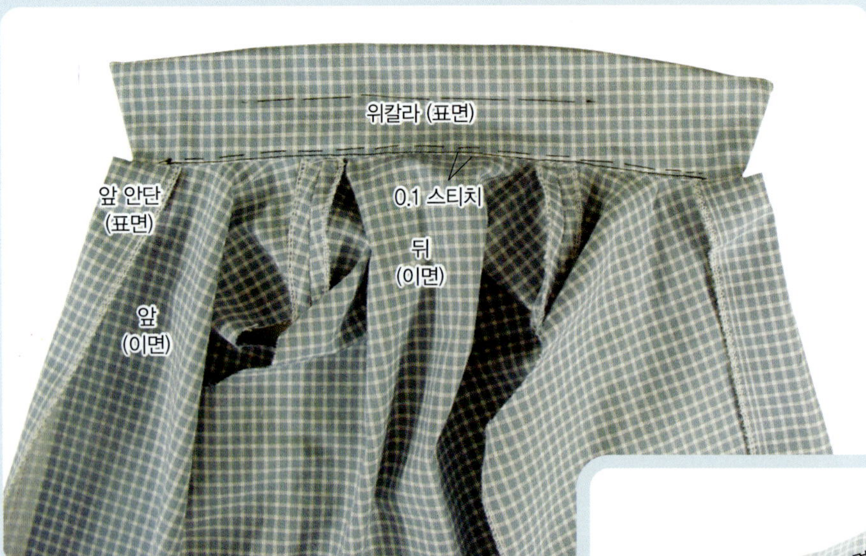

14 위칼라 쪽의 시접을 접어 넣은 곳에서 0.1cm에 스티치한다.

05 소매를 단다.

01 몸판과 소매를 겉끼리 마주 대어 표시끼리 맞추고 완성선을 박는다.

02 시접을 두 장 함께 오버록 재봉한다.

03 시접을 몸판 쪽으로 넘기고 겉쪽에서 0.5cm 폭으로 스티치한다.

06 소매 밑선과 옆선을 박는다.

01 소매 밑선과 옆선을 한 번에 이어서 박는다.

02 시접을 가른다.

07 밑단선과 소맷단 선을 처리한다.

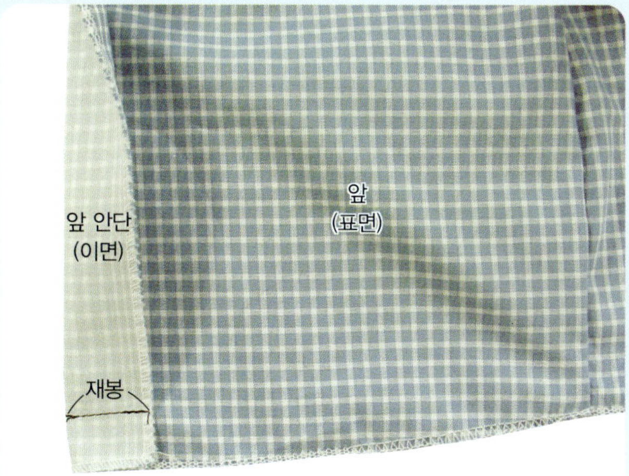

01 앞 안단을 겉끼리 마주 대어 밑단의 완성선을 박는다.

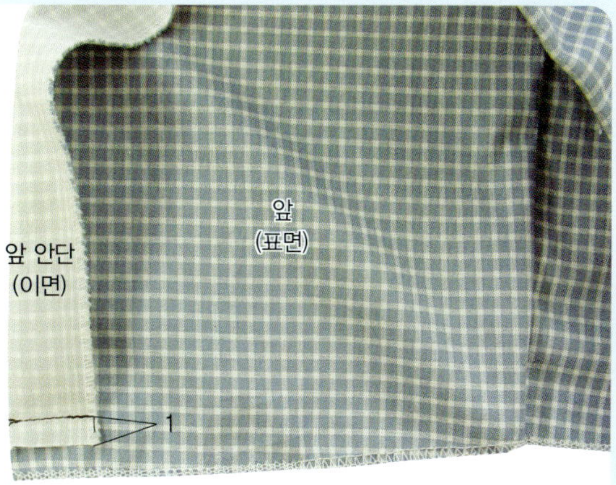

02 안단의 시접만을 1cm 남기고 잘라낸다.

03 밑단선 쪽의 앞 안단을 겉으로 뒤집은 다음, 밑단과 소맷단을 완성선에서 접어 올리고 시접 끝에서 0.7cm 내려온 곳에 시침질한다.

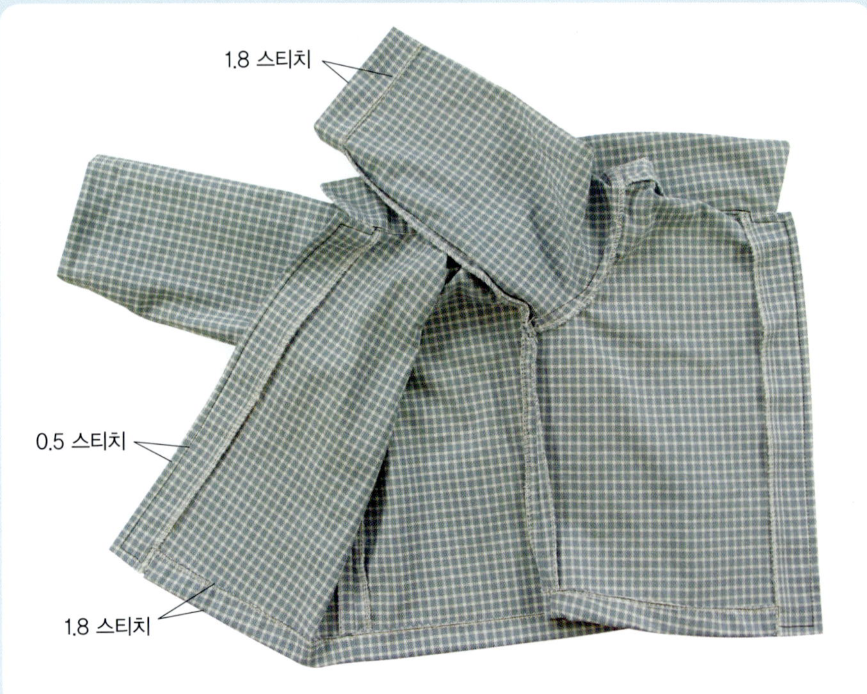

04 겉쪽에서 앞단은 0.5cm 폭으로, 밑단선과 소맷단 선은 1.8cm 폭으로 스티치한다.

08 단춧구멍을 만들고 단추를 단다.

01 앞 왼쪽에 단춧구멍을 만들고, 앞 오른쪽에 단추를 달아 완성한다.

반바지 봉제법

Sewing Technique

긴바지와 반바지의 봉제법은 동일하다.

01 표시를 한다.

01 완성선에 실표뜨기나 초크로 표시를 한다.

02 오버록 재봉을 한다.

01 앞뒤 판의 시접 모두에 겉쪽에서 오버록 재봉을 한다.

03 옆선을 박는다.

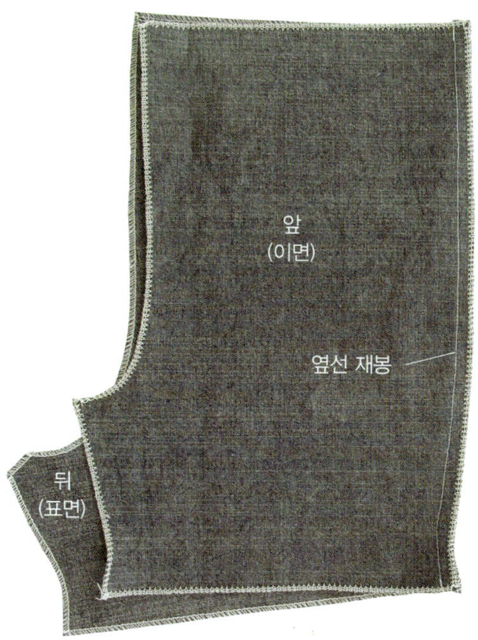

01 앞판과 뒤판을 겉끼리 마주 대어 옆선의 완성선을 박는다.

02 앞뒤 판의 옆선 시접을 두 장 함께 뒤판 쪽으로 넘긴다.

03 겉쪽에서 0.1cm와 0.8cm에 두 줄 스티치한다.

04 앞뒤 중심선과 밑둘레선을 박는다.

01 뒤판을 겉끼리 마주 대어 뒤 중심선과 뒤 밑둘레선의 표시끼리 맞추고 완성선을 박는다. 이때 허리선 쪽의 안단분 뒤 중심선은 고무 테이프를 끼울 수 있도록 2cm 박지 않고 건너뛴다.

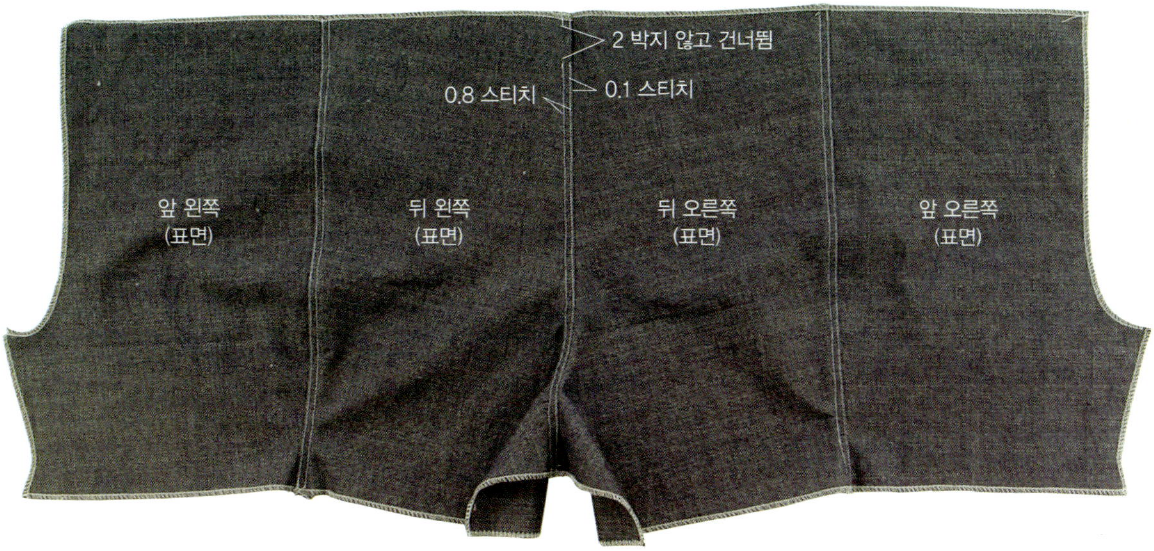

02 뒤 중심선과 밑둘레선 시접을 두 장 함께 뒤 왼쪽으로 넘기고, 겉쪽에서 0.1cm와 0.8cm에 두 줄 스티치한다. 이때 허리선 쪽의 안단분 뒤 중심선은 고무 테이프를 끼울 수 있도록 2cm 박지 않고 건너뛴다.

03 같은 방법으로 앞판을 겉끼리 마주 대어 앞 중심선과 앞 밑둘레선의 표시끼리 맞추어 완성선을 박은 다음, 시접을 두 장 함께 앞 왼쪽으로 넘기고 겉쪽에서 0.1cm와 0.8cm에 두 줄 스티치한다.

05 밑아래 안쪽 다리선을 박는다.

01 앞판과 뒤판을 겉끼리 마주 대어 밑아래 안쪽 다리선 표시끼리 맞추고 완성선을 박는다.

02 시접을 가른다.

06 밑단선을 처리한다.

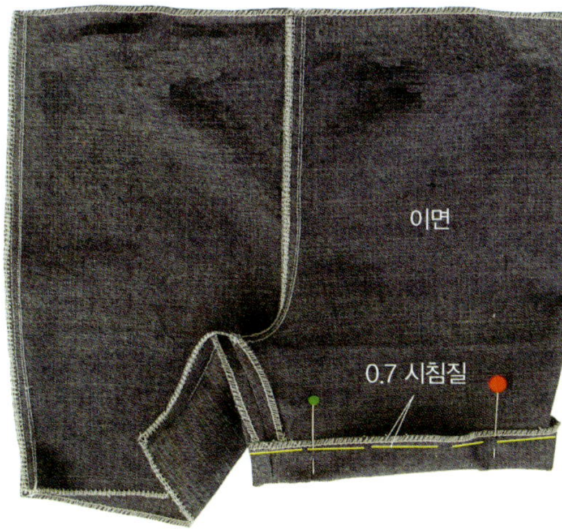

01 밑단선 시접을 완성선에서 접어 올리고 핀으로 고정시킨 다음, 시접 끝에서 0.7cm 내려온 곳에 시침질한다.

02 재봉틀에 밑단선의 스티치 폭 2.3cm에 맞추어 어태치먼트를 끼운다.

03 밑단의 완성선에서 2.3cm 폭으로 겉쪽에서 스티치한 다음, 다시 어태치먼트를 1.5cm 폭에 맞추어 끼우고, 밑단의 완성선에서 1.5cm 폭으로 다시 한 줄 스티치한다.

07 허리선을 처리한다.

01 허리선 쪽의 시접을 완성선에서 접어 내리고 시접단 끝에서 0.7cm 올라간 곳에 시침질로 고정시킨다.

02 허리 완성선에서 1.2cm 폭으로 겉쪽에서 두 줄 스티치한다.

03 1cm 폭의 고무 테이프 41cm를 준비하여 허리선에 두 줄 고무 테이프를 끼운 다음, 고무 테이프 끝을 1cm 겹쳐 감침질로 고정시킨다.

04 감침질한 부분의 고무 테이프가 안으로 들어가면서 허리선이 고르게 잡히도록 허리선 쪽에 양손을 넣고 당겨준다.

14 후드셔츠와 긴 바지

(12~24개월 전후용)

신축성이 좋은 트레이너지의 후드가 달린 셔츠와 바지 한 벌은 착용자와 돌보는 사람의 피로를 덜어주어 편리하다. 이 옷은 조금 먼 길을 떠날 때 꼭 필요한 아이템이다.

소재

■ 활동하기 편하도록 신축성이 있는 트레이너지 또는 면 프린트 저어지의 중간 두께 것이 적합하다.

재료

■ 150cm 폭 90cm, 혹은 110cm 폭 120cm
■ 접착심지
■ 고무 테이프 : 1cm 폭 70cm
■ 단추 : 직경 1.2cm 4개

후드 셔츠 제도법

앞뒤 몸판과 소매는 p. 139의 셔츠 패턴을 사용하고, 후드는 제도한다.

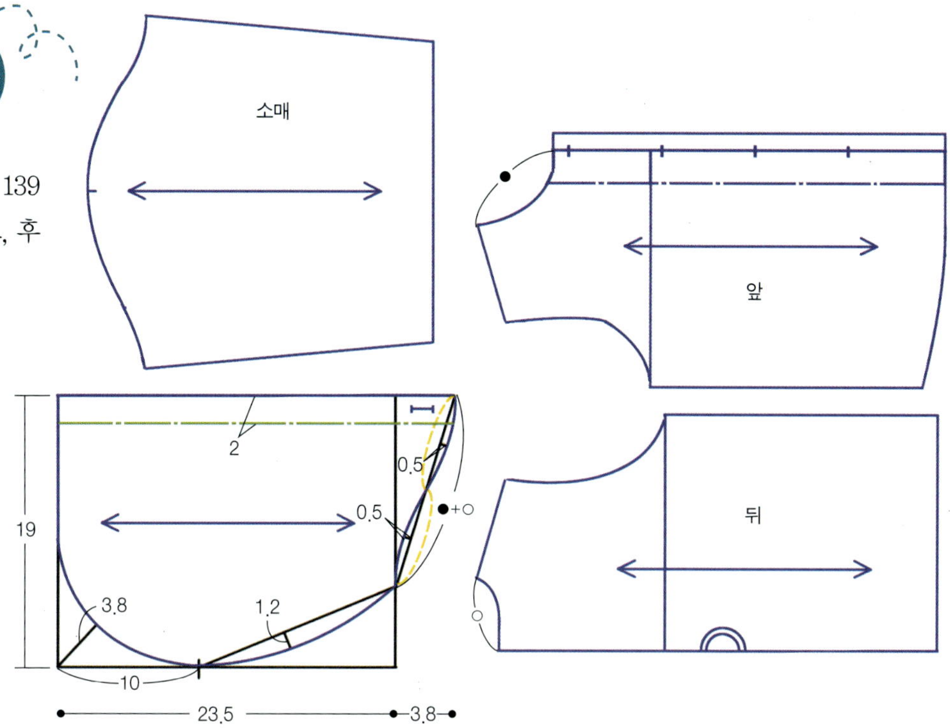

긴 바지 제도법

p. 139의 긴 바지 패턴을 사용한다.

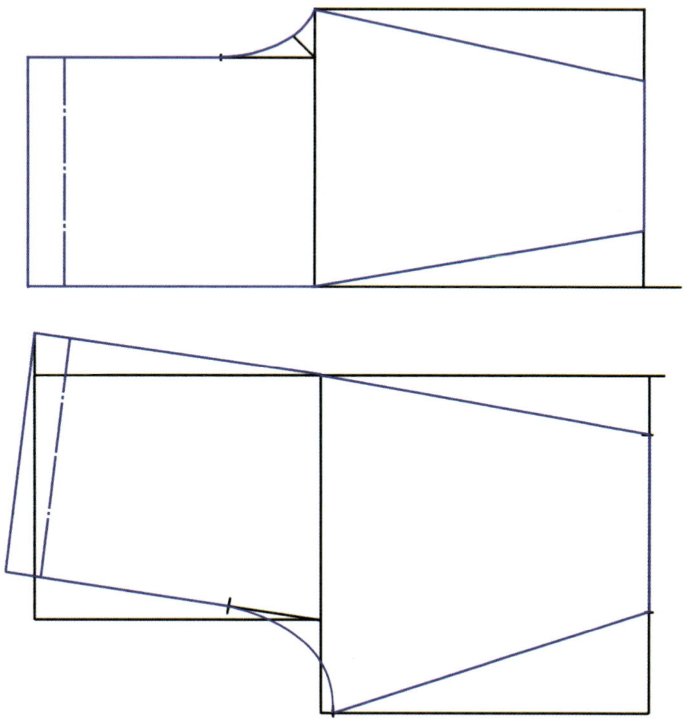

후드 셔츠와 긴 바지 재단법

(110cm 폭의 경우)

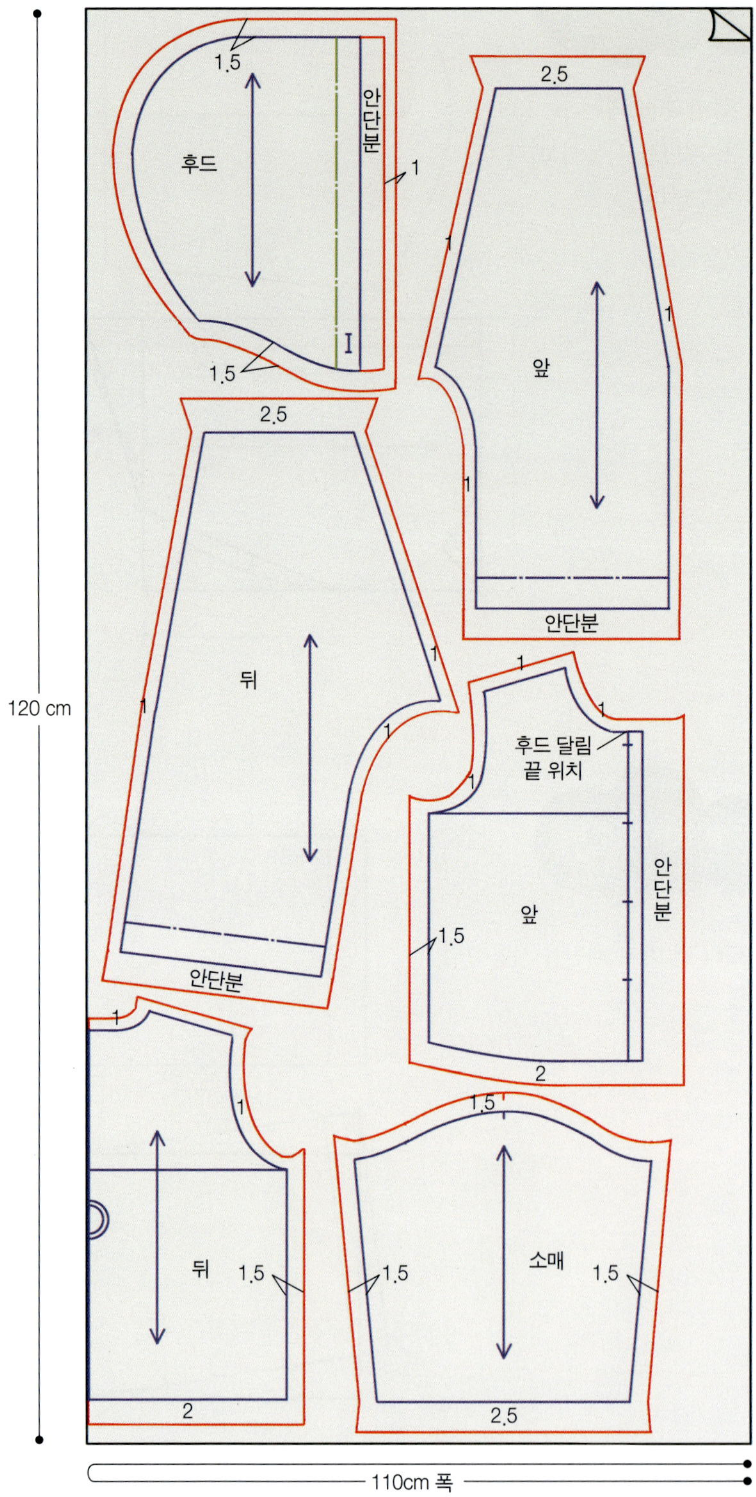

후드 셔츠와 긴 바지 재단법

(150cm 폭의 경우)

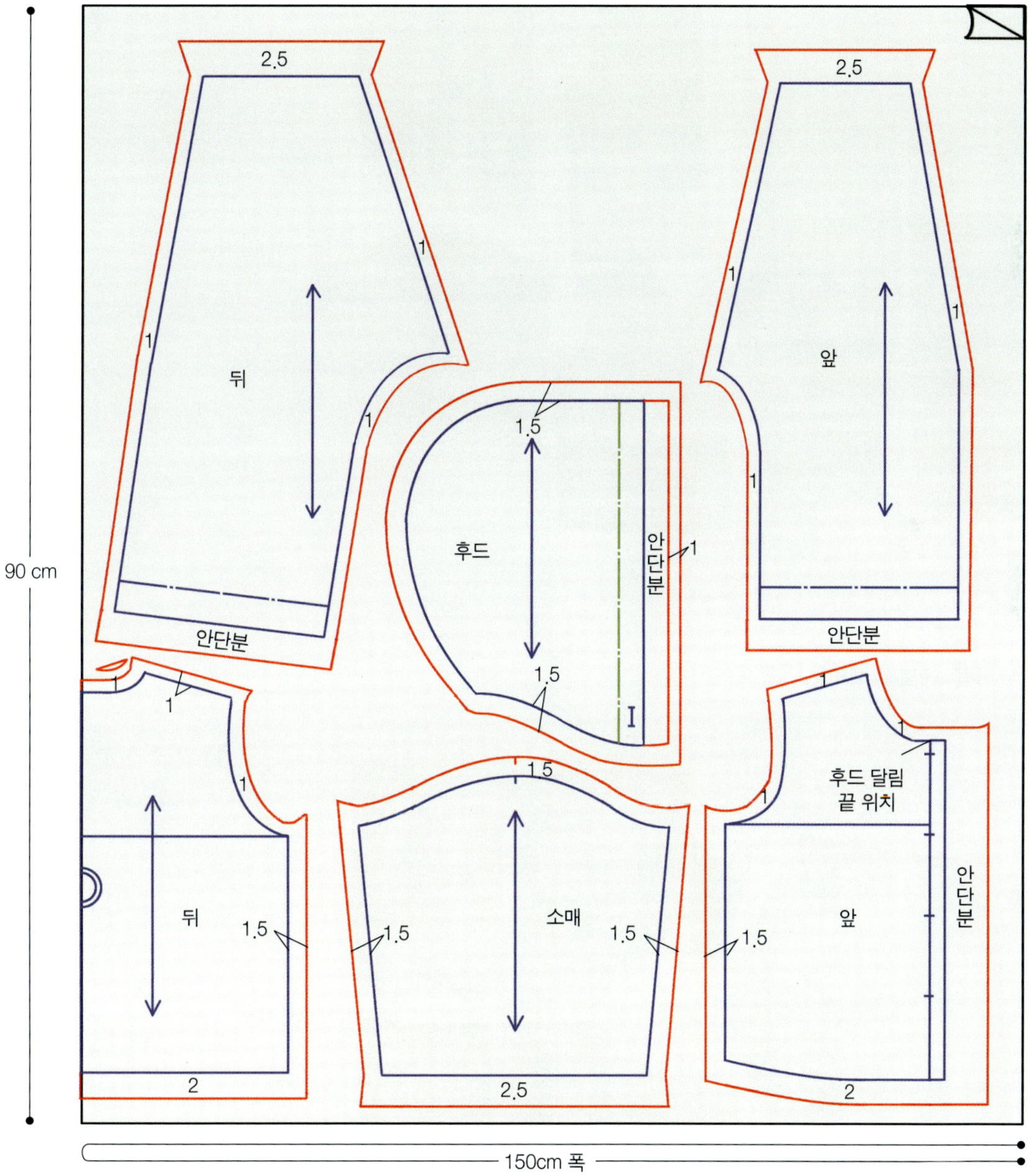

01 표시를 하고 앞 몸판의 안단에 접착심지를 붙인다.

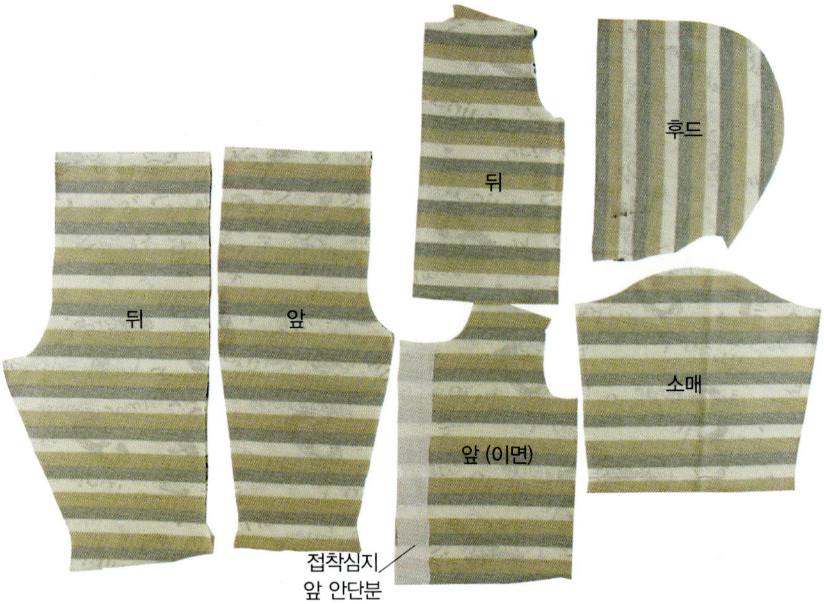

01 후드 셔츠의 앞뒤 몸판과 소매, 후드, 긴 바지의 앞뒤 완성선에 표시를 하고, 앞 안단의 이면에 접착심지를 붙인다.

02 오버록 재봉을 한다.

01 앞뒤 몸판의 어깨선과 옆선, 앞 안단, 소매 밑선에 오버록 재봉을 한다.

03 후드를 만든다.

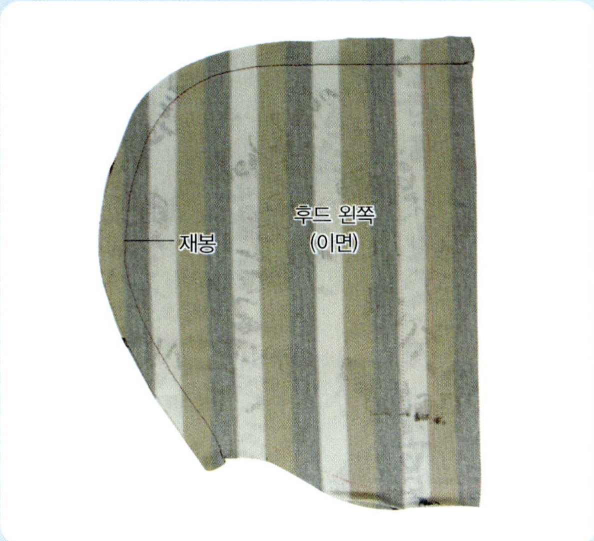

01 좌우 후드를 겉끼리 마주 대어 완성선을 박는다.

02 왼쪽의 시접만 0.5cm로 정리한다.

03 시접폭이 넓은 오른쪽의 시접으로 왼쪽 시접을 감싸 접는다.

04 감싼 시접을 왼쪽으로 넘긴다.

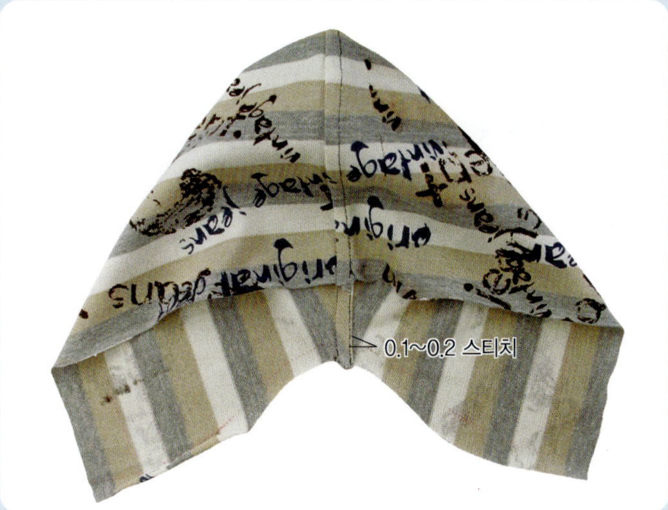

05 감싼 시접 끝에서 0.1~0.2cm 폭으로 스티치한다.

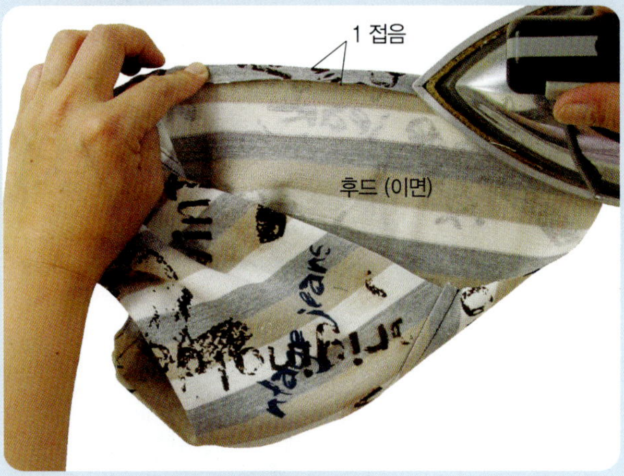

06 후드의 앞단 쪽 시접을 1cm 접는다.

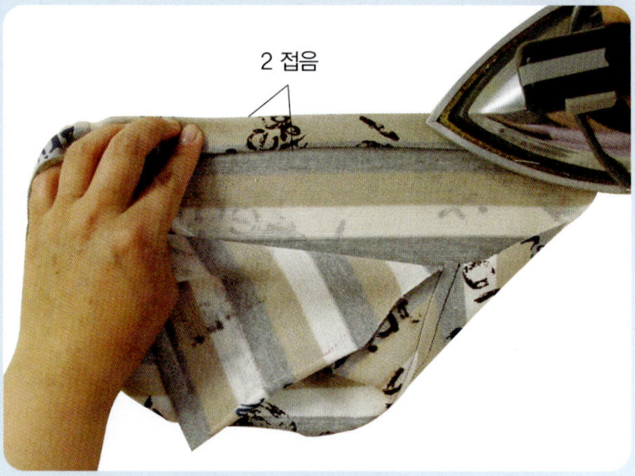

07 후드의 앞단 완성선에서 다시 한 번 접는다.

08 1.8cm 폭으로 스티치한다.

04 몸판의 어깨선을 박는다.

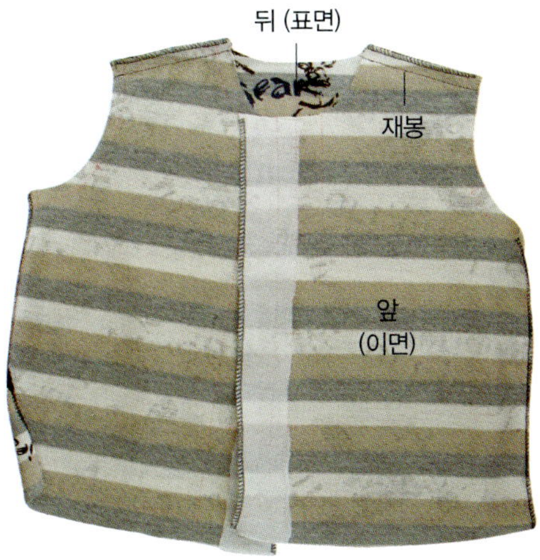

01 앞뒤 몸판을 겉끼리 마주 대어 어깨선을 박는다.

02 시접을 가른다.

05 후드를 단다.

01 몸판과 후드를 겉끼리 마주 대어 몸판과 후드의 표시끼리 맞추고 시침질로 고정 시킨 다음, 앞 안단을 겉끼리 마주 대어 앞단 선에서 접고 시침질로 고정시킨다.

02 완성선을 박는다.

03 후드의 시접으로 몸판 시접을 감싸 몸판 쪽으로 넘기고 시침질로 고정시킨 다음, 앞 안단을 겉으로 뒤집어 고정시킨다.

04 03〉에서 감싸 시침질한 후드 시접 끝에서 0.1cm에 스티치한다.

06 소매를 단다.

01 몸판과 소매를 겉끼리 마주 대어 표시끼리 맞추고 완성선을 박는다.

02 소매와 몸판의 시접을 두 장 함께 오버록 재봉을 한다.

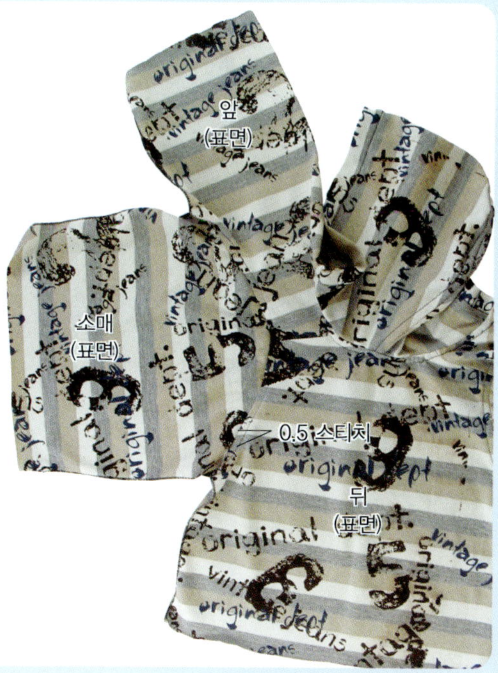

03 시접을 몸판 쪽으로 넘기고 겉쪽에서 0.5cm 폭으로 스티치한다.

07 소매 밑선과 옆선을 박는다.

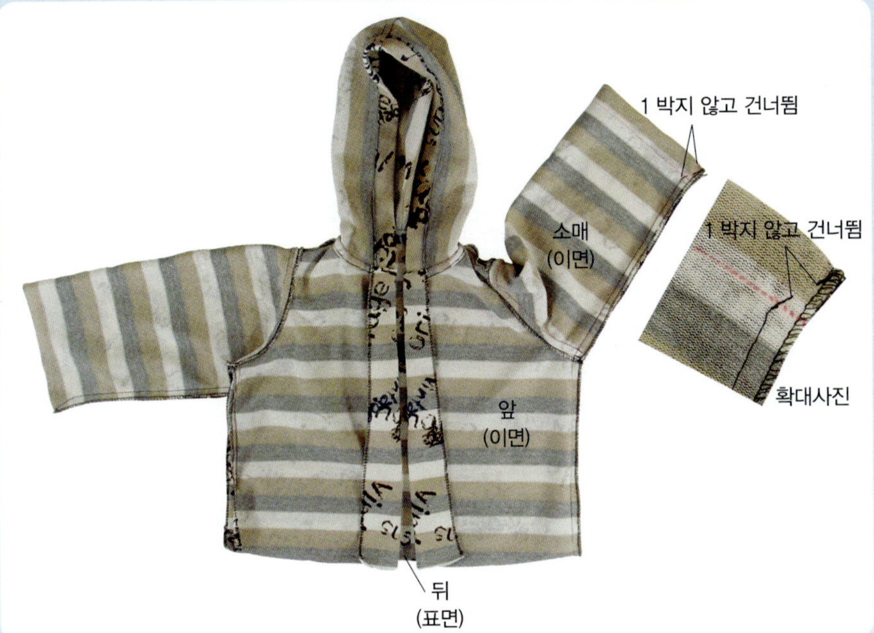

01 소매 밑선과 옆선을 한 번에 이어서 박는다. 이때 소맷단 시접은 고무 테이프를 통과시킬 수 있도록 1cm 남겨 두고 박는다.

02 시접을 가른다.

08 소맷단과 밑단선을 처리한다.

01 소맷단과 밑단선에 오버록 재봉을 한다.

02 앞 안단을 겉끼리 마주 대어 밑단의 완성선을 박는다.

03 앞 안단의 시접을 정리한다.

04 앞 안단을 겉으로 뒤집고 밑단의 완성선에서 접어 올려 스티치한다.

05 소맷단 시접을 완성선에서 접어 올려 스티치한다.

06 소맷단 시접의 박지 않고 남겨둔 곳으로 12cm의 고무 테이프를 끼우고 고무 테이프 끝을 1cm 겹쳐 고정시킨다.

09 단춧구멍을 만들고 단추를 달아 완성한다.

01 앞 왼쪽의 단춧구멍 위치에 단춧구멍을 만들고, 앞 오른쪽의 단추다는 위치에 각각 단추를 단다.

긴 바지 만드는 법

봉제법은 p. 130~137의 반바지 봉제법과 동일하다.

15 재킷 (12~24개월 전후용)

라운드 네크의 긴소매 재킷은 롬퍼즈나 셔츠 위에 입힐 수 있으므로 갑자기 서늘해진 기온에 대비하여 준비해 두는 것이 좋다. 취향에 따라 귀여운 캐릭터가 들어가 있는 프린트지를 사용해도 좋으나 다양하게 코디하려면 무지 쪽이 적합하다.

소재

- 면 100%의 옥스퍼드지나 개버딘, 또는 촘촘하게 짜여진 환편직물 등이 적합하다. (여름철에는 얇은 것을, 봄 · 가을에는 중간 두께의 것을, 겨울철에는 누빔 천으로 해도 좋다.)

재료

- 110cm 폭 76cm, 150cm 폭 60cm
- 단추 : 직경 1.2cm 4개
- 접착심지

제도법

괄호 안의 숫자는 24개월 전후용

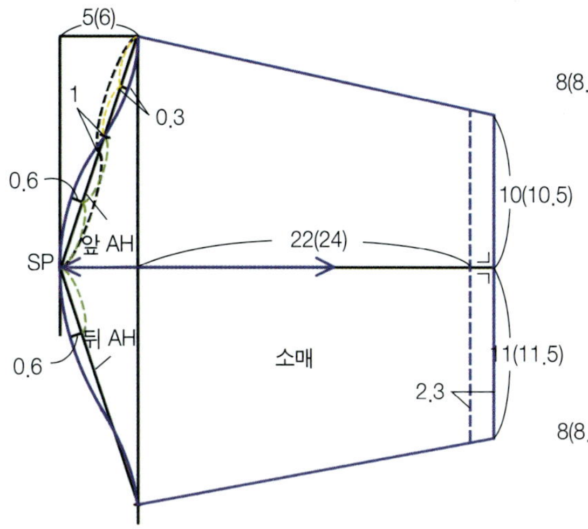

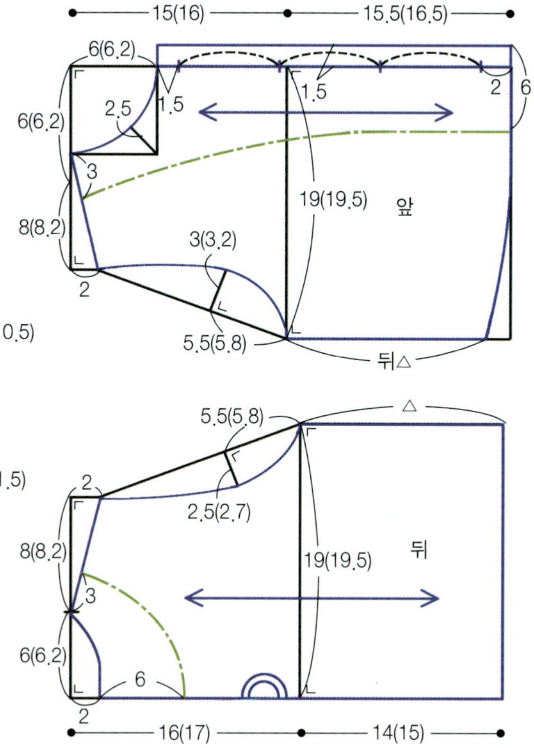

재단법

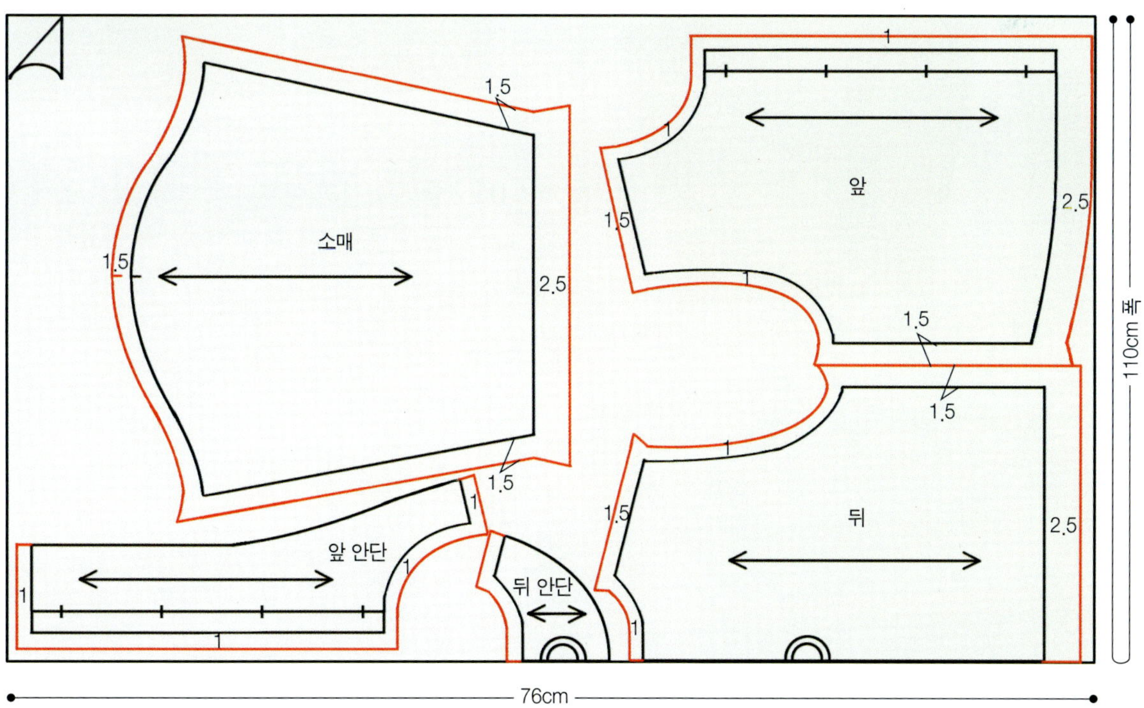

01 표시를 한다.

01 앞뒤 안단과 앞 몸판의 앞 여밈분에 접착심지를 붙이고 표시를 한다.

02 오버록 재봉을 한다.

01 앞뒤 몸판의 어깨선과 옆선, 앞뒤 소매 밑선, 앞뒤 안단의 바깥쪽 선에 오버록 재봉을 한다.

03 어깨선을 박는다.

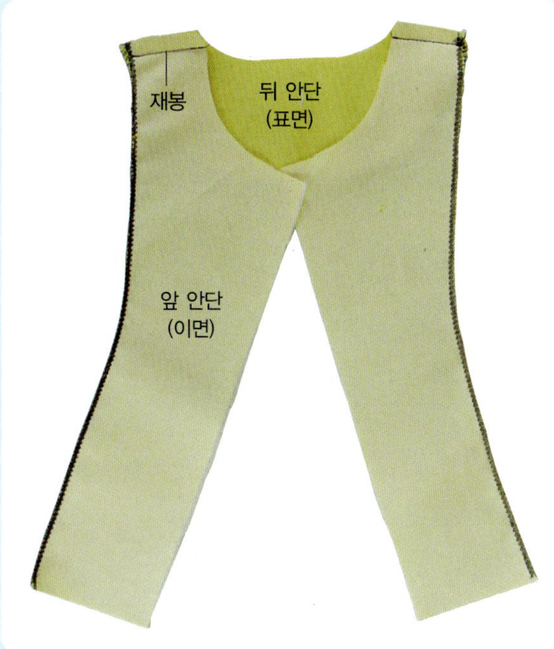

01 몸판과 안단을 각각 겉끼리 마주 대어 어깨선 표시끼리 맞추고 어깨선을 박는다.

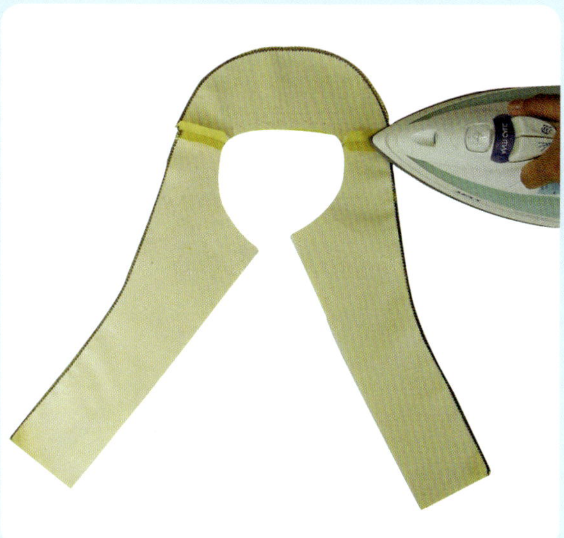

02 몸판과 안단의 어깨선 시접을 가른다.

04 목둘레선과 앞단을 처리한다.

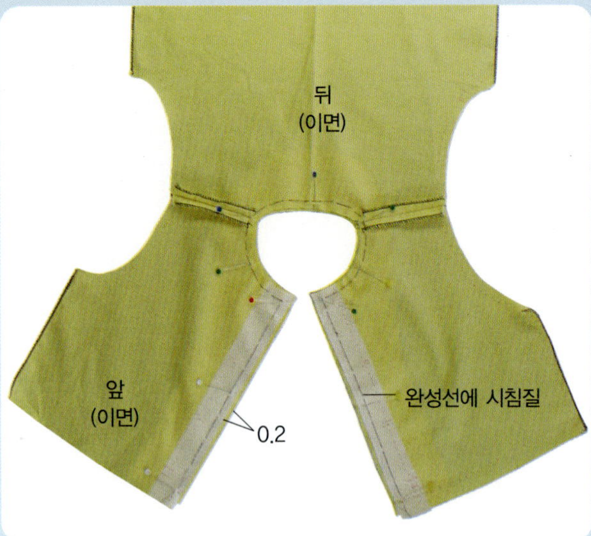

01 몸판의 시접을 안단의 시접에서 0.2cm 안쪽으로 차이지게 밀어 핀으로 고정시키고, 몸판의 완성선을 따라 시침질한다.

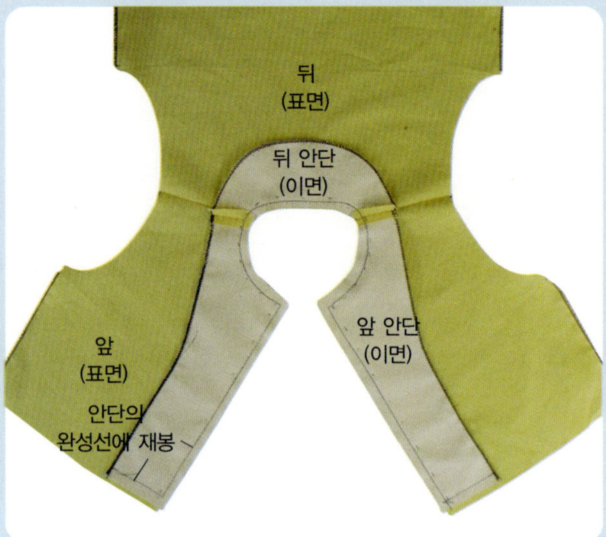

02 안단의 완성선을 박는다.

03 목둘레선의 곡선 부분에 가윗밥을 넣는다.

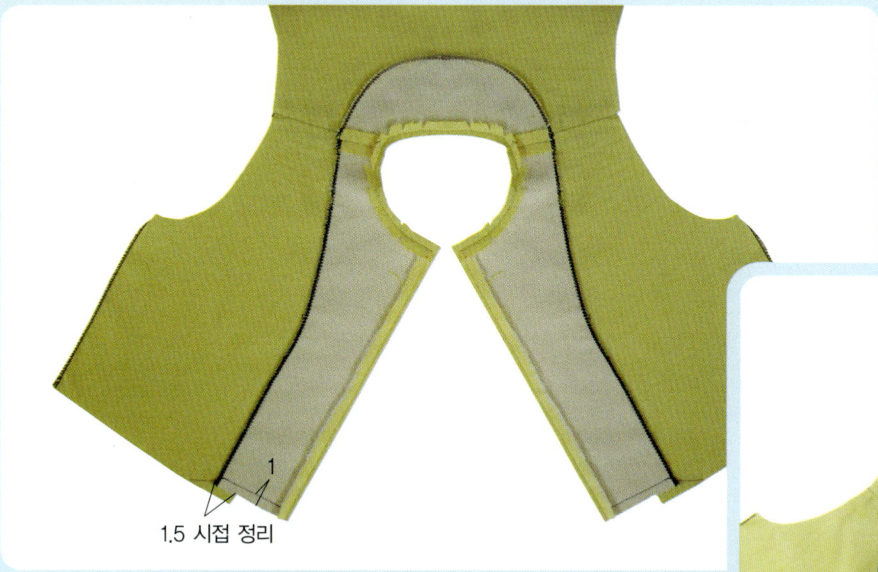

04 앞 안단분 쪽 시접을 정리하고 안단 쪽이 위로 오게 하여 시접을 가른다.

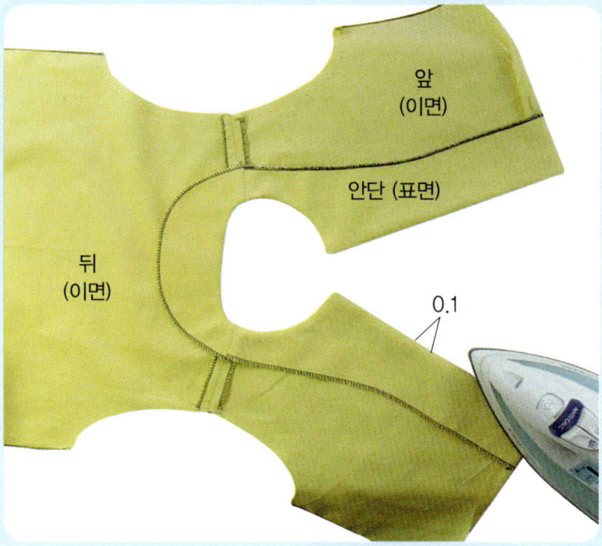

05 겉으로 뒤집어서 안단을 0.1cm 차이지게 안쪽으로 밀어 다림질한다.

06 어깨선 쪽의 안단을 몸판의 어깨선 시접에 감침질로 고정시킨다.

05 소매를 단다.

01 몸판과 소매를 겉끼리 마주 대어 맞춤표시끼리 맞추어 핀으로 고정시킨다.

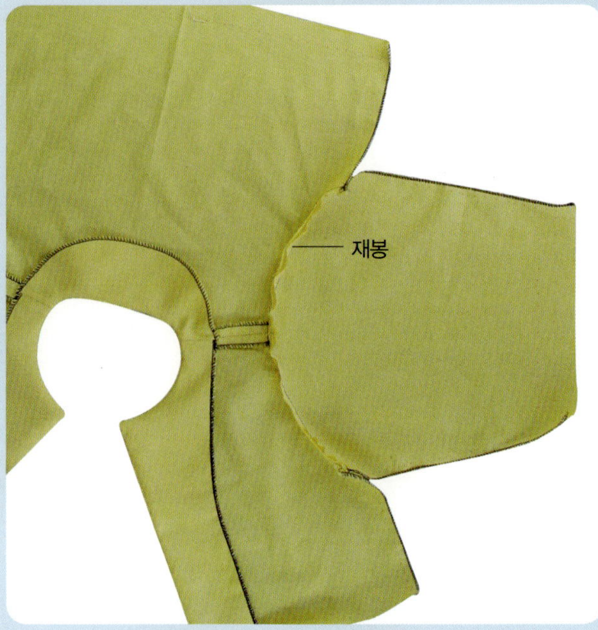

02 완성선을 박는다.

03 몸판과 소매의 진동둘레선 시접을 두 장 함께 오버록 재봉을 한다.

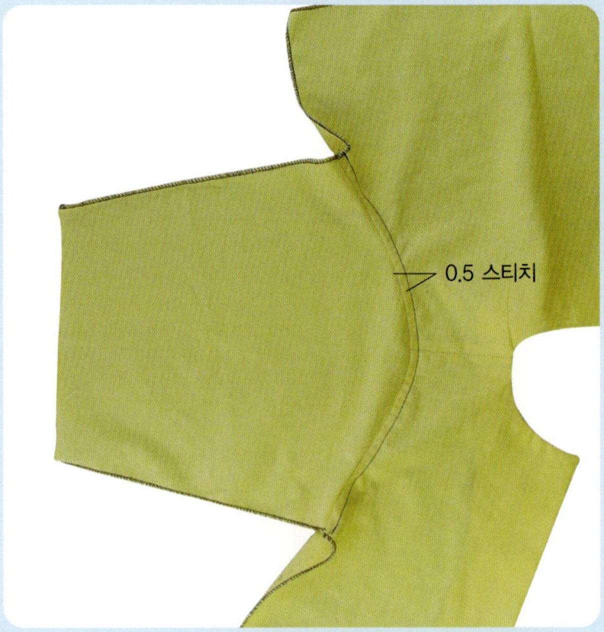

04 시접을 두 장 함께 몸판 쪽으로 넘기고 겉쪽에서 0.5cm 폭으로 스티치한다.

06 소매 밑선과 옆선을 박는다.

01 소매 밑선과 옆선을 겉끼리 마주 대어 표시끼리 맞추고, 소맷단 쪽에서 밑단선까지 한 번에 이어서 박는다.

02 시접을 가른다.

07 소매 입구와 밑단선을 처리한다.

01 소매 입구와 밑단선에 오버록 재봉을 한다.

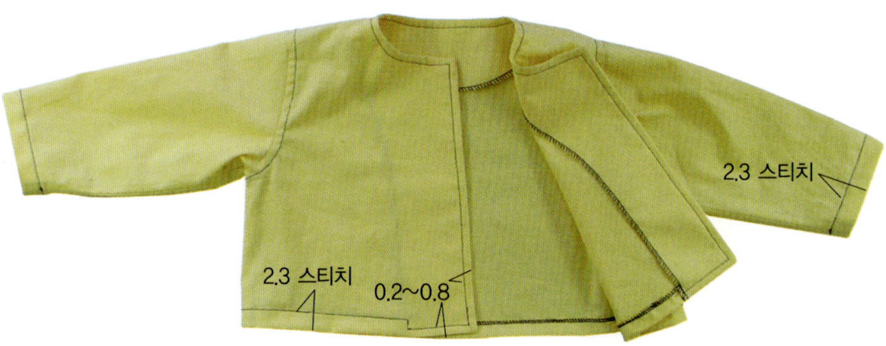

02 소매 입구와 밑단선을 완성선에서 접어 올리고 스티치한다.

08 단춧구멍을 만들고 단추를 달아 완성한다.

01 앞 왼쪽의 각 단춧구멍 위치에 단춧구멍을 만들고, 앞 오른쪽의 단추 다는 위치에 단추를 달아 완성한다.

16 세리머니 드레스와 보닛

(0~6개월 전후용)

의식이나 행사 등에 착용하는 의상. 태어날 아기의 선물로 애정이 듬뿍 담긴 세리머니 드레스와 보닛을!

소재

■ 면 저어지로 만들면 포근하고 소박한 느낌을, 자카드 직 새틴은 고급스러운 느낌을 준다.

재료

■ 환편 면 저어지의 경우 : 150cm 폭 112cm
■ 자카드 직 새틴의 경우 : 110cm 폭 170cm
■ 접착심지
■ 단추 : 직경 1cm 7개
■ 레이스 : 2.5cm 폭 400cm
■ 양면 바이어스 테이프 : 1cm 폭 30cm
■ 고무 테이프 : 0.5~1cm 폭 30cm

제도법

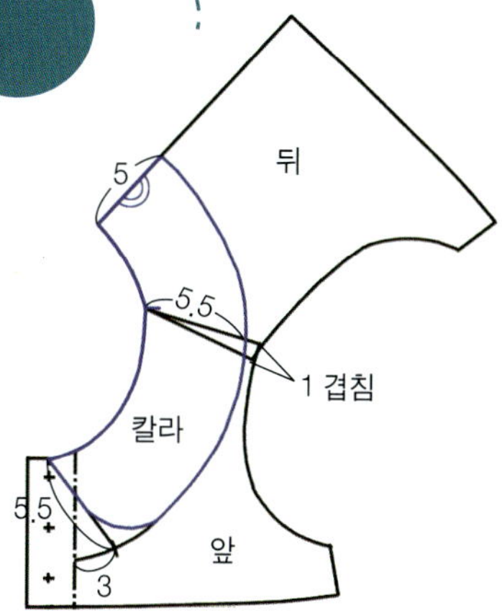
뒤
5
5.5
1 겹침
칼라
5.5
3
앞

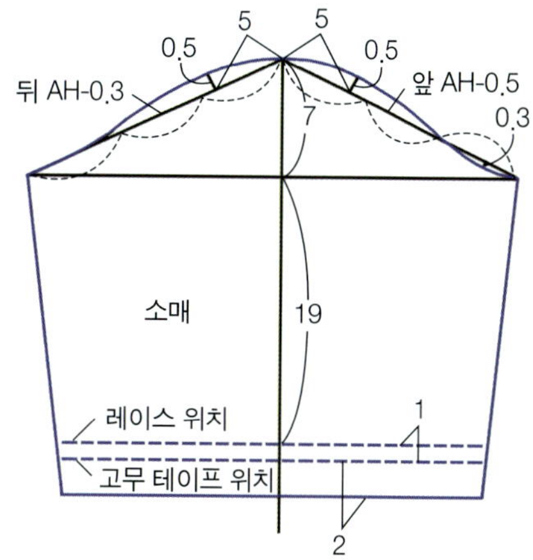
5
5
0.5
0.5
뒤 AH-0.3
앞 AH-0.5
0.3
7
소매
19
레이스 위치
1
고무 테이프 위치
2

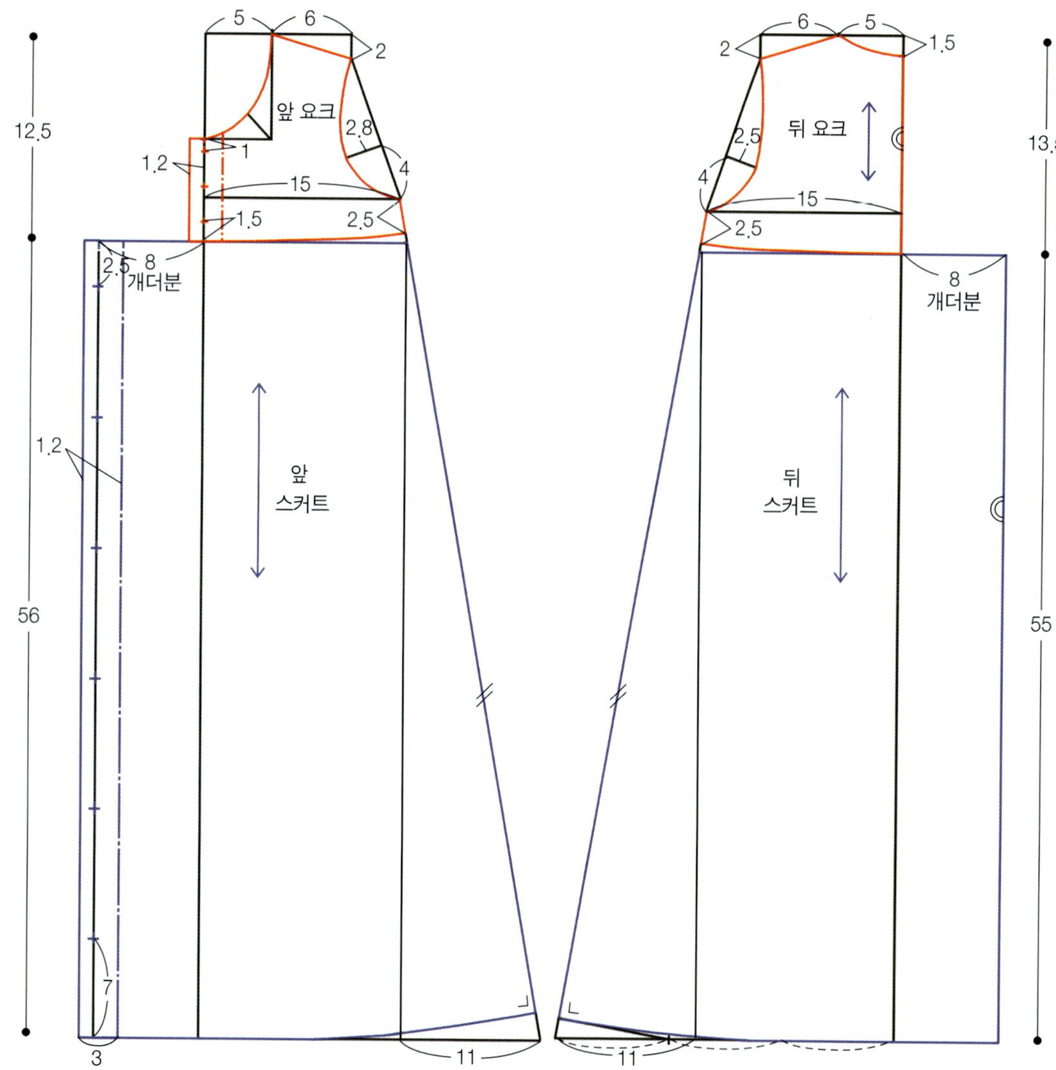
5
6
2
앞 요크
2.8
4
1
1.2
15
1.5
2.5
12.5
2.5
8
개더분
1.2
앞
스커트
56
7
3
11
6
5
1.5
2
뒤 요크
2.5
4
15
2.5
13.5
8
개더분
뒤
스커트
55
11

재단법

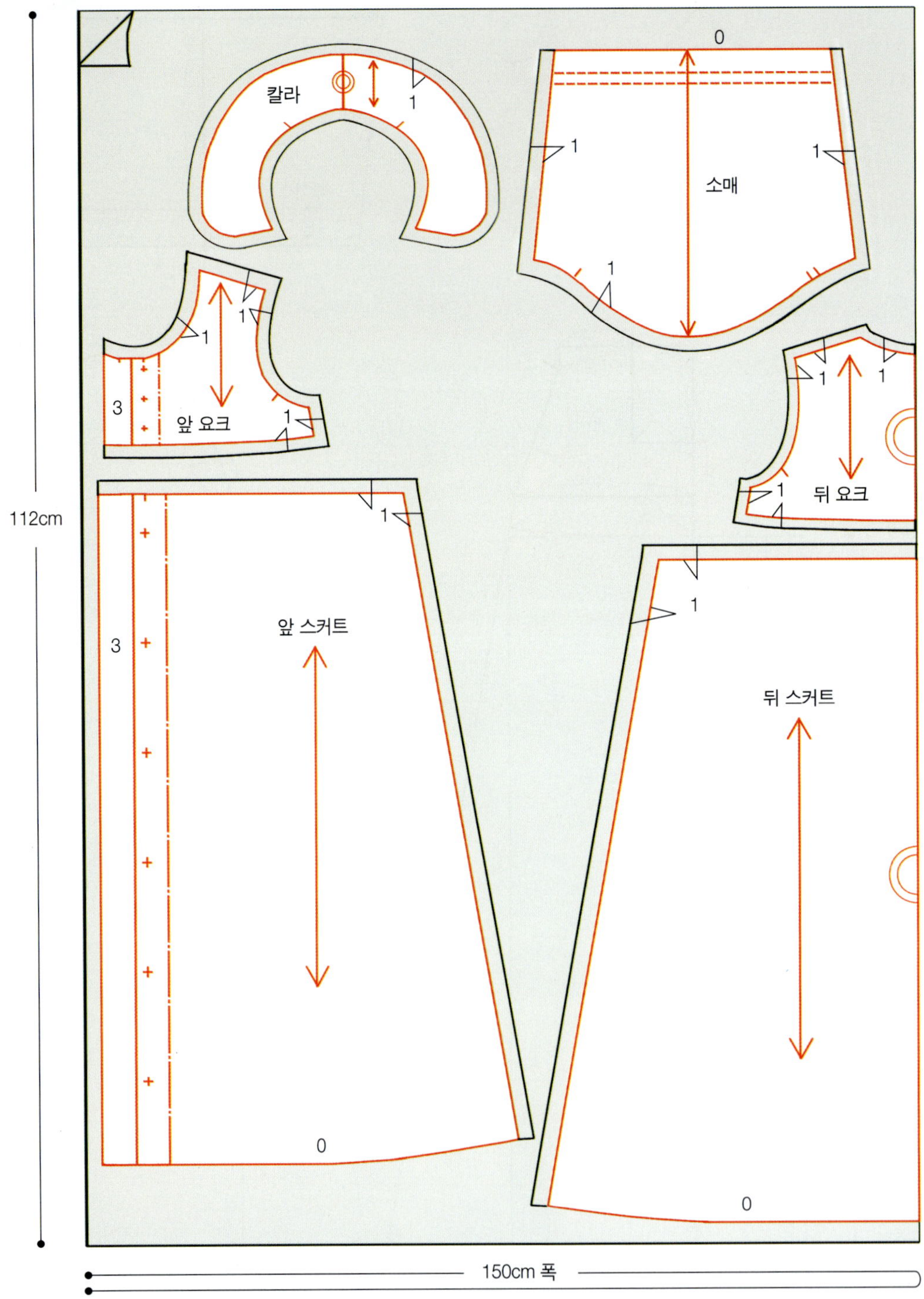

보닛 제도법

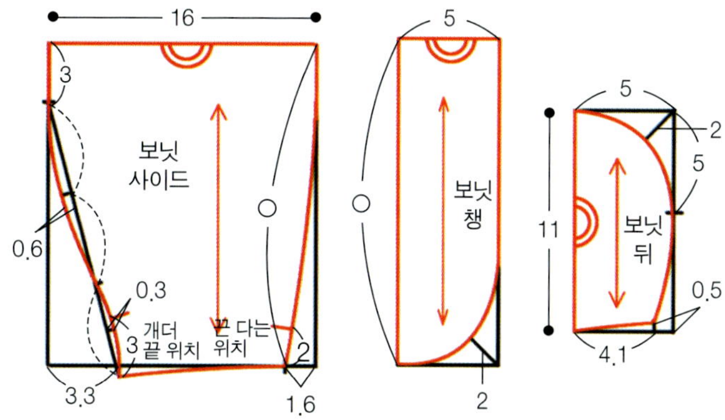
16
5
5
3
보닛
사이드
0.6
0.3
개더
끝 위치
끈 다는
위치
3
2
3.3
1.6
보닛
챙
2
2
5
11
보닛
뒤
0.5
4.1

보닛 재단법

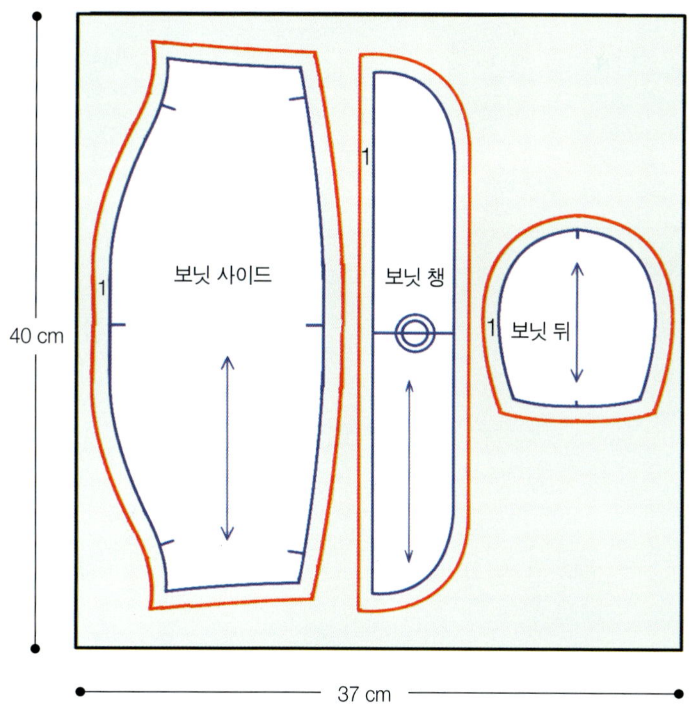
40 cm
보닛 사이드
1
보닛 챙
1
보닛 뒤
1
37 cm

01 표시를 하고 접착심지를 붙인다.

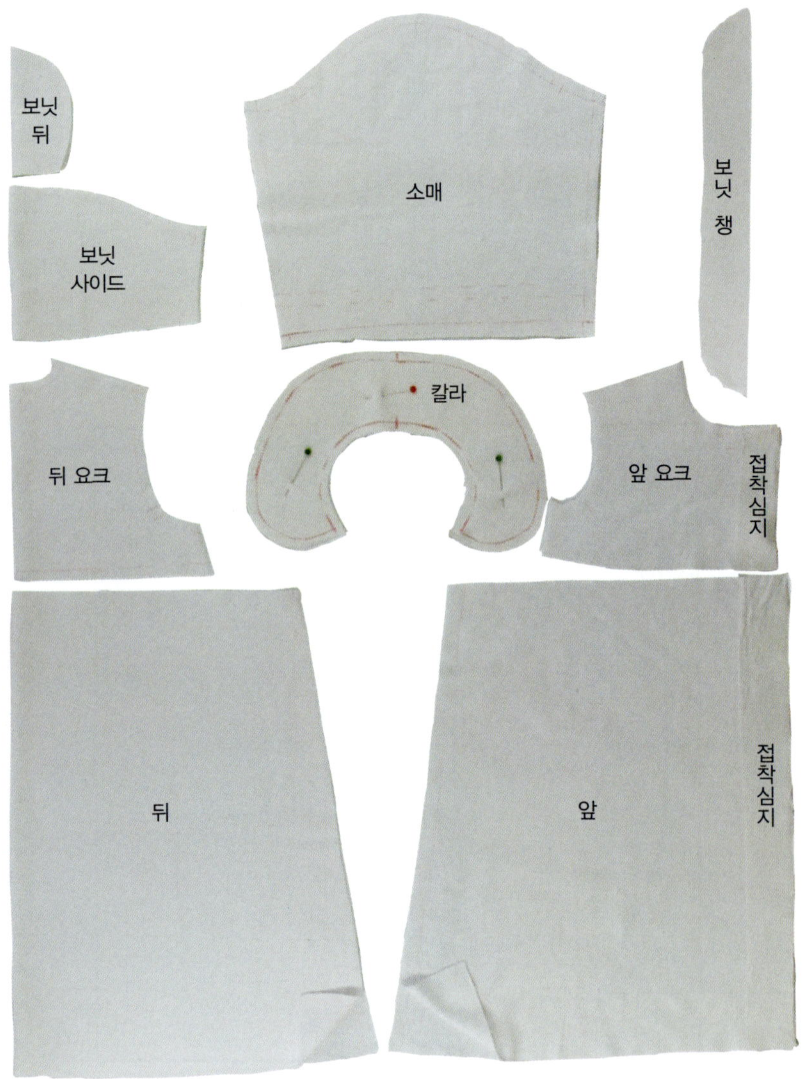

01 초크나 초크페이퍼로 완성선에 표시를 하고 앞 요크와 앞 스커트의 안단에 접착심지를 붙인다.

02 오버록 재봉을 한다.

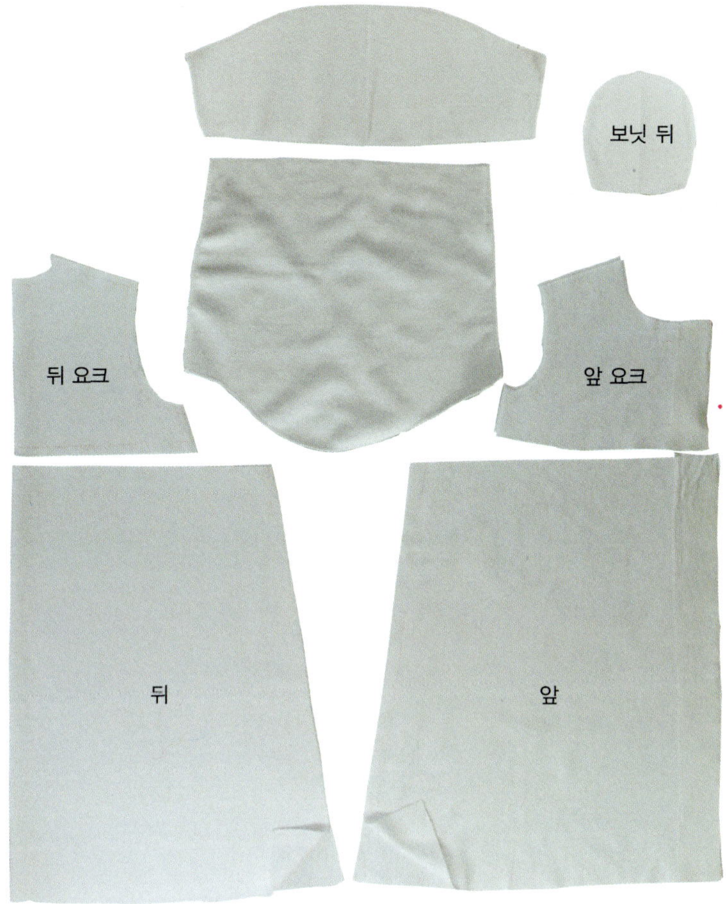

01 편물지의 경우에는 외곽 시접선에 모두 오버록 재봉을 한다.

주 : 자카드 직 새틴의 경우에는 소매산과 앞뒤 요크의 허리선, 앞뒤 스커트의 허리선, 보닛의 뒤와 사이드의 연결선을 제외하고 오버록 재봉을 한 다음, 각 재봉 후에 시접 두 장을 함께 오버록 재봉을 하도록 한다.

03 드레스 요크의 어깨선을 박는다.

01 앞뒤 요크를 겉끼리 마주 대어 어깨선을 박는다.

02 시접을 가른다.

04 칼라를 만들어 단다.

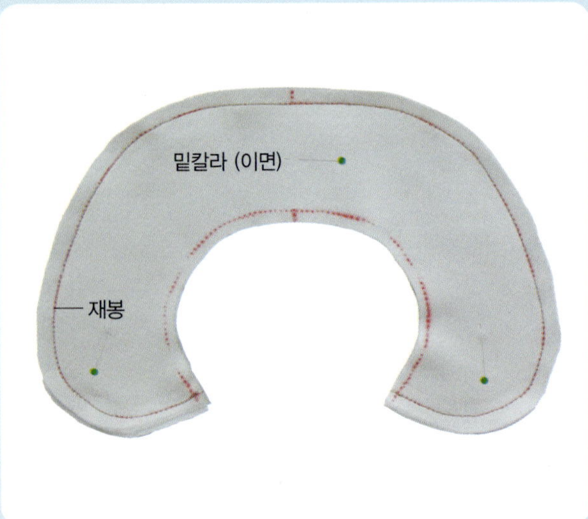

01 위칼라와 밑칼라를 겉끼리 마주 대어 칼라의 바깥쪽 완성선을 박는다.

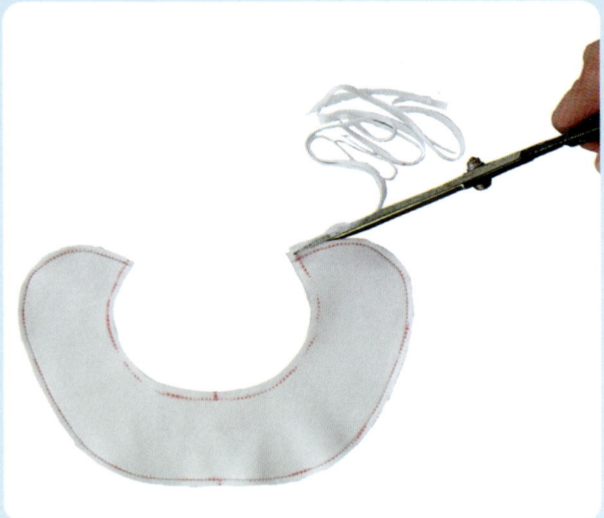

02 위칼라와 밑칼라의 시접을 두 장 함께 0.3cm로 정리한다.

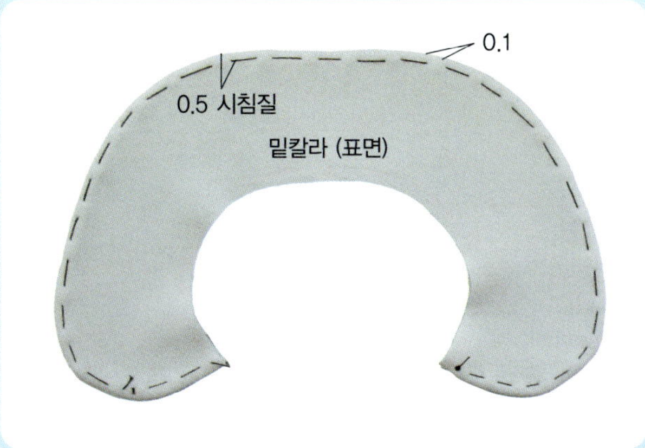

03 겉으로 뒤집어서 밑칼라를 0.1cm 안쪽으로 차이지게 밀어 위칼라까지 통하게 시침질로 고정시킨다.

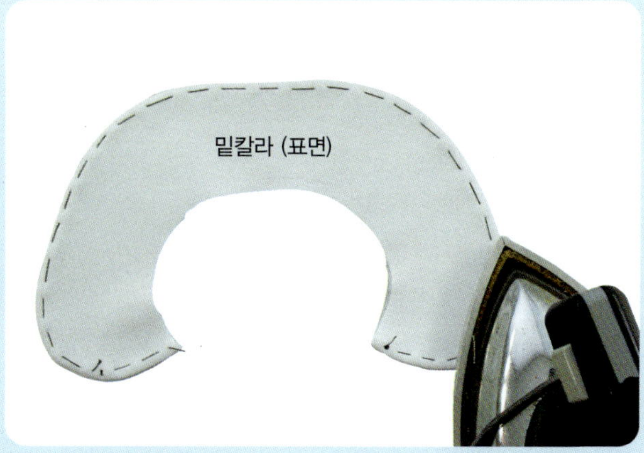

04 다리미로 자리를 잡은 다음, 시침질을 한다.

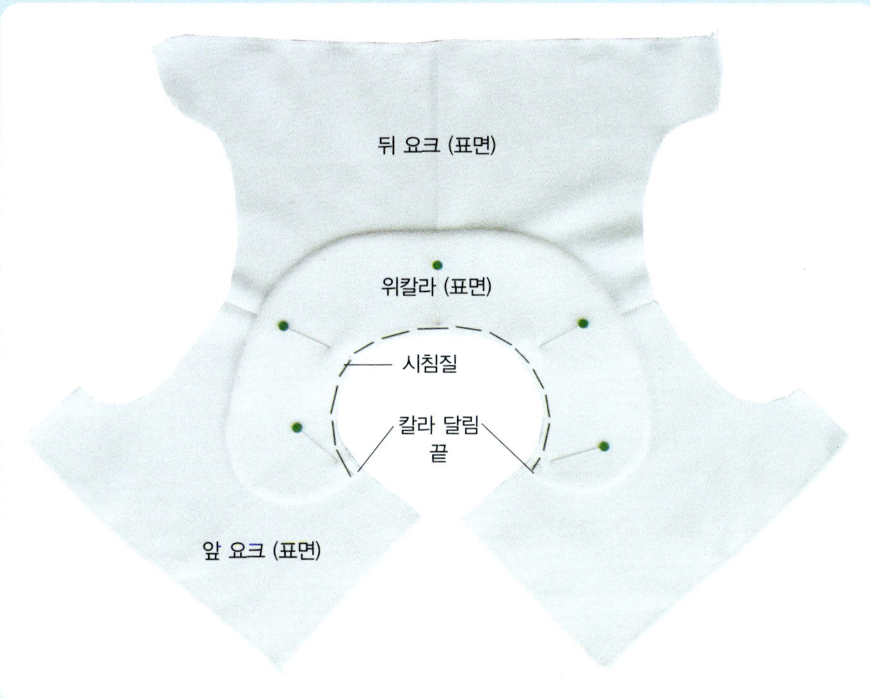

05 요크의 표면 위에 밑칼라 쪽을 마주 대어 얹고, 앞 중심 쪽의 칼라 달림 끝 위치 옆목점, 뒤 목점의 표시끼리 맞추어 핀으로 고정시키고, 완성선에서 0.1cm 시접 쪽에 시침질한다.

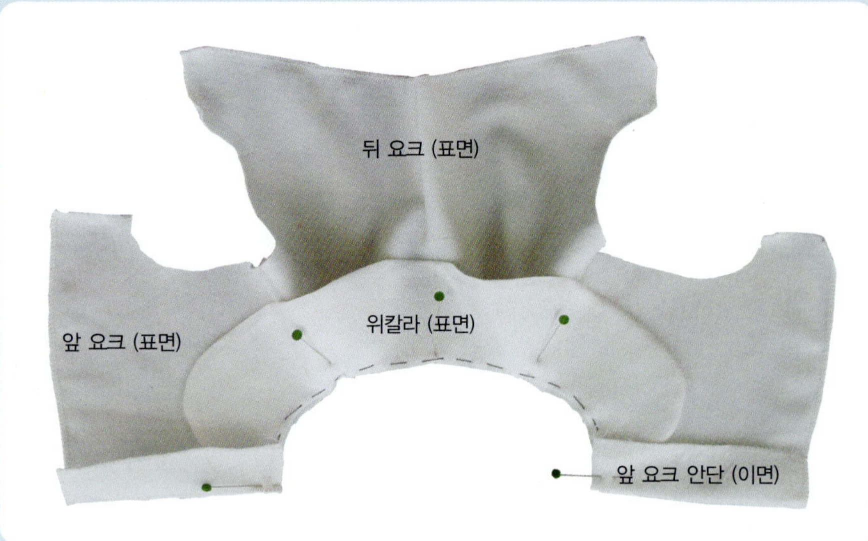

06 앞 안단을 겉끼리 마주 대어 앞단선에서 접고 핀으로 고정시킨다.

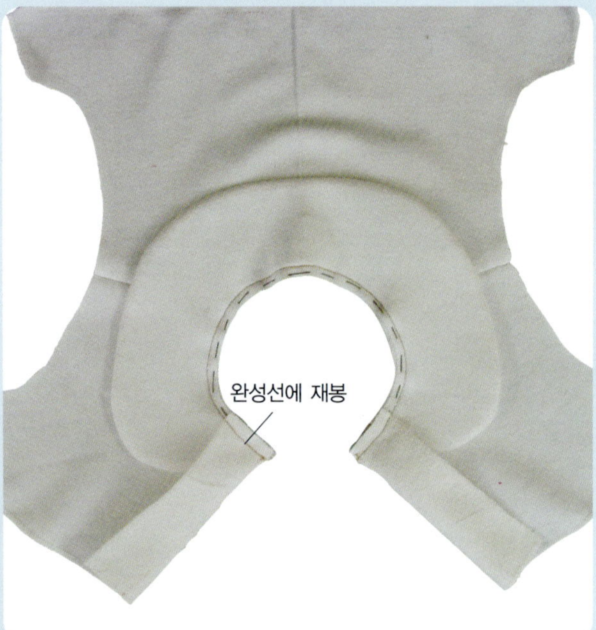

07 완성선을 박는다.

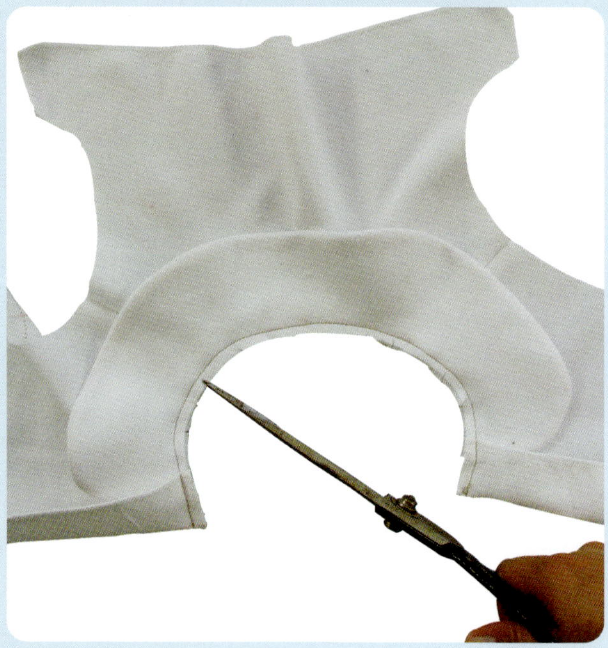

08 곡선 부분의 시접에 가윗밥을 넣는다.

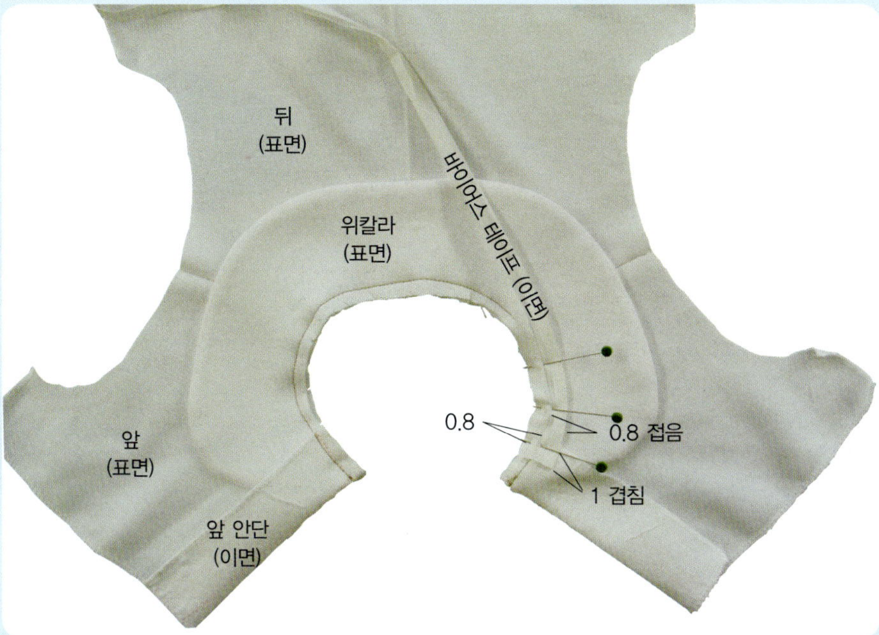

09 2.8cm 폭으로 자른 바이어스 천을 0.8cm 접어 사용하거나, 시판용 1cm 폭의 양면 바이어스 테이프를 펴서 한 쪽의 접힌 시접을 잘라내고, 안단의 시접 끝에서 바이어스 테이프를 1cm 겹친 상태로 바이어스 테이프의 표면을 마주 대면서 바이어스 테이프의 접히지 않은 쪽과 목둘레선을 맞추어 얹는다.

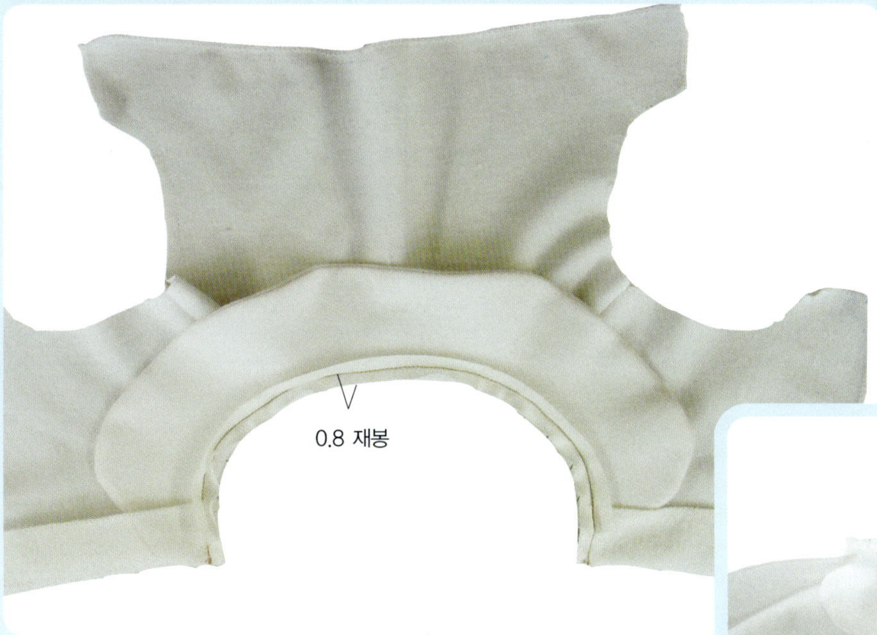

10 0.8cm 폭으로 박아 고정시킨다.

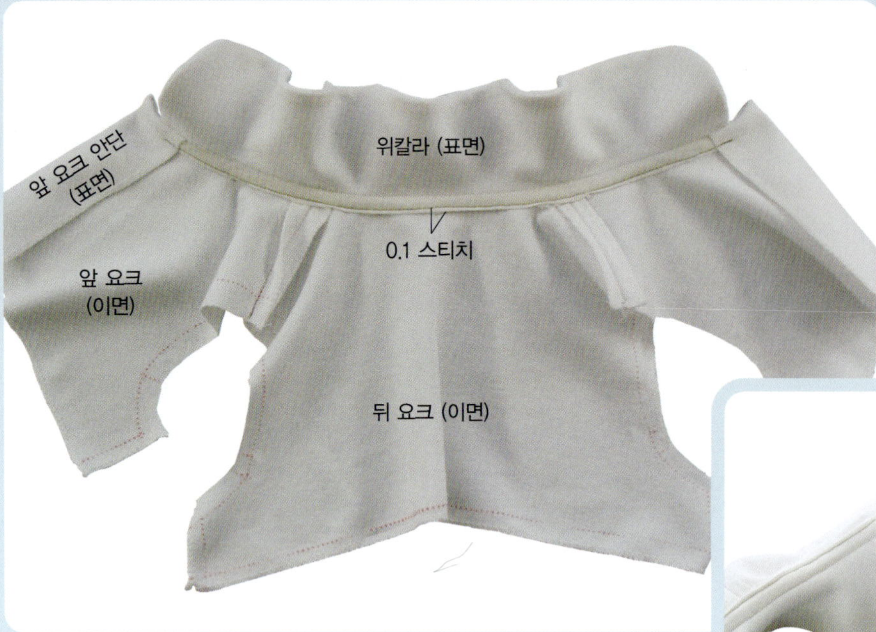

11 앞 안단을 겉으로 뒤집은 다음, 시접을 모두 요크 쪽으로 내리고 0.8cm 접어 두었던 쪽의 바이어스 테이프를 내려 0.1cm에 스티치한다.

05 요크와 스커트의 옆선을 박는다.

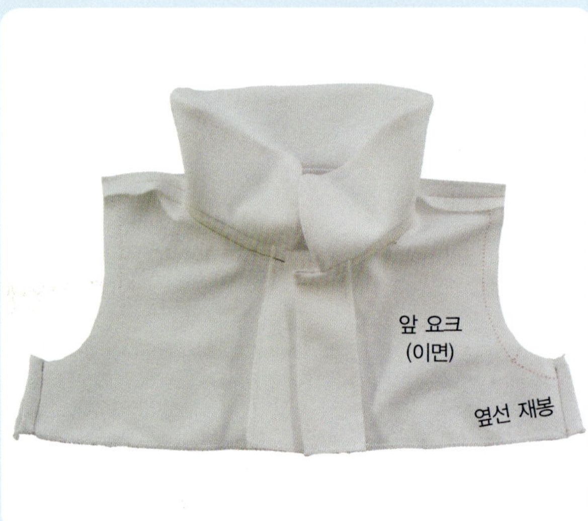

01 앞 요크와 뒤 요크를 겉끼리 마주 대어 옆선의 표시끼리 맞추고 완성선을 박는다.

02 시접을 가른다.

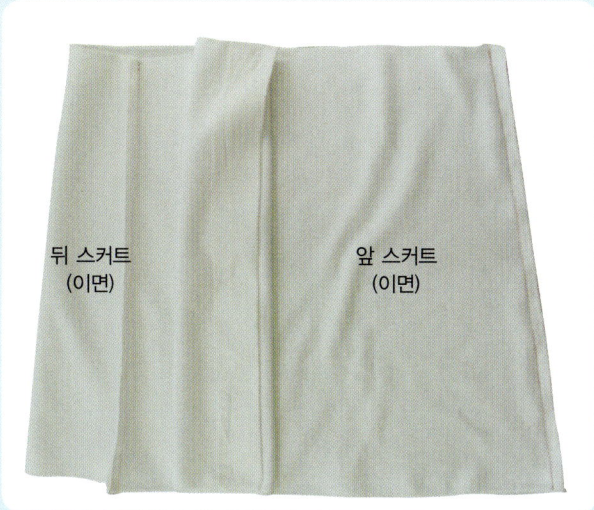

03 앞 스커트와 뒤 스커트를 겉끼리 마주 대어 옆선의 표시끼리 맞추고 완성선을 박는다.

04 시접을 가른다.

06 스커트의 개더를 잡고 레이스를 단다.

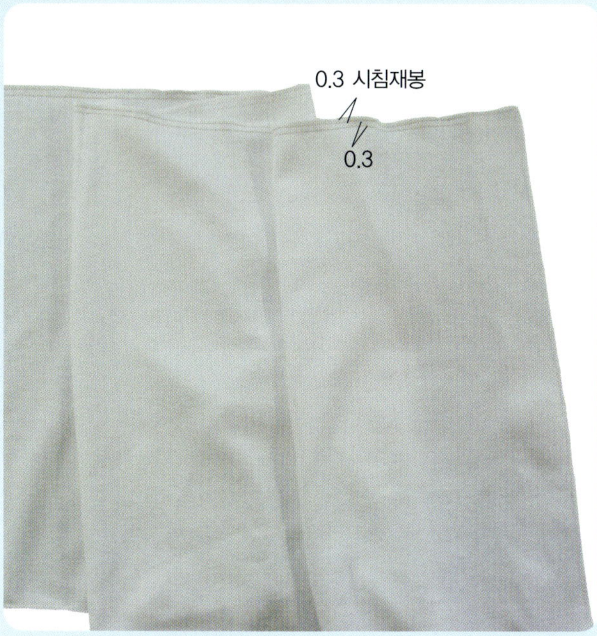

01 스커트의 허리선 시접에 0.3cm 폭으로 두 줄 시침재봉을 한다.

02 시침재봉한 윗실 두 올을 함께 당겨 앞뒤 요크의 허리선 치수에 맞게 개더를 잡은 다음, 개더가 움직이지 않도록 시접 쪽을 박아 개더를 고정시킨다.

03 개더를 잡은 스커트의 허리선 표면 쪽에 레이스의 이면을 마주 대어 얹고 핀으로 고정시킨다.

04 레이스를 박아 고정시킨다.

07 요크와 스커트를 연결한다.

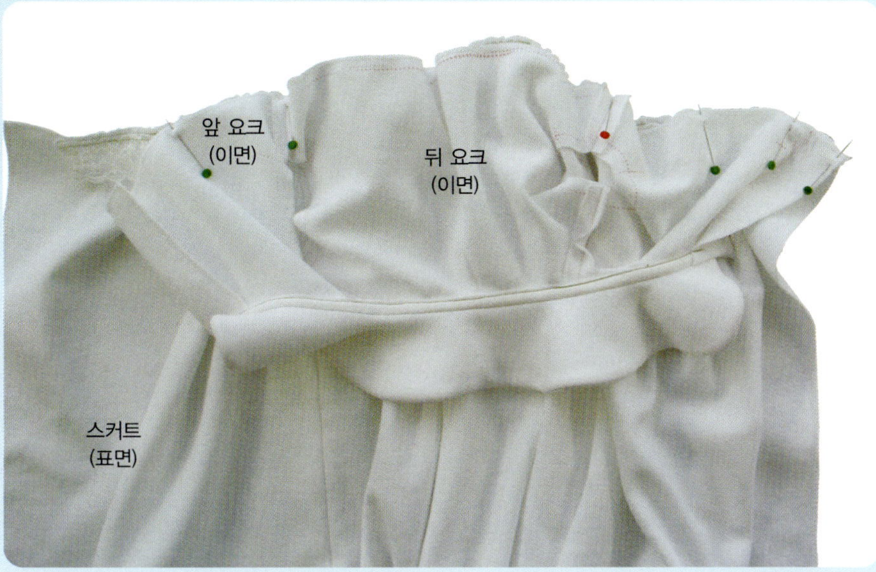

01 스커트와 요크를 겉끼리 마주 대어 허리선의 앞 중심, 옆선, 뒤 중심의 표시끼리 맞추어 핀으로 고정시킨다.

02 허리선을 박아 고정시킨다.

주 : 직물일 경우에는 허리선을 박은 다음, 시접 두 장을 함께 오버록 재봉한다.

03 시접을 요크 쪽으로 넘기고 0.5cm 폭으로 겉쪽에서 스티치한다.

08 소매를 만들어 단다.

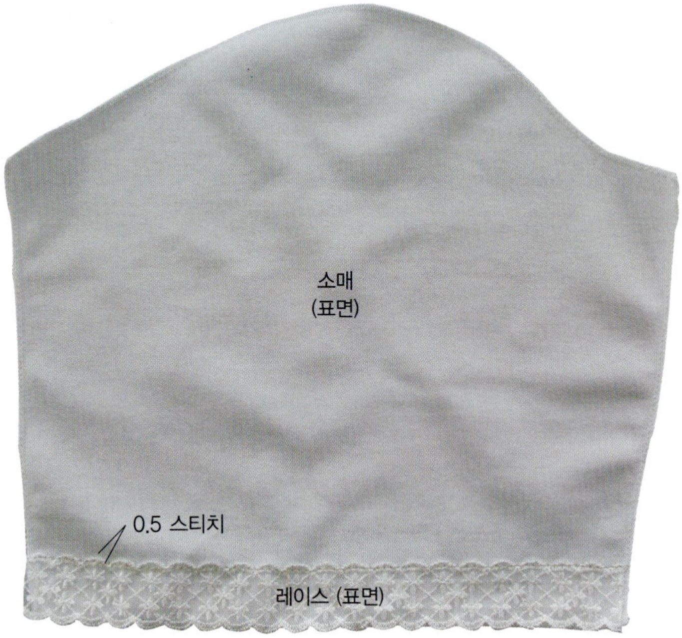

01 소맷단의 표면 위에 레이스의 이면을 마주 대어 얹고 겉쪽에서 레이스를 박아 고정시킨다.

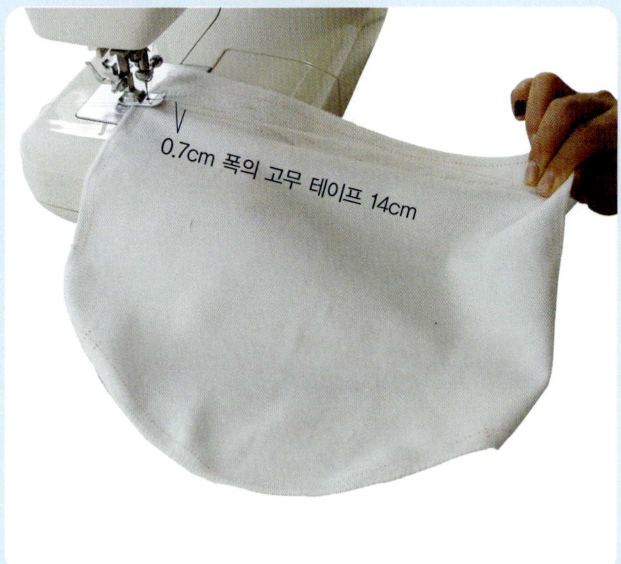

02 14cm로 자른 0.7cm 폭의 고무 테이프를 소맷단 쪽 고무 테이프 다는 위치에 맞추어 얹고 옆선의 완성선까지 1cm 박은 다음, 바늘을 꽂은 상태로 반대쪽 옆선 위치까지 고무 테이프를 당겨 맞추고 고무 테이프의 중앙을 박아 고정시킨다.

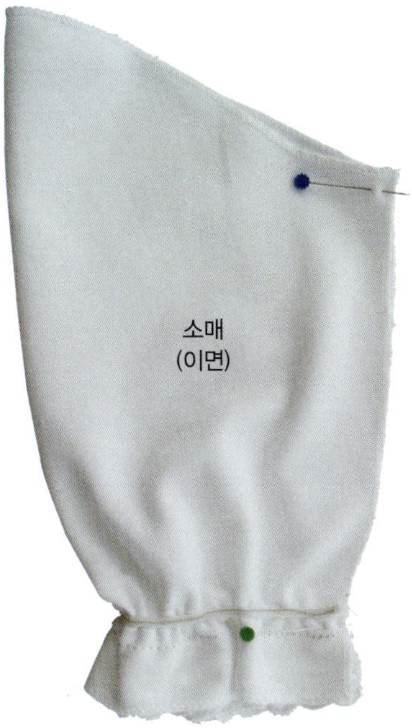

03 소매를 겉끼리 마주 대어 소매 밑선의 표시끼리 맞추어 핀으로 고정시킨다.

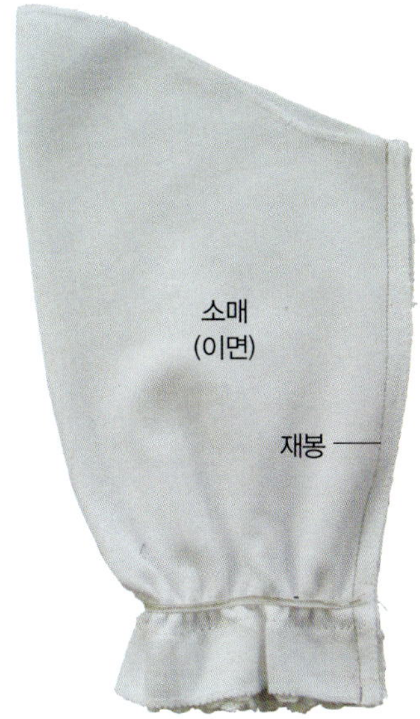

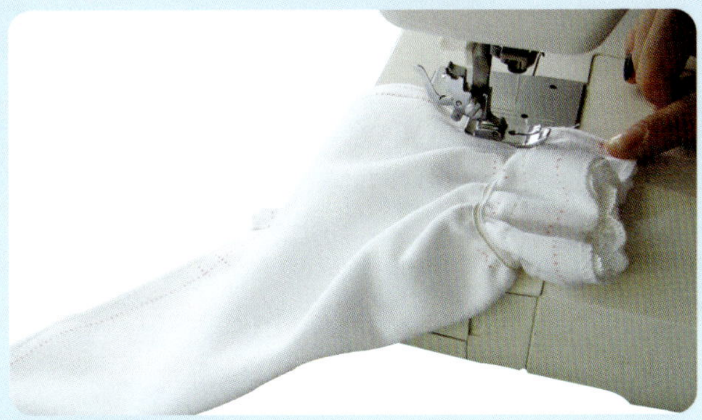

04 소매 밑선을 박는다.

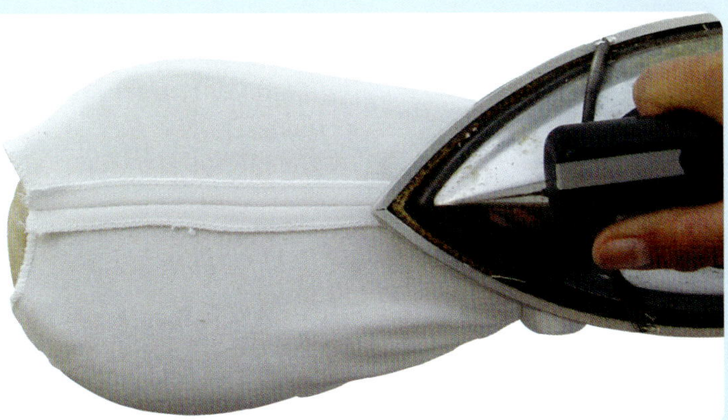

05 시접을 가른다.

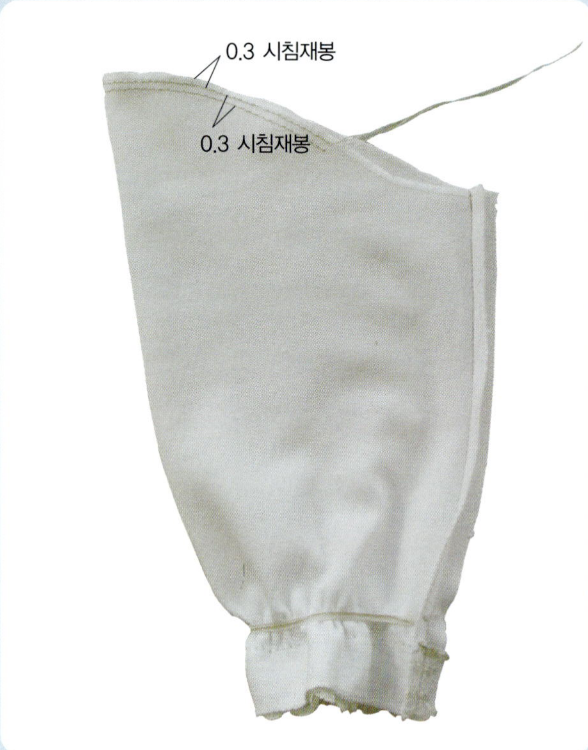

06 소매산 선의 완성선에서 0.3cm 폭으로 두 줄 시침재봉을 한다.

07 시침재봉한 윗실 두 올을 함께 당겨 소매산을 오그린다.

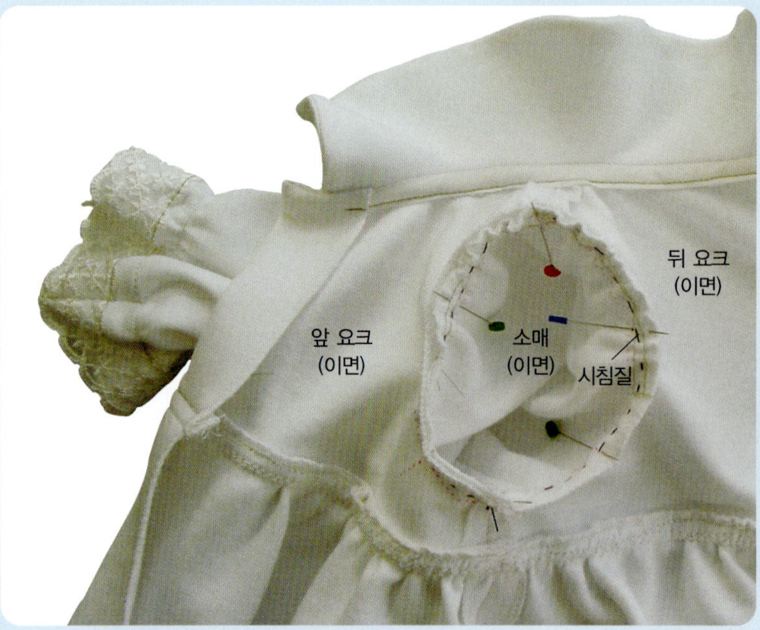

08 요크와 소매를 겉끼리 마주 대어 맞춤 표시끼리 맞추어 핀으로 고정시키고 완성선에서 0.1cm 시접 쪽에 시침질한다.

09 소매 쪽이 위로 오게 하여 소매의 완성선을 박는다.

10 몸판과 소매의 소매를 단 시접을 0.8cm 폭으로 정리하면서 두 장 함께 오버록 재봉을 한다.

09 밑단선을 처리한다.

01 스커트의 밑단 쪽 표면 위에 레이스의 이면을 마주 대어 얹고 핀으로 고정시킨다.

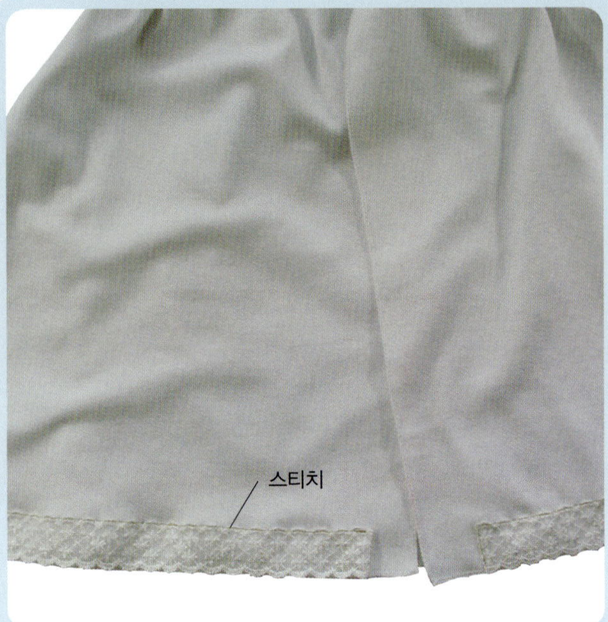

02 겉쪽으로 레이스를 박아 고정시킨다.

10 단춧구멍을 만들고 단추를 단다.

01 안단을 이면 쪽으로 접어 넘기고 앞단에서 0.5cm 폭으로 겉쪽에서 스티치한다.

02 앞 오른쪽에 단춧구멍을 만들고, 앞 왼쪽에 단추를 달아 완성한다.

보닛 봉제법

Sewing Technique

01 보닛의 뒤와 사이드를 연결한다.

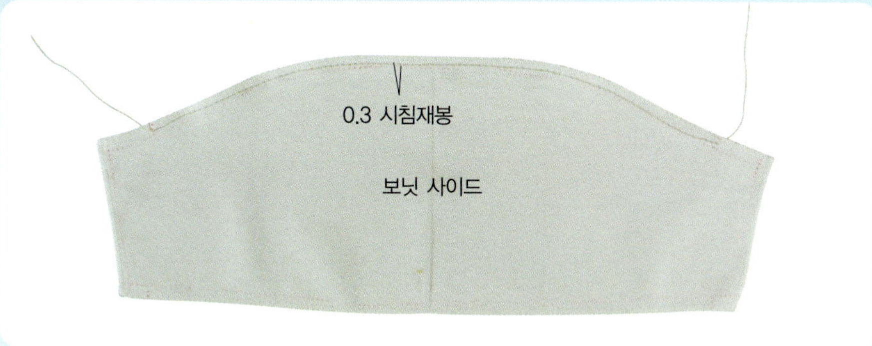

01 뒤판과의 연결 부분 시접의 완성선에서 0.3cm 폭으로 시침재봉을 한다.

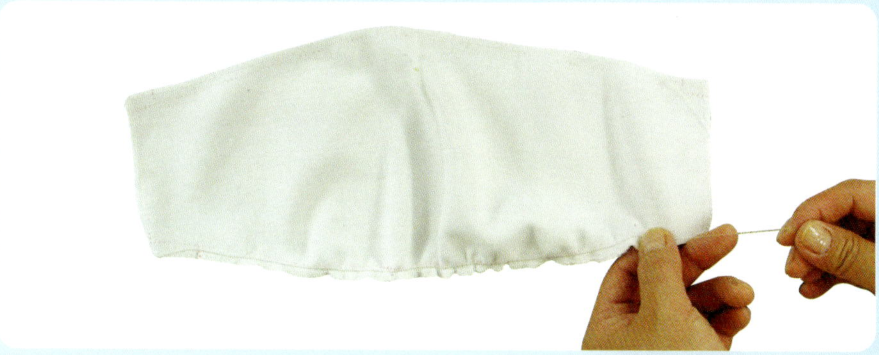

02 시침재봉한 윗실을 당겨 개더를 잡는다.

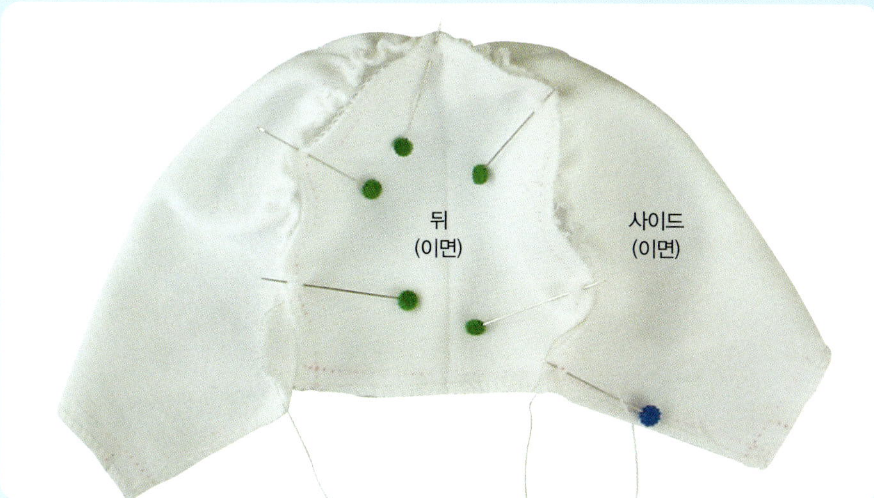

03 사이드와 뒤를 겉끼리 마주 대어 표시끼리 맞추고 핀으로 고정시킨다.

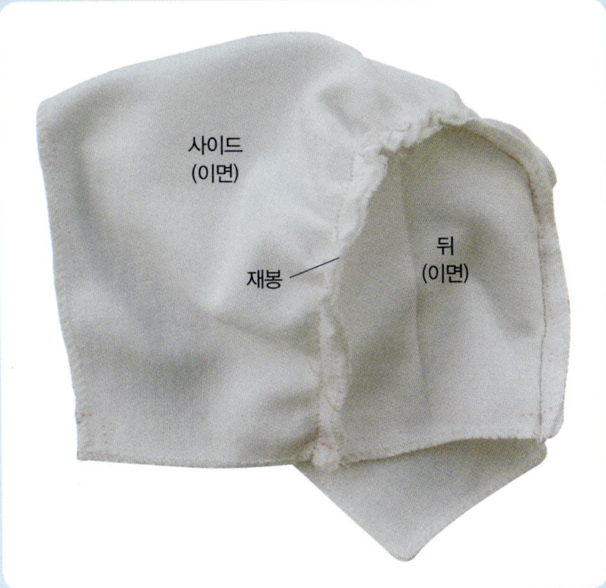

04 완성선을 박는다.

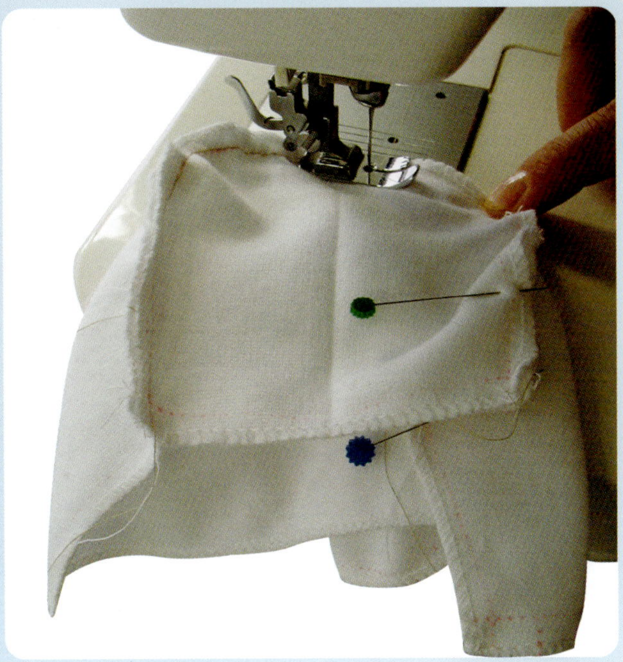

02 보닛의 끝을 단다.

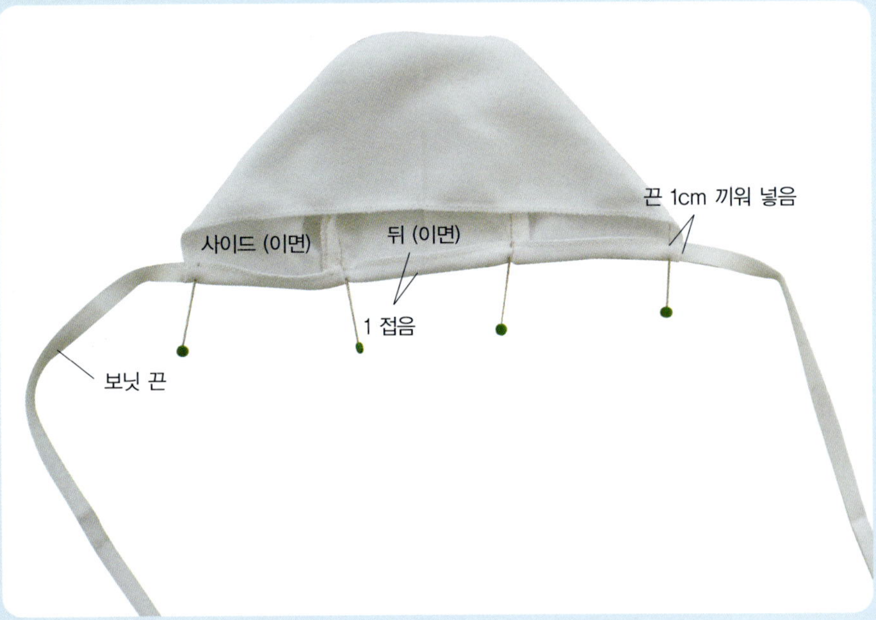

01 보닛의 밑단선을 1cm 접어 올리고, 앞 중심 쪽에 끈을 1cm 끼워 넣고 핀으로 고정시킨다.

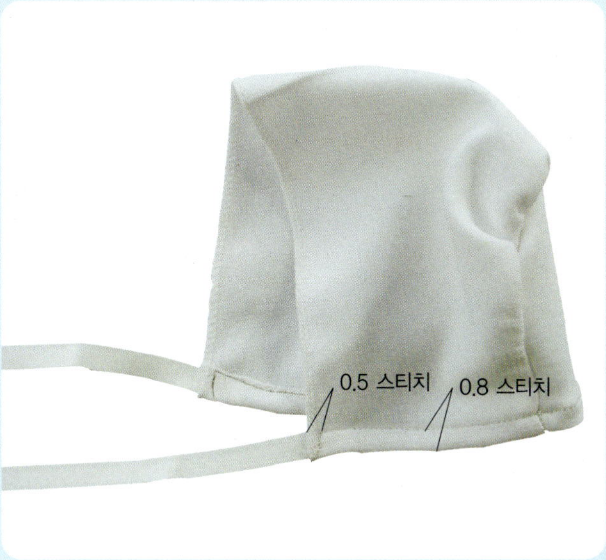

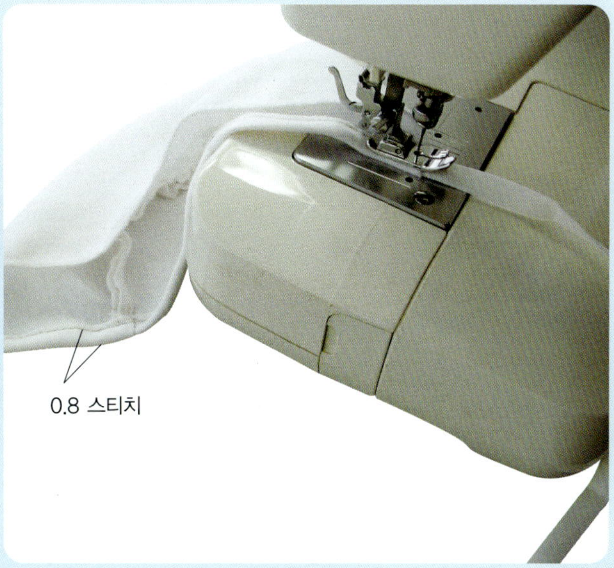

02 앞 중심선에서 0.5cm 폭으로 끈을 고정 재봉한 다음, 0.8cm 폭으로 밑단선을 스티치한다.

03 보닛의 챙을 만들어 단다.

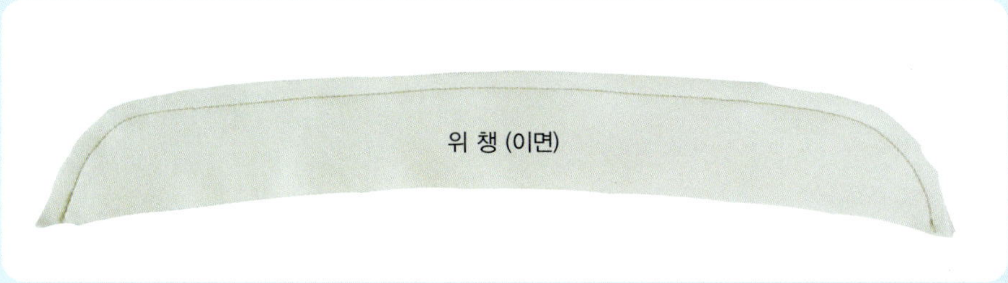

01 보닛의 위 챙과 밑 챙을 겉끼리 마주 대어 완성선을 박는다.

02 겉으로 뒤집어서 다림질한다.

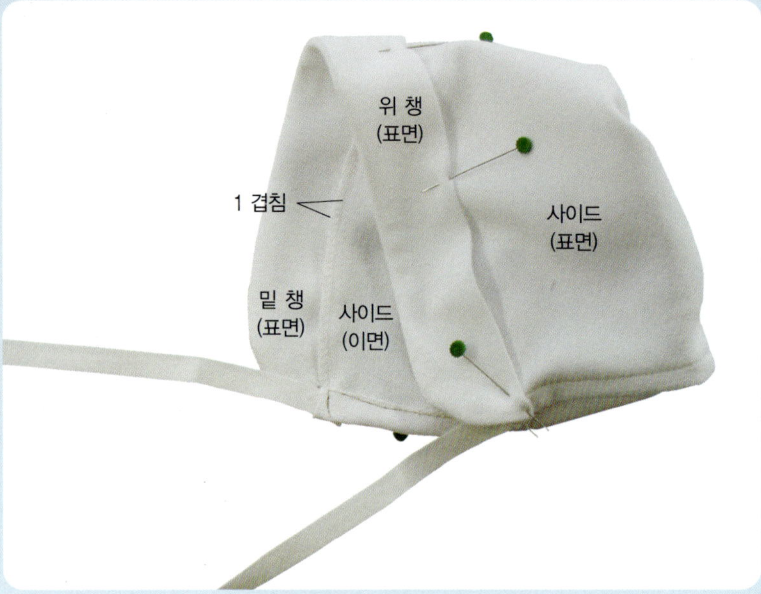

03 사이드의 표면 위에 밑 챙을 1cm 겹쳐 얹고 핀으로 고정시킨다.

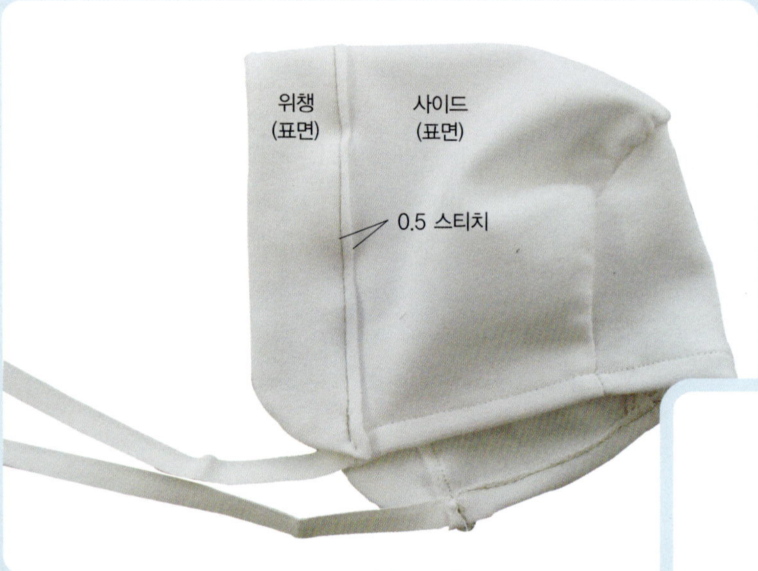

04 겉쪽에서 0.5cm 폭으로 스티치한다.

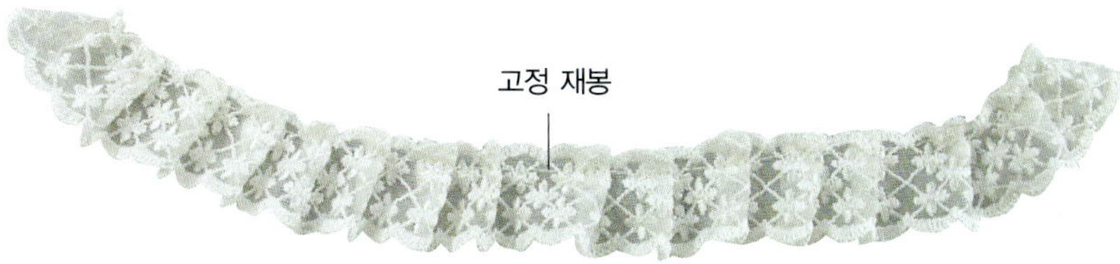

05 레이스를 챙의 크기에 맞추어 주름을 잡은 다음, 움직이지 않도록 박아 고정시킨다.

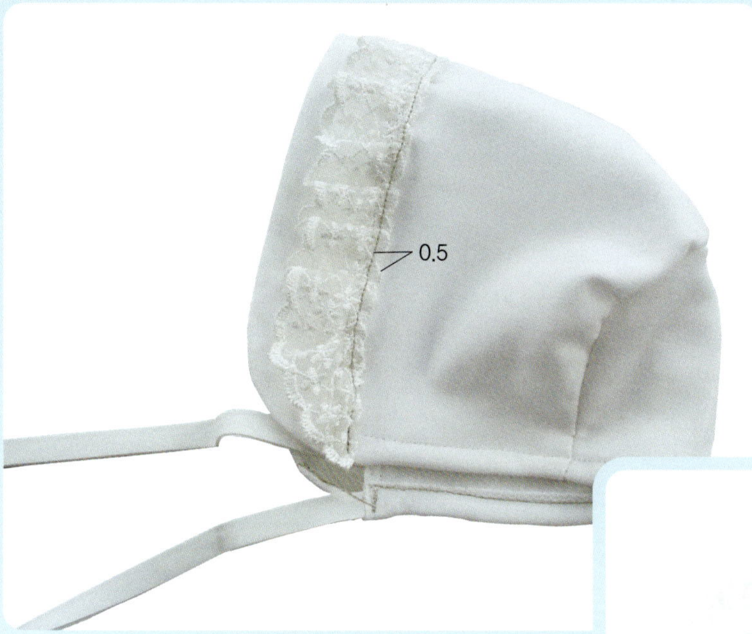

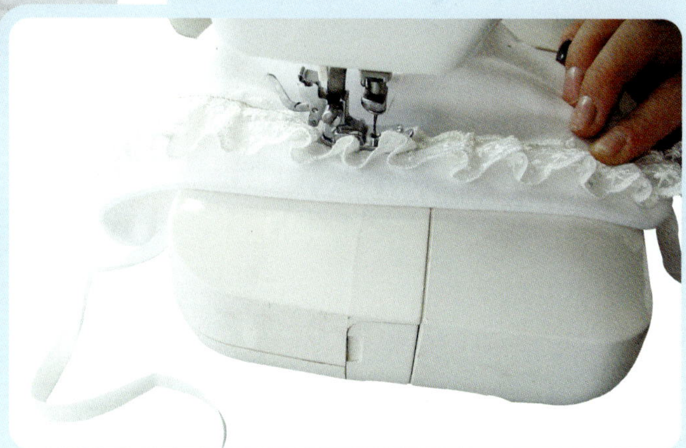

06 챙을 박은 선 홈에서 레이스를 0.5cm 사이드 쪽으로 들여 얹고 박은 선 홈에 스티치하여 완성한다.

17 외출용 싸개복 (0~24개월용)

추운 날씨에 아기를 데리고 외출할 때 방한을 위해 누빔 천으로 만든 외출용 싸개복은 유모차를 태우고 이동할 때 이불 역할도 겸할 수 있다.

소재

- 면 100%의 누빔 천이 적합하다.

재료

- 면 누빔 천 : 150cm 폭 100cm
- 스냅버튼 : 직경 2cm 10쌍
- 바이어스 테이프

제도법

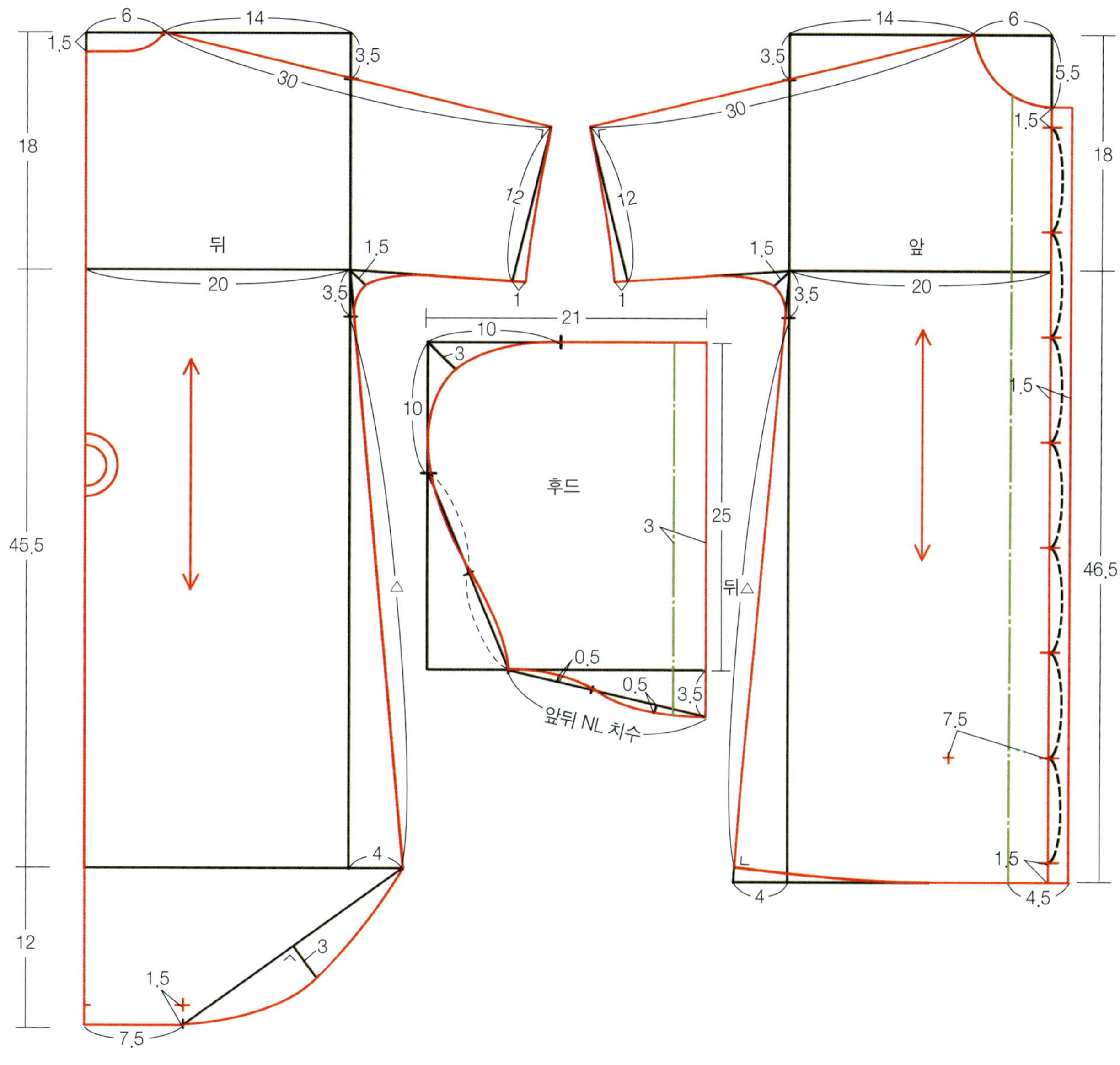

6
14
1.5
3.5
30
18
12
뒤
1.5
20
3.5
1
45.5
△
4
12
3
1.5
7.5
21
10
3
10
후드
3
25
뒤△
0.5
0.5
3.5
앞뒤 NL 치수
14
6
3.5
5.5
30
1.5
18
12
1.5
앞
1
3.5
20
1.5
46.5
7.5
1.5
4
4.5

재단법

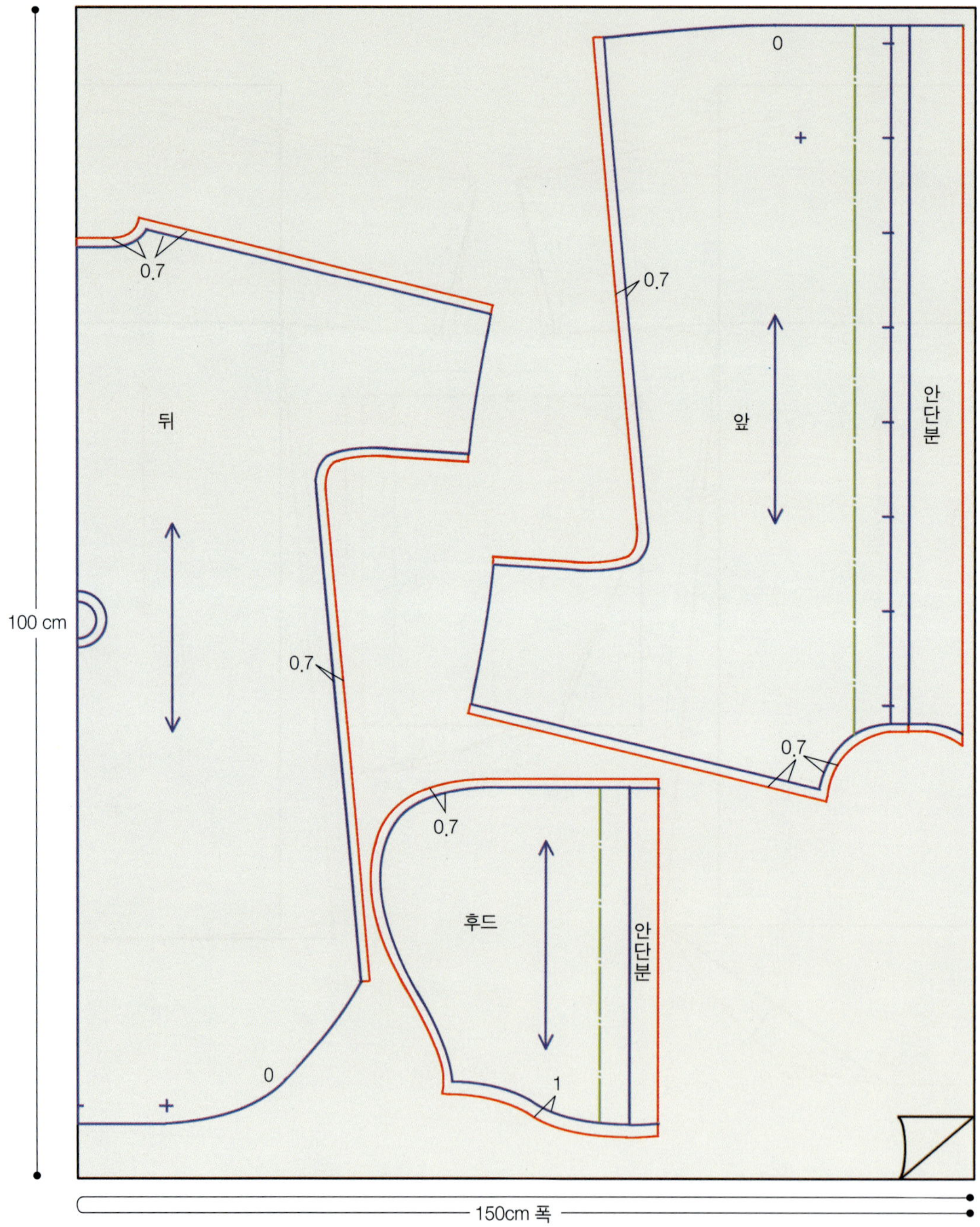

01 표시를 한다.

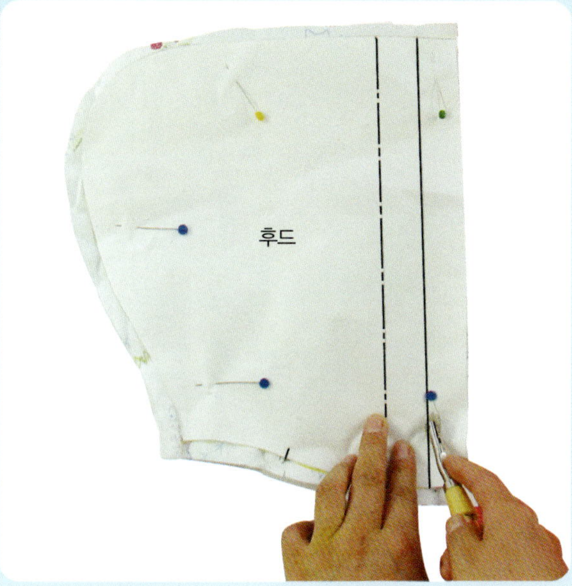

01 앞뒤 몸판과 후드의 완성선에 초크페이퍼로 표시를 한다.

02 오버록 재봉을 한다.

01 앞뒤 몸판과 후드의 모든 시접에 오버록 재봉을 한다.

03 어깨선을 박는다.

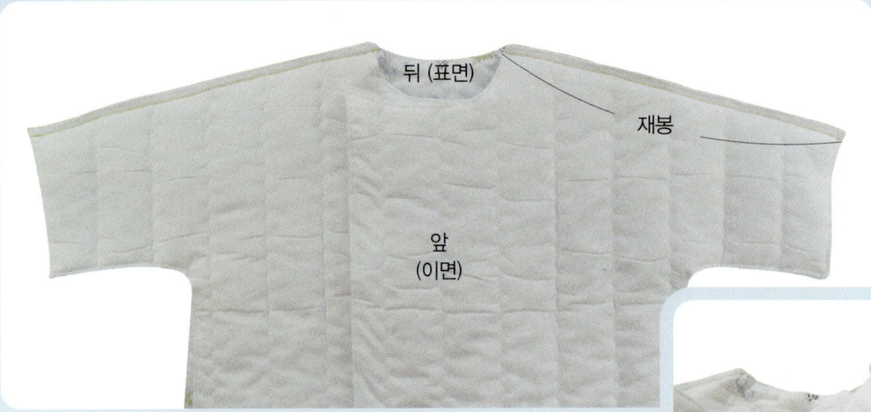

01 앞판과 뒤판을 겉끼리 마주 대어 좌우 옆목점 쪽 어깨선에서 소맷단 선 쪽까지 박는다.

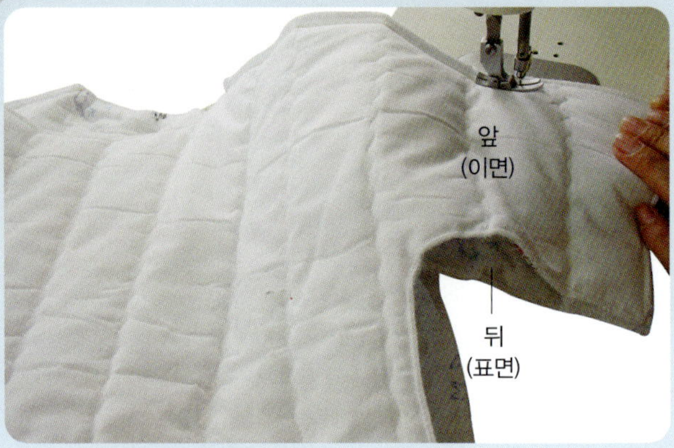

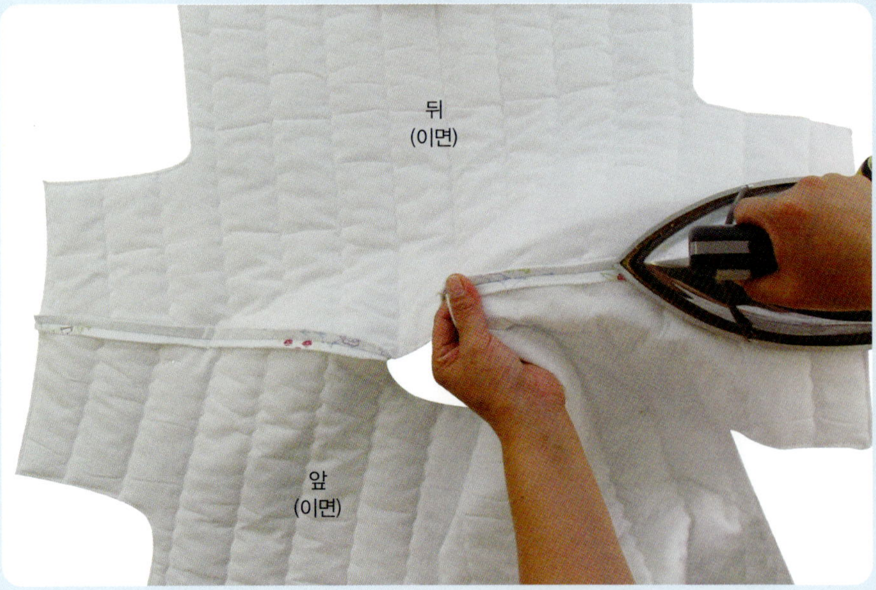

02 시접을 가른다.

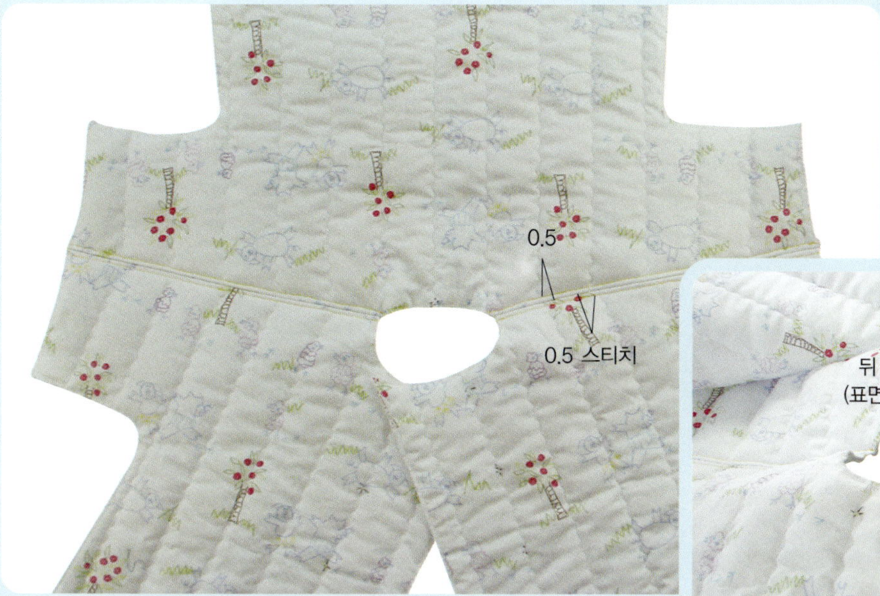

03 겉쪽에서 0.5cm 폭으로 앞뒤 시접을 스티치하여 고정시킨다.

04 후드를 만들어 단다.

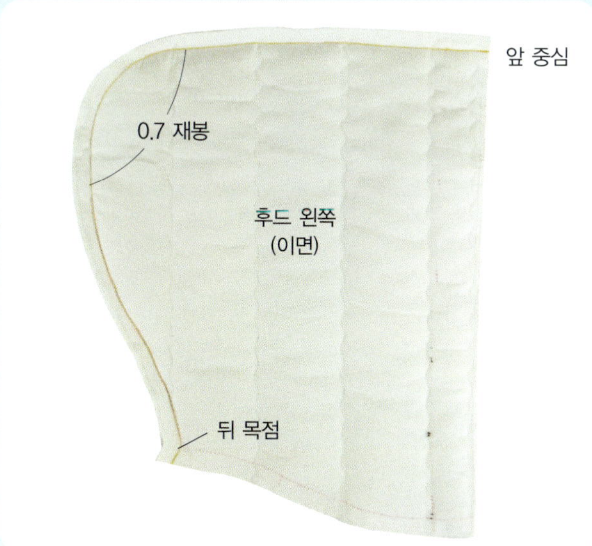

01 좌우 후드를 겉끼리 마주 대어 앞 중심 쪽에서 뒤 목점까지 박는다.

02 시접을 가른다.

03 후드의 좌우 시접을 겉쪽에서 0.5cm 폭으로 스티치하여 고정시킨다.

04 재봉틀에 스티치 폭용의 어태치먼트를 2.8cm 폭으로 고정시킨다.

05 후드의 앞 중심 쪽 안단을 이면 쪽으로 접어 넘기고 겉쪽에서 2.8cm 폭으로 스티치한다.

06 몸판과 후드를 겉끼리 마주 대어 앞 목점 쪽의 후드 달림 끝 위치, 옆목점, 뒤 목점의 표시끼리 맞추어 핀으로 고정시키고 촘촘한 홈질을 한다.

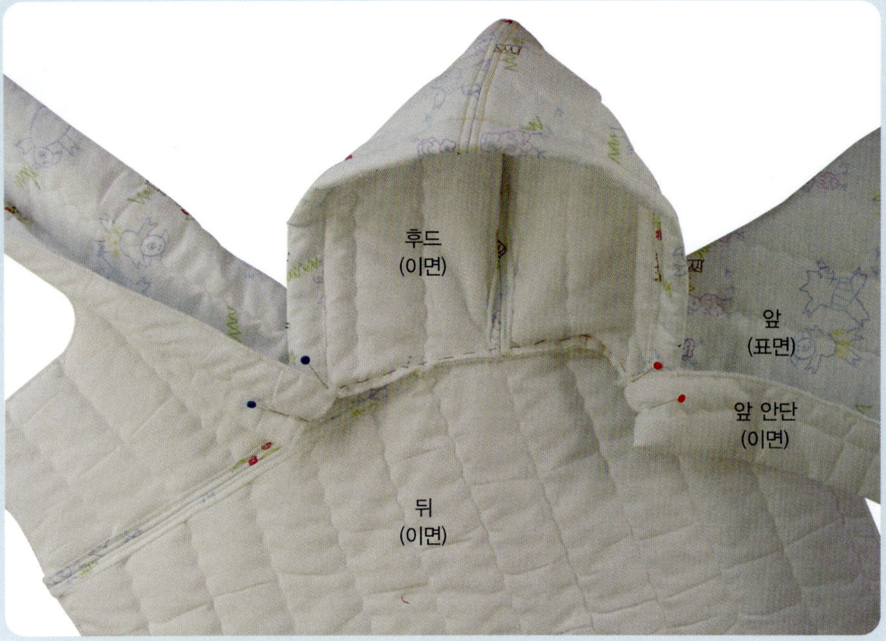

07 앞 안단을 겉쪽으로 접어 넘기고 핀으로 고정시킨다.

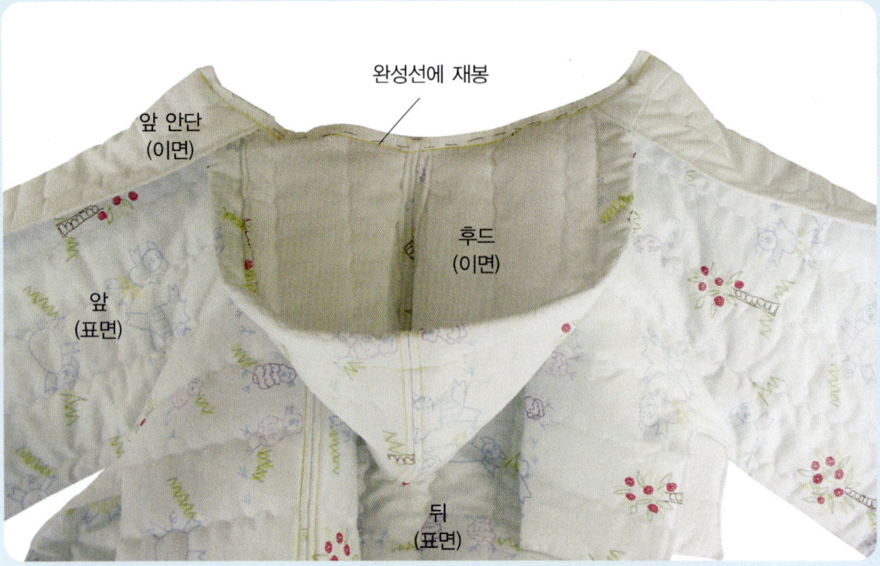

08 왼쪽 앞단 끝에서 오른쪽 앞단 끝까지 완성선을 박는다.

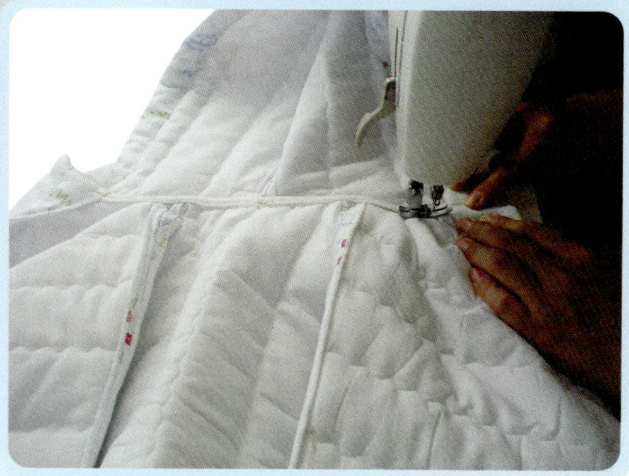

09 몸판 쪽 시접과 후드의 시접을 모두 몸판 쪽으로 넘기고 후드의 시접 끝에서 0.2cm에 스티치한다.

05 소맷단을 처리한다.

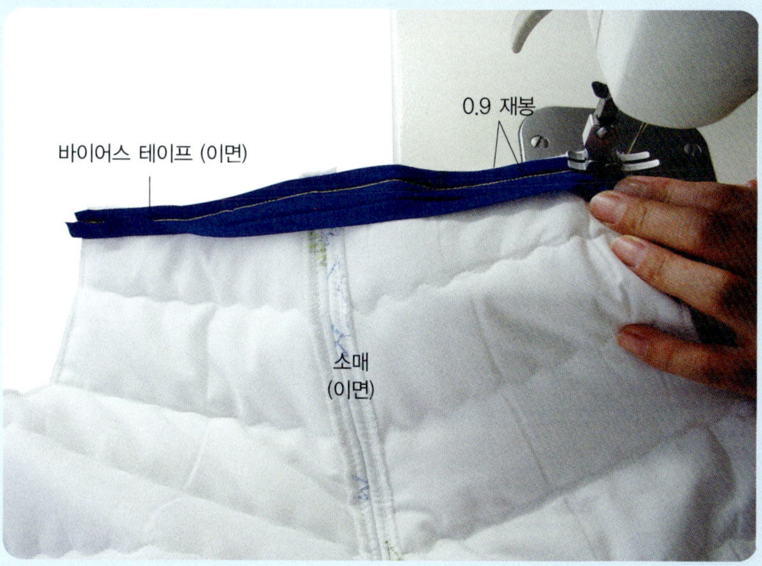

01 소맷단의 이면에 바이어스 테이프의 표면을 마주 대어 얹고 0.9cm 폭으로 박는다.

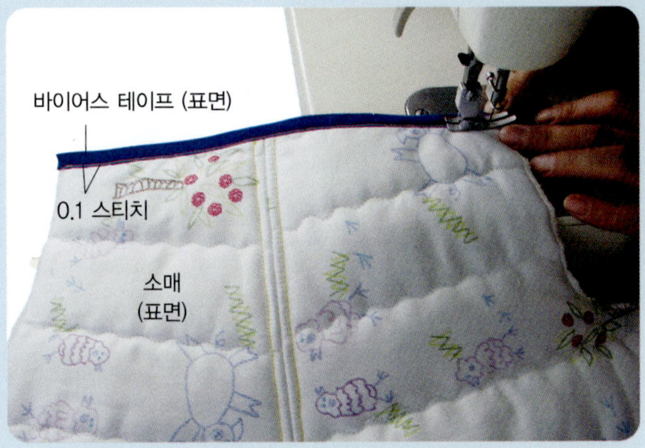

02 반대편 쪽 바이어스 테이프로 시접을 감싸 겉쪽으로 넘기고, 테이프 끝에서 0.1cm에 스티치한다.

06 소매 밑선과 옆선을 한 번에 이어서 박는다.

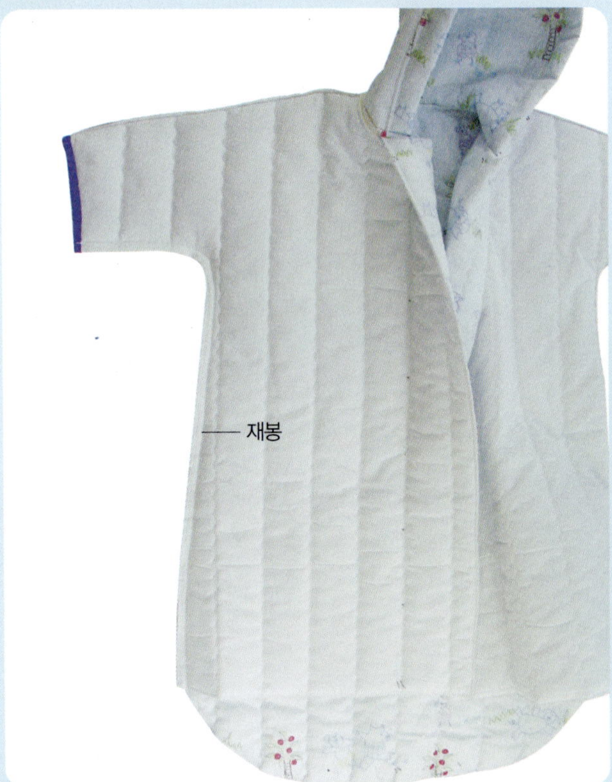

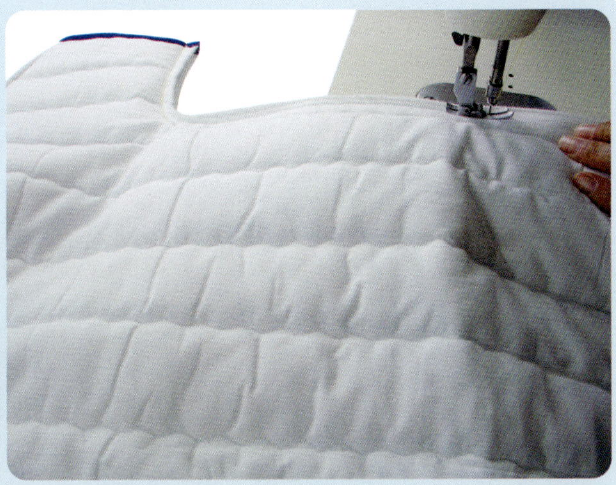

01 앞판과 뒤판을 겉끼리 마주 대어 소매 밑선과 옆선의 표시끼리 맞추고, 한 번에 이어서 소매 밑선과 옆선을 박는다.

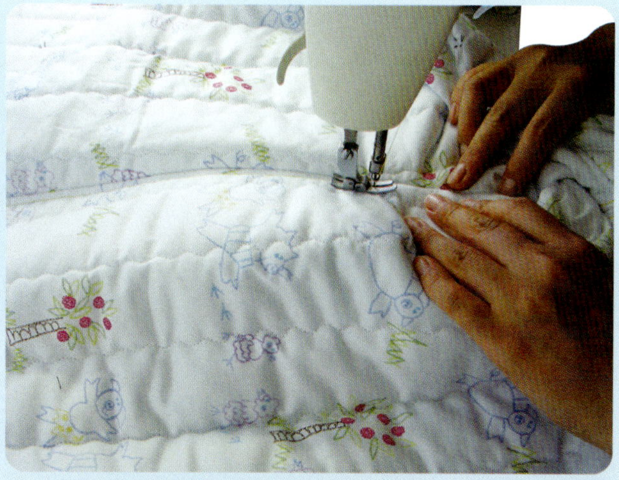

02 시접을 가른 다음, 겉쪽에서 앞뒤 시접을 0.5cm 폭으로 스티치하여 고정시킨다.

07 밑단선을 처리한다.

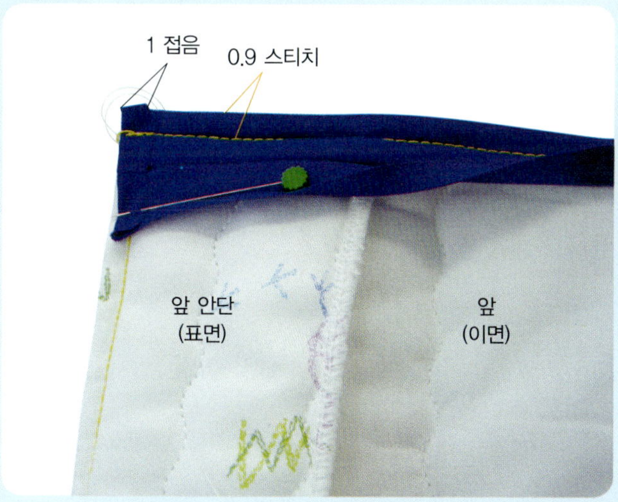

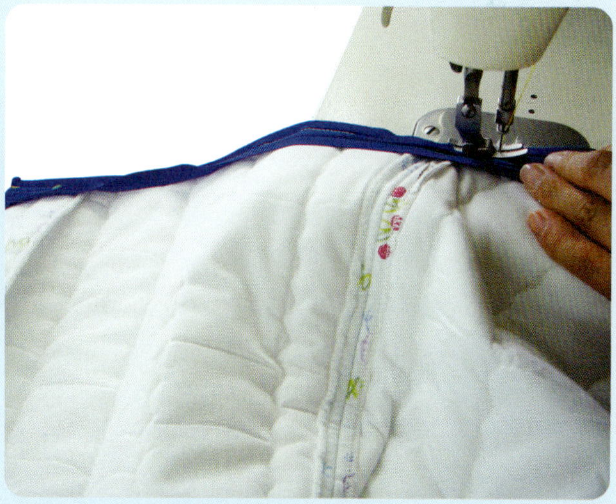

01 좌우 앞 안단을 이면 쪽으로 접어 넘기고 바이어스 테이프의 표면을 마주 대어 얹은 다음, 테이프 끝을 1cm 접고 0.9cm 폭으로 박는다.

02 반대편 쪽 바이어스 테이프로 시접을 감싸 겉쪽으로 넘기고, 바이어스 테이프 끝에서 0.1cm에 스티치한다.

08 스냅버튼을 달아 완성한다.

완성

01 앞 오른쪽과 좌우 앞판의 밑단 쪽 스냅버튼 다는 위치에 스냅버튼의 오목한 쪽을 달고, 앞 왼쪽과 뒤 밑단선 쪽 스냅버튼 다는 위치에 스냅버튼의 볼록한 쪽을 달아 완성한다.

저자소개

조현주

경북대학교 가정교육과 (가정학 학사)

경북대학교 대학원 가정학과 (가정학 석사)

부산대학교 대학원 가정학과 (가정학 박사)

일본 문화여자대학교 복장학부 연구교수

미국 SYRACUSE 대학 연구교수

현재 경북대학교 가정교육과 교수

- 저서 : 『패션디자인과 색채』, 『봉제기법의 기초』, 『어린이 옷 만들기』, 『수행평가의 이론과 실제』, 『가정과학』, 『쉽게 이해하는 색채학』

정혜민

일본 문화여자대학교 복장학과 (가정학 학사)

일본 문화여자대학교 대학원 가정학연구과 (피복학 석사)

일본 문화여자대학교 대학원 가정학연구과 (피복환경학 박사)

안양전문대, 성균관대학교 일반대학원 강사, 경북대학교 가정교육과 출강

동양대학교 패션디자인학과 학과장 겸 조교수

현재 서울모드패션디자인 전문학교 부학장

(주)소므로 대표

이제창작디자인연구소 소장

- 저서 : 『패션디자인과 색채』, 『텍스타일의 기초지식』, 『봉제기법의 기초』, 『어린이 옷 만들기』, 『팬츠 만들기』, 『스커트 만들기』, 『팬츠 제도법』, 『스커트 제도법』, 『재킷 제도법』, 『블라우스 제도법』, 『재킷 만들기』, 『원피스 제도법』, 『쉽게 이해하는 색채학』, 『원피스 만들기』, 『블라우스 만들기』